Gottfried von Purucker

Mit der Wissenschaft hinter die Schleier der Natur

Titel der Originalausgabe: The Esoteric Tradition
Theosophical University Press
Covina, California

1. Auflage 1988

ISBN 3-924849-35-8

Umschlaggestaltung: Karin Prinz
Gesamtherstellung:
Weserdruckerei Rolf Oesselmann GmbH, Stolzenau

VERLAG Esoterische Philosophie GmbH, Hannover

Mit der Wissenschaft hinter die Schleier der Natur

PROF. DR. GOTTFRIED VON PURUCKER

Autorisierte Übersetzung
der englischen Originalausgabe

V E R L A G
ESOTERISCHE PHILOSOPHIE GMBH
Hannover

PROF. DR. GOTTFRIED VON PURUCKER

VORWORT

Zeitalter beenden ihren Lauf, neue beginnen sich anzukündigen. Der Umbruch vom Alten zum Neuen bringt stets gravierende Änderungen nicht nur der äußeren Verhältnisse mit sich, auch das Denken des Menschen erfährt eine Neuorientierung. Aus diesem Grunde sind Werke wie das vorliegende äußerst notwendig, denn das NEUE ZEITALTER, das sogenannte "Wassermannzeitalter", beginnt seinen Lauf in einem unübersehbaren Tempo, und schon befinden wir uns inmitten technischer und geistiger Revolutionen, deren ganzes Ausmaß noch nicht abzusehen ist.

Wir werden in Zukunft immer mehr wissen; ob wir dabei "weiser" werden, wissen wir nicht ... Woran liegt das? Einer der größten Fehler unserer heutigen Zeit und Weltanschauung liegt darin, in einem gewissen "Schubkasten-System" zu denken. Das heißt, in den einen Schubkasten wurde die Wissenschaft gezwängt, in einen anderen die Religion und in den nächsten die Philosophie. So lassen diese drei Denkmöglichkeiten des menschlichen Bewußtseins wenig Kommunikation und Koordination untereinander zu. Gerade hierin aber liegt die Tragik unserer Zeit, denn Wissenschaft, Religion und Philosophie sind die drei Schößlinge des menschlichen Geistes (Kunst und Musik sind hierin eingeschlossen), und nur vereint befähigen sie den Menschen, die "gesamte" Natur in bezug auf Wahrheit, Erkenntnis und letztlich auch in bezug auf Weisheit zu erfassen. Wir können also immer nur einen "Teil" der Wahrheit, eine "Teil"-Erkenntnis erlangen, nicht aber wirkliche Weisheit gewinnen, solange wir in diesem Schubkasten-System denken. Die Natur selbst macht uns dies als Beispiel klar: Nur in dem Ineinander- und Miteinanderwirken aller Gesetzmäßigkeiten ist dieses grandiose Zusammenspiel aller Naturreiche, kosmisch wie irdisch, möglich ..., und wir als Menschen sind darin eingebettet.

Blättern wir in den Annalen der Menschheitsgeschichte zurück, finden wir genügend Beweise, die ein übergeordnetes, grundlegendes Lehrsystem zur Basis haben. Es könnte als "Religion-Philosophie-Wissenschaft" bezeichnet werden. Das Ägyptische Totenbuch, die alten Schriften der Hindus, die Upanischaden, die Bhagavad-Gita oder die nordische Edda, um nur einige Beispiele zu nennen, geben genügend Hinweise auf ein allumfassendes Lehr- und Gedankengebäude, mit dessen Hilfe der Mensch die "Ursachen" des Seins, die Verzahnung und Vernetzung aller miteinander und ineinander wirkenden kosmischen Kräfte zu erkennen in der Lage ist. Dieses allumfassende, alles in sich schließende Lehrgebäude war zu allen Zeiten bekannt und existiert auch heute in Form der "Esoterischen Philosophie", die entsprechend unserer Zeit und Sprache ihren Ausdruck findet. Sie unterscheidet sich in den inneren Aussagen nicht von den Überlieferungen vergangener Zeitalter, denn in ihrer Essenz beschreibt sie die Vorgänge, die Wirkungsweisen der Natur, die in den sich periodisch verändernden Manifestationen doch stets nach gleichen Gesetzen verfährt.

Zu welchen erhabenen Erkenntnissen könnte die heutige Wissenschaft kommen, würde sie sich dieses überlieferte Wissen, die "Weisheit der Zeitalter", zunutze machen! Die Errungenschaften moderner Wissenschaft sind in vielen Bereichen mit dem reinen Intellekt kaum mehr erfaßbar, ihre Reichweiten haben die Grenzen des normal Meßbaren längst überschritten. Im Gegensatz zu der Esoterischen Philosophie forscht die Wissenschaft bis jetzt jedoch im wesentlichen lediglich nach dem Phänomenal-Sichtbaren der Erscheinungswelt. Die Esoterische Philosophie geht weit darüber hinaus und fragt nach dem "Warum", dem Noumenon, denn in dem "Nicht"-Materiellen ist Weisheit, ist das wahre Lebenselexier zu finden, in ihm liegen die Erklärungen zum Beispiel für die Gesetze der Physik, der Chemie, ja jeder Naturwissenschaft. Aus welchen Gründen die Wissenschaftler die unsichtbaren und immateriellen Daseinsbereiche auch heute noch offiziell ignorieren, obwohl sie täglich mit ihnen arbeiten und von ihrem Vorhandensein überzeugt sein müssen, bleibt im dunkeln. Wieviel Elend in einer von Angst erfüllten Welt könnte verschwinden, würden die Gesetzmäßigkeiten allen Daseins "ursächlich" erkannt werden! Ethik und Moral, wirkliches Verantwortungsbewußtsein gegenüber Mensch und Natur würde wieder seinen dem Menschen zukommenden Platz einnehmen.

Plato hatte recht: "Ideen regieren die Welt." Und so, wie der Geist des Menschen neue Ideen empfängt und überholte verwirft, schreitet die Menschheit vorwärts. In diesem Sinne ist die Esoterische Philosophie mehr als ein Wegweiser in eine erhabenere Zukunft. Sie setzt da an, wo Religion, Wissenschaft und geisteswissenschaftliche Denkrichtungen stagnieren. Die von ihr ausgehenden, revolutionierenden Impulse werden noch zu wenig erkannt, doch werden sie sich im Laufe der Zeit über alle Dogmen und kurzlebigen Theorien sowie Hypothesen erheben, denn es gibt nur einen Prüfstein für Wahrheit: UNIVERSALITÄT.

Mit dem vorliegenden Werk, das insgesamt sechs Bände umfaßt, beabsichtigte der Verfasser, seinen Beitrag als Meilenstein auf dem Weg in das Neue Zeitalter zu leisten. Jeder zu dem Gesamtwerk gehörende Band kann als für sich abgeschlossen betrachtet werden, jedoch ergibt es in seiner Vollständigkeit ein abgerundetes Bild über die universalen Zusammenhänge, die maßgebende Bereiche menschlichen Denkens umfassen. Die weiteren Bände tragen die folgenden Titel: "Sichtbare und unsichtbare Welten", "Der Mensch in der Unendlichkeit", "Geburt und Wiedergeburt", "Tod - was kommt danach?", "Esoterische Lehren und Schulen".

Die dem Verfasser zugeschriebene "Einmaligkeit" beruht auf tiefem und umfassenden Wissen und drückt sich ebenfalls in seinem fundamentalen Werk "Grundlagen der Esoterischen Philosophie" aus, das in zwei Bänden erschienen ist und die tieferen Bereiche wahrer Esoterik berührt. Es wird als das Herz- und Kernstück der Esoterischen Philosophie angesehen. Auch sei auf ein weiteres umfangreiches, zweibändiges Werk desselben Verfassers hingewiesen, die "Studien zur Esoterischen Philosophie". Die in sich abgeschlossenen kürzeren Artikel bieten eine willkommene Ergänzung zu den "Grundlagen der Esoterischen Philosophie", aber auch zu dem vorliegenden Gesamtwerk.

Mit diesen nun erstmals auch dem deutschen Sprachbereich zugänglich gemachten umfangreichen Werken ist jedem nach tieferem Wissen verlangenden Leser ein Schlüssel in die Hand gegeben, den er nur noch umzudrehen braucht. Doch - und das ist Gesetz - er muß in der "richtigen" Weise umgedreht werden!

Der wahre Wissenschaftler ist aufgerufen, die Grenzen seiner Denkmöglichkeiten auszudehnen in die Realität der verursachenden Kräfte. Vorurteile, Dogmen, unbewiesene Hypothesen und Theorien haben keinen Raum mehr in einer Zeit, da sich die Grenzen des rein Materiellen immer stärker zu den mehr immateriellen Welten, Räumen, Kräften oder Energien hin öffnen.

Die Lehren der Esoterischen Philosophie sind der Hoffnungsträger für die Menschheit. Sie lassen den Sinn des Lebens erkennen, und aufgrund dieses "Erkennens" lernen wir, verantwortlich zu handeln und vor allem verantwortlich zu "denken". Denn Ursache und Wirkung bedingen einander, wodurch jeder einzelne, individuell oder kollektiv, an seinem eigenen Schicksal und dem der Menschheit webt.

Die Welt zu verstehen heißt, sich selbst zu verstehen. Daher lautet die Aufforderung aller großen Weltenlehrer, nach innen zu gehen, den Blick nach innen zu wenden; denn Wahrheit erkennen heißt sich selbst erkennen.

"Esoterische Philosophie"
Studiengesellschaft

Hannover, April 1988

INHALT

tigkeit. Der Tod, die menschliche Seele und das reinkarnierende Ego. Was geschieht mit dem bösen Menschen nach dem Tode? Relative und Zwischenstadien der Seligkeit und des Elends. Tattwas definiert und beschrieben. Nirvâna, Identität oder Nichtsein. Plotins "Enneaden": "Über die Seele". Der innere Gott und die Persönlichkeit. Der Nirvânî, der Devachanî und der Zustand von Avîchi. Die verlorene Seele und die Zukunft ihrer Monade. Der Mensch webt sich selbst sein Schicksal. Die große Vision endlosen Wachstums.

KAPITEL I

MIT DER NATURWISSENSCHAFT HINTER DIE SCHLEIER - I

Wir leben in der Natur in einem wunderbaren Gewebe von Welten, von werdenden Welten, soweit ihre physischen Teile in Frage kommen. Dies wird abendländischem Denken verständlicher durch die bemerkenswerten Entdeckungen, die gegenwärtig von den großen Wissenschaftlern gemacht werden: Entdeckungen, die in vieler Hinsicht die Alte Weisheit, die Esoterische Tradition auffallend bestätigen und dadurch in immer stärkerem Maße zeigen, wie erstaunlich gut und richtig die Seher und Weisen alter Zeiten die Natur interpretiert haben, wenn diese Interpretationen im Lichte moderner wissenschaftlicher Forschung und Entdeckung geprüft werden. Diese Entdeckungen, besonders die letzten "Erfindungen" unserer ultramodernen Wissenschaftler, haben großen Einfluß auf die Erhellung der wirklichen Tatsachen, der Ursachen hinter den Phänomenen der uns umgebenden materiellen Natur. Ja, moderne Forschung und Entdeckung und die Interpretation dieser gemachten Entdeckungen erhellen, das heißt bringen die wirkliche Bedeutung einiger der großen Lehren der Seher und Weisen vergangener Zeiten ans Licht - und zwar auf mancherlei erstaunliche Art und Weise -, die bis herab auf unsere Epoche von den Neunmalklugen der neuen Generationen nur allzuoft als Phantasten, die in den Träumen der Kindheit des Menschengeschlechts leben, verspottet worden sind. Wäre das wahr, dann wären es wahrlich höchst wunderbare Kinder! Richtige Wunderkinder, die Genie besitzen, das alles übertrifft, was wir in unserer eigenen Ära besitzen!

Es ist eine interessante Tatsache in der menschlichen Geschichte, deren Bedeutung selbst von den tüchtigsten der europäischen Gelehrten nur allzuoft vergessen wird, daß die weitreichendsten Philosophien, die menschliches Genie hervorgebracht und ausgearbeitet hat, uralt sind, da sie in längst vergangenen Jahrtausenden geboren wurden. Es hieße zu viel von der Leichtgläubigkeit der Menschen zu verlangen, anzunehmen, daß der "ungeschulte Geist" und das vorauszusetzende "einfache Zutrauen" und "kindhafte Vertrauen" des primitiven Menschen, des "Wilden" oder ihrer relativ modernen Nachkommen solche folgerichtigen und höchst wissenschaftlichen Systeme erdacht haben könnten. Dasselbe kann von den großen, weitverbreiteten religiösen Systemen der archaischen Zeitalter gesagt werden. Je mehr diese alten philosophischen und religiösen Systeme geprüft, studiert und analysiert werden, desto mehr nehmen sie die moderne Vorstellungskraft aufgrund ihrer subtilen Psychologie, ihrer oft ungeheuren intellektuellen Folgerichtigkeit und der Tiefe des spirituellen Durchdringens, die sie offenbaren, gefangen. Nichtsdestoweniger dämmert es in uns auf, daß solche hochentwickelten, gleichlautenden Systeme menschlichen Denkens, die in so vielen Zeitaltern die Gemüter so vieler Millionen beeinflußt haben, offensichtlich nur das Geistesprodukt von Menschen sein können, die den Besten, die das zwanzigste Jahrhundert hervorgebracht hat, nicht nachstehen.

Auch in bezug auf die menschlichen Sprachen haben Philologen und Linguisten oft ihre Verwunderung darüber zum Ausdruck gebracht, daß einige Sprachen, die selbst heute noch, wenn auch unvollkommen, von vielen jetzt barbarischen und wilden Völkern auf Erden gesprochen werden, sowohl dem Wortschatz als auch dem Satzgefüge nach so gut durchgebildet sind. Welch denkbaren Nutzen könnten wohl solche Sprachen für die barbarischen oder wilden Völker unserer Tage haben, deren schlichtes Leben und deren einfache physische Ansprüche keine kausalen Ursachen für diese ausgedehnten Vokabularien und die Kompliziertheit der Grammatik zeigen? Wenn Sprachen das Produkt menschlichen Genies und menschlicher Erfahrung sind, was fraglos der Fall ist, warum hat dann jener Barbar und "Wilde", der weder ein Bedürfnis nach so vielen Wörtern noch nach solch komplizierten grammatischen und syntaktischen Beziehungen hatte, sie erzeugt? Wenn ein Mensch niemals von einem Auto, einem Flugzeug oder von elektrischem Licht gehört noch solches gesehen hat, wäre es erstaunlich, diese Wörter in dem Vokabelschatz der Sprache zu finden, deren er sich unvollkommen bedient, und man würde natürlich fragen: Wie kamen diese Ausdrücke in seine Sprache?

Der springende Punkt ist hier nicht, daß der "Wilde" oder Barbar diese Ausdrücke versteht, sondern daß er sie n i c h t versteht, da es Wörter oder Namen sind, die aus der Vorgeschichte in seiner Sprache erhalten blieben und die seiner Ansicht nach entweder völlig unerklärlich oder aber Wörter sind, die bei mystischen Stammeszeremonien, bei Stammes-Einweihungen gebraucht werden oder in seiner Mythologie zur Bezeichnung der Gottheiten oder der Kräfte, Werkzeuge oder Instrumente der Götter benutzt wurden. Die Wörter verblieben, aber ihre wirkliche Bedeutung ist völlig vergessen worden.

Es darf aber nicht übersehen werden, daß derartige linguistische Fossilien ungewöhnlich selten vorkommen, wenn es sich um Dinge oder Ereignisse von rein physischem oder materiellem Charakter handelt. Sehr zahlreich aber sind dagegen jene Fossilien, die mehr von abstrakten Dingen handeln, die der Philosophie, der Religion, der Mystik oder dergleichen angehören. Der Grund dafür ist, daß Wörter, die von physischen Dingen handeln, eher und wahrscheinlicher sterben, und zwar mit dem Verschwinden der Dinge selbst, wenn diese nicht mehr in Gebrauch sind, dagegen bleiben Wörter der Religion oder Mystik bestehen.

So kommt es, daß nicht nur die Sprache, sondern auch die fortbestehende Existenz dieser hochentwickelten und metaphysisch zutreffenden religiösen und philosophischen Systeme beweist, was für den vernünftigen Denker die einzig mögliche Erklärung der Tatsache ist, daß sogenannte moderne barbarische oder "wilde" Völker, statt primitiv zu sein, wie gewöhnlich angenommen wird, die degenerierten Nachkommen, die modernen menschlichen Überreste von Zivilisationen längst vergangener Zeiten sind, von deren bloßer Existenz die Spur in der Nacht der Vorgeschichte verlorengegangen ist und von denen heute nur die überlebenden Reste einer einst hochentwickelten Kultur zurückgeblieben sind.

Die einzige Ausnahme, zumindest die bemerkenswerteste, ist der Neger. Er ist, anstatt ein degenerierter Abkömmling einst mächtiger Ahnen zu sein, "primitiv" nur im Sinne einer noch in ihrer Kindheit befindlichen menschlichen Rasse, die dazu bestimmt ist, irgendwann in der Zukunft eine wahrhaft zivilisierte Rolle in der Weltgeschichte zu spielen. Doch dann wird der Neger kein Neger mehr sein, denn er wird sich mit vielen verschiedenen Rassenzweigen vermischt haben. Dieser Prozeß der Rassenmischung vollzieht sich schon jetzt, trotz der Gesetze, die der weiße Mann in vielen Ländern erlassen hat in dem hoffnungsvollen Bemühen, ihn aufzuhalten.

Wohl waren diese Zivilisationen vorgeschichtlicher Zeit eine Tatsache, auch wenn ein leicht zugänglicher Beweis ihrer Existenz, mit Ausnahme etwaiger Überreste oder halb vergessener und degenerierter Repräsentationen, lange, lange verschwunden ist. Eine jede dieser großen Zivilisationen oder Rassen aus der archaischen Vorgeschichte wurde zu verschiedenen Zeiten und auf verschiedene Art und Weise von großen Männern geleitet und geführt, die zweckmäßig mit den umfassenden Ausdrücken Große Seher und Weise bezeichnet werden. Keine Menschenrasse und kein Teil des Erdballs hat je ohne hohe spirituelle und intellektuelle Führung und Aufsicht existiert, wenn auch die Kontinente, auf denen einige dieser weit fortgeschrittenen, edlen und kultivierten Zivilisationen geboren wurden und ihre Bestimmung auslebten, seit Zeitaltern unter den Wassern versunken sind, die jetzt die Meere bilden und deren Wogen dahinrollen, wo einst der archaische Mensch lebte und wirkte.

Diese großen Weisen und Seher sind ebenso das Produkt der Evolution, das heißt der Entfaltung und Enthüllung des eingeborenen und latenten Genies, wie es die hervorragenden spirituellen und intellektuellen Gestalten von heute sowie die in den Annalen der bekannten Geschichte auch sind. Es sind Menschen von spirituell und intellektuell überdurchschnittlichen Fähigkeiten, zu denen sie teils durch Initiation und teils kraft natürlicher evolutionärer Entfaltung gelangt sind. Sie können hinter, in oder durch die umhüllenden Schleier der Materie dringen, die uns so eng umschließen, und die kausalen Welten unmittelbar erreichen sowie sie aus erster Hand studieren; und um aufgehäufte Erfahrung bereichert, kehren sie von diesen wunderbarsten menschlichen Abenteuern zurück.

Die großen Seher und Weisen senden ihr wahrnehmendes Bewußtsein hinter die Schleier des äußeren Scheins, und zwar tun sie dies selbst-bewußt. Sie sehen die Dinge so, wie sie im Herzen der Natur sind, und verfolgen die Fäden, das wunderbare Geflecht, das verworrene Netzwerk der unsichtbaren Natur bis in die innersten, ihnen erreichbaren Winkel und wo immer dieses Netzwerk existiert, das heißt überallhin. Nach ihrer Rückkehr ins gewöhnliche Leben gießen sie ihr so erlangtes Wissen in die systematische philosophische, religiöse und wissenschaftliche Formulierung, die in allen Zeitaltern der Vergangenheit das M u t t e r s y s t e m der großen Weltreligionen und Weltphilosophien war und heute in ihrer modernen Darstellung T h e o s o p h i e genannt wird - Gott-Weisheit, die Weisheit der Götter, mit anderen Worten, die Esoterische Philosophie oder die Esoterische Tradition.

Man muß bedenken, daß jene Alten die sie umgebende Natur mehr oder weniger mit denselben Augen betrachtet haben wie wir selbst. Unter ihnen lebten die schon erwähnten großen Menschen, "höhere Menschen", um den alten chinesischen Ausdruck zu gebrauchen. In gleicher Weise umfaßten die menschlichen Scharen in der Vergangenheit, und zwar all die Hunderttausende von Jahren der Vergangenheit hindurch, als Majorität offenbar auch den Durchschnittsmenschen, genauso wie heute die meisten Männer und Frauen Durchschnittsmenschen sind. Ebenfalls zählten sie "niedere Menschen" unter sich, geradeso wie wir sie heute haben. Diese großen Menschen aber, diese stark intuitiven Menschen, diese Menschen mit erweitertem Bewußtsein, titanischem Intellekt und aufleuchtender spiritueller Vision sind es, die sehen und sehend verstehen sowie verstehend imstande sind, das System zu formulieren, das M u t t e r s y s t e m, von dem soeben die Rede war.

Sie wissen daher um ein auf unsichtbaren Ursachen aufgebautes Universum, an ein von unsichtbaren Ursachen hervorgebrachtes Universum, das infolge der Qualitäten, Attribute und Kräfte funktioniert und wirkt, die aus jenen unsichtbaren Ursachen in äußere, physische Manifestation hervorströmen. Sie sagen, das materielle, sichtbare Universum sei nur die Hülle oder der Schleier, der die sich auswirkenden Eigenarten der Kräfte, die aus den anfänglichen Ursachen hervorströmen und in den Hierarchien unsichtbarer Welten und ihrer Bewohner enthalten sind, versinnbildlicht, manifestiert, überträgt bzw. sichtbar macht; und ferner, daß diese unsichtbaren Ursachen sehr häufig höchst selbst-bewußte unsichtbare Wesen sind, mithin lebende spirituelle und intellektuelle Wesenheiten, geradeso wie auch wir selbst-bewußte Wesen und lebendige intellektuelle Wesenheiten und somit die Verursacher kausaler Wirkungen sind, die sich aus unseren eigenen Gedanken und Energieimpulsen in konkrete Manifestation ergießen. Der Mensch denkt und fühlt; er hat Intuition und ist bewußt, weil das Universum selbst eine Manifestation von Bewußtsein und Gefühl ist, also von bewußten Kräften und selbstbewußten Mächten. Tatsächlich besteht das Universum, so sagen sie, nur aus verkörperten Bewußtheiten; und das Heer der Menschen ist nur eine der Hierarchien bewußter Wesen, die das Universum erfüllen, ja in Wahrheit dieses Universum ausmachen und es spirituell und intellektuell beseelen.

Was ist nun Naturwissenschaft - die vermeintliche intellektuelle Hoffnung der modernen Menschheit? Sie ist das Resultat von vier Dingen zugleich: von menschlicher Erfahrung, menschlichem Experiment oder Forschen, menschlicher Überlegung oder menschlichem Denken und von der Umsetzung des so gewonnenen Wissens in systematische Form.

Dies ist genau das System, das in unserer heutigen Welt als Esoterische Philosophie dargeboten wird. Es ist das Resultat unzähliger Zeitalter menschlicher Erfahrung, menschlichen Forschens und Experimentierens von seiten der großen Weisen, der Meister des Lebens und der Weisheit, ihres tiefen Denkens und Überlegens, um dieses Weisheits-Wissen in systematische Formulierungen zu bringen. Es ist das Resultat ihrer Erfahrungen mit dem Wissen, das sie dem Schoße der Natur abgerungen und in systematischer Gliederung formuliert haben. Solche großen Menschen leben noch immer als eine Bruderschaft. Es sind Menschen von relativ gewaltiger spiritueller und intellektueller Größe, deren aufleuchtende Vision in das tiefste Arkanum der Materie oder Substanz sowie der Kraft oder Energie eingedrungen ist. Sie sind dazu imstande, weil die ihnen innewohnenden Kräfte und Fähigkeiten ihnen erlauben, dies zu tun, da sie unmittelbar von denselben Fähigkeiten, Kräften und Qualitäten abstammen, die auch im Universum wirksam sind. In diesem Sinne entdecken sie nur, was sie selbst essentiell sind, oder, wie gesagt werden könnte, sie finden das, was der Kosmos selbst essentiell ist. Die menschliche Fähigkeit, solches zu tun, entspringt der Tatsache, daß des Menschen Konstitution sowohl im allgemeinen als auch im besonderen gänzlich vom Universum abstammt, in dem er lebt und webt und sein Dasein hat. Der Mensch als der Mikrokosmos wiederholt nur in sich selbst und im kleinen, was die große Natur oder der Makrokosmos ist und enthält.

Der Mystiker Jakob Böhme schrieb:

> "Denn das Buch, in dem alle Mysterien liegen, ist der Mensch selbst; er selbst ist das Buch des Seins aller Wesen, wenn er sieht, daß er das Ebenbild der Gottheit ist. Das große Arkanum liegt in ihm. Die Enthüllung desselben kommt nur dem göttlichen Geiste zu."
>
> "Epistel", IX, Abschn. 3

Der Mensch als Strahl des göttlichen Geistes kann auf diesem Strahl emporsteigen, bis er imstande ist, in dem Buch des Lebens und Seins über das ihn umgebende Universum und über sich selbst alle die Seiten zu lesen, die sein auf diese Weise entwickeltes Bewußtsein ihm zu lesen erlaubt.

Diese großen Menschen erkennen die Wahrheit sofort, wenn sie sie sehen, denn ihr Bewußtsein wird im Verhältnis und gemäß ihrer inneren Entwicklung oder Evolution universal. Nachdem sie sich in größerem oder geringerem Grade zu selbstbewußter Einheit mit dem All-Selbst erhoben haben, werden sie mit dem All-Selbst entsprechend vertraut und wirken auf den Gefilden, auf denen das All-Selbst ist und wirkt: überall. Sie brauchen sich auch nicht mühselig mit Millionen von Kleinigkeiten abzugeben, um daraus die Tatsachen, die überlieferte wissenschaftliche Erfahrung und Kenntnis darstellen, sorgsam auszusieben.

Diese Weisheit, die sie entdeckt und gesammelt haben, ist in ihren Grundlagen ebenso sicher und bestimmt wie die Prinzipien der Mathematik - eines Zweiges dieser Weisheit. Gleich der Mathematik ist sie völlig folgerichtig, und ihre Beweise finden sich in ihr selbst, oder, was dasselbe besagt, *sie sind in der Natur zu finden*. Somit ist sie geordnetes Wissen, mit anderen Worten, Naturwissenschaft *an sich*.

I

So wollen wir in diesem und dem folgenden Kapitel durch eine kurze Untersuchung feststellen, wie nahe die moderne Naturwissenschaft der *heiligen, geheimen Wissenschaft* der archaischen Zeitalter schon gekommen ist und noch kommt. Wir leben tatsächlich in einem wunderbaren Zeitalter. Moderne Wissenschaftler sind dabei, mehr als Wissenschaftler zu werden; sie werden zu wissenschaftlichen Mystikern. Die Chemie wird zur Alchemie, einer Überchemie. Die Astronomie wird mehr und mehr der alten Astrologie ähnlich, denn die Astronomen versuchen nicht mehr, allein die exakten Bewegungsarten der Himmelskörper herauszufinden und das, was mehr oder weniger die physische Zusammensetzung dieser Himmelskörper ist, und wo sie zu einer bestimmten Zeit sein werden, vielmehr werfen sie ihren Blick gleich den alten W e i s e n und S e h e r n vorwärts und rückwärts in dem Bemühen, die Schleier des phänomenalen Scheins zu durchdringen. Schon dieses Bemühen selbst ist eine der edelsten Übungen des menschlichen Intellekts, denn es ist ein sehnendes Streben, über das bloße Gehirnverstand-Denken hinaus in die Bereiche unsichtbarer Ursachen überzugehen, hinein in den Bereich dessen, was in Wahrheit das Reich der Metaphysik ist.

"Es ist deutlich zu erkennen, daß der Physiker auf dem Wege ist, tief in die Metaphysik hineingezogen zu werden ... Der Physiker hätte sich bei den Philosophen Rat holen können, doch wäre er in diesem Fall verwirrter denn je geworden, da die Philosophie keine definitive Methode verfolgt und zum größten Teil unter dem beherrschenden Einfluß der alten, jetzt zusammengebrochenen Physik steht. Wir dürfen hoffen, daß aus der neuen Physik eine intelligentere Metaphysik hervorgeht."

"Three Interpretations of the Universe", S. 168f. (Macmillan, 1934); mit freundlicher Erlaubnis des Verfassers, J. E. Boodin, Professor der Philosophie an der Kalifornischen Universität zu Los Angeles.

Wissenschaftler bestimmter anderer Zweige der Forschung sind dabei - vielleicht nur halb-bewußt -, das gleiche zu versuchen.

Professor A. S. Eddington, der kürzlich über Raum, Zeit und Gravitation schrieb, erklärte offen, daß die Theorien der materialistischen Physik überhaupt keine letzten Realitäten erreichen - was natürlich die Feststellung einer offensichtlichen Tatsache ist. Trotzdem ist es bedeutsam, von einem der eminentesten Männer auf dem Gebiet modernster wissenschaftlicher Forschung dieses Zugeständnis zu erhalten, denn es zeigt, daß wissenschaftliche Denker heutzutage rapide aus den Bereichen einer Vorstellung, die in den Banden einer jetzt abgetragenen materialistischen Auffassung von der Natur gefangen und gefesselt war, hinaus- und vorwärtsschreiten in Bereiche von Tatsachen und sich in weitem Ausmaß von der früher universell vorherrschenden Haltung wissenschaftlich egoistischer Selbstzufriedenheit freimachen, daß nämlich die eigenen Auffassungen von der Natur kosmische Realitäten seien.

Leider muß der ehrliche Beobachter der wissenschaftlichen Denkrichtung, besonders wenn es sich um die neuen, jetzt so bevorzugten mathematischen Wege handelt, gestehen, daß auch heute noch eine nicht geringe Neigung verblieben ist, Schlüsse mathematischer Überlegungen, die oft auf sehr wackligen Voraussetzungen gegründet sind, als Tatsachen an sich zu betrachten. Wir dürfen nie vergessen, daß die mathematische Mühle letzten Endes nur das hervorbringt, was in sie hineingetan wird, mit anderen Worten und um das Bild zu wechseln: mathematische Deduktionen oder Schlüsse basieren logischerweise auf bestimmten Prämissen, auf denen gewisse mathematische Operationen vollzogen werden. Wenn nun diese Prämissen hypothetisch, spekulativ oder tatsächlich nicht gänzlich auf natürliche Tatsachen gegründet sind, so müssen die daraus abgeleiteten Schlüsse notgedrungen den Stempel oder den Makel - wenn das Wort erlaubt ist - der Fehler tragen, welche die Prämissen selbst enthalten. Noch anders ausgedrückt: die Mathematik an sich ist kein absolut sicheres Instrument zur Aufdeckung, Entdeckung oder Entschleierung von Naturwahrheiten, sie ist vielmehr eine Methode abstrakten Denkens in bezug auf die Beziehungen der Dinge untereinander, sie kann aber nicht unabhängig von den ursprünglichen Voraussetzungen gebraucht werden, auf denen sich mathematische Arbeit aufbaut.

"Mathematische Physiker erfreuen sich der Atmosphäre der Mystifikation, die ihre komplizierten Formeln ermöglicht. Sie haben uns mitgeteilt, daß wir nicht versuchen dürfen, irgendwelche sinnlich wahrnehmbare Modelle des ursprünglichen Naturzustandes herzustellen. Wir dürfen sie uns nur als mathematische Wellen oder Wahrscheinlichkeitskurven vorstellen. Wir dürfen nicht fragen, welcher Art die Wellen sind. Es sind eben Wellen in den Gleichungen. Neuerdings hat sich eine Reaktion gegen diese Mystifikation vollzogen. Die Physiker beginnen anzuerkennen ..., daß unsere mathematischen Modelle, so kompliziert sie auch sein mögen, nur symbolische Angaben von Gegebenheiten sind, die wir aus Sinneserfahrung herleiten ... Die Chemiker haben sich von der mathematischen Orgie ferngehalten, und sie haben versucht, die phantasiereichen Modelle von Rutherford und Bohr praktisch zu verwerten ... Ein neuerdings von Jesse W. M. Dumond am kalifornischen Institut für Technologie durchgeführtes Experiment zeigt, daß das frühere theoretische Atommodell von Rutherford und Bohr bedeutende Wahrheit enthält."

"Three Interpretations of the Universe", S. 159;
mit freundlicher Erlaubnis des Verfassers, J. E. Boodin.

Professor Eddington sagt sehr wahr und poetisch, daß wir über das Leben und das Universum Theorien bilden, die nach unserem eigenen Bilde gestaltet und nach dem Vorbilde unseres eigenen Denkens geformt sind. Das sind wahre und weise Worte, und jeder, der hierüber nachdenkt, weiß das sehr wohl. Es leuchtet ein, daß der menschliche Geist nur solche Gedanken denken kann, die in dem menschlichen Geist enthalten sind. Das ist selbstverständlich durchaus richtig. Wir beginnen uns klarzumachen, daß wir die Schatten des Denkens unseres eigenen Geistes sehen, die Bilder unserer Gedanken, statt kosmischer Wirklichkeiten *an sich*, für welche die Naturwissenschaft diese Schatten bisher allzu häufig gehalten hat.

Professor Eddington ist in mancher Hinsicht ein intuitiver Mensch. Er ist einer jener seltenen Denker, die sich kraft ihres eingeborenen Genies - zuweilen durch Intuition, wenn sie die Stimmung dazu überkommt - in die Erscheinungen und in die Noumena hinter den Erscheinungen hineinversetzen können, das heißt in die kausalen Bereiche hinter den Phänomenen. Da er kein Initiierter ist, sind seine Intuitionen oft nicht ganz richtig, und aus demselben Grunde ist seine Vision trotz besten Willens oft unvollkommen. Aller menschlicher Fortschritt im Denken und Forschen geht zunächst langsam und unsicher vor sich, und das muß auch bei menschlichen Forschern der Fall sein.

Als er vor einer Versammlung der English Royal Society sprach, überraschte er diese Gesellschaft eminenter Herren wahrscheinlich durch seine Erklärung hinsichtlich der Notwendigkeit einer radikalen Änderung unserer Ideen in bezug auf Natur und dynamische Merkmale des Elektrons. Wie jeder weiß, wurde es bis vor nicht langer Zeit für das allerletzte - oder nahezu letzte - Element physischer Substanz gehalten. Er fuhr fort und sagte, diese Modifikation sei notwendig und an der Zeit, mit anderen Worten, es sei höchste Zeit, daß ein Wandel der begrifflichen Anschauung in bezug auf unsere Ansichten über den Bewußtseinsbereich in der Natur vollzogen wird.

Diese neue Einstellung ist entschieden ermutigend; und wir kommen nicht umhin, dieser Naturanschauung, die bei den Naturwissenschaftlern aufkommt, aufrichtiges Lob auszusprechen.

A. Wolf, Professor für naturwissenschaftliche Theorie an der Londoner Universität, zitiert Eddington in einer englischen Zeitung folgendermaßen:

> "Professor Eddingtons Theorie ist, daß sie alle (die physikalischen Vorgänge) an der Natur der mentalen Aktivität, dem Bewußtsein oder Unterbewußtsein

teilhaben und daß sie zuweilen von niederer oder höherer Ordnung sind. Diese mentalen Vorgänge können von anderen und höheren Denkern beschrieben werden, aber alle Wesen haben ein eigenes Bewußtsein in sich, und es unterscheidet sich von dem Bewußtsein anderer Gemüter."

Hier wird Professor Eddington zitiert. Er sagt - und zwar mit Recht, wobei er die alte esoterische Weisheit aus unvordenklichen Zeiten wieder zum Ausdruck bringt -, daß das U n i v e r s u m mit Bewußtsein erfüllt ist und sich durch unzählige Bewußtheiten zum Ausdruck bringt und daß wir diese bis zu einem gewissen Grade interpretieren können. Doch muß von vornherein verstanden werden, daß wir sie streng gemäß dem Rahmen unseres eigenen spezifischen Bewußtseins interpretieren. Daher ist eine jede beschreibende Interpretation, wie wir Menschen sie notgedrungen formulieren müssen, de facto unvollkommen, und zwar aufgrund unseres eigenen unvollkommen entwickelten Bewußtseins. Nichtsdestoweniger hat jede Wesenheit, deren Bewußtsein wir zu interpretieren und zu beschreiben versuchen mögen, ein besonderes Verständnis ihres eigenen Bewußtseins, das sie besser versteht, als irgendein anderer es verstehen, interpretieren oder beschreiben kann. Dies scheint seine (Eddingtons) Meinung zu sein, und sie ist offensichtlich richtig.

Vor mehreren Jahren erschien in einer Besprechung von Professor Eddingtons Buch "The Nature of the Physical World" folgendes:

"Der wichtigste Aspekt dieser neuen Ideen liegt vielleicht in der Erkenntnis der Schranken exakter Naturwissenschaft, wie sie uns vermittelt wird. Statt uns Kenntnis über Substanz zu geben, gibt uns die Naturwissenschaft nur das Wissen über die Struktur; und anstatt einen strikten Determinismus in der Natur zu enthüllen, muß sich die Naturwissenschaft mit Wahrscheinlichkeiten zufriedengeben. Beschränkt sich aber die Gesamtheit unseres Wissens auf das, was durch wissenschaftliche Methoden erfaßt werden kann? Professor Eddington deutet an, daß uns unser eigenes Bewußtsein einen Schlüssel über die wirkliche Natur des Materials liefert, von dessen Struktur allein die Naturwissenschaft berichtet. Wir haben einige Kenntnis von bestimmten Anhäufungen der Atome, von denen in unserem Gehirn. Die Aufeinanderfolge unserer Empfindungen liefert den Stoff zu dem, was von einem außenstehenden Beobachter als 'Gehirn-Stoff' bezeichnet worden ist. Dementsprechend meint Professor Eddington, der Stoff der Welt könnte wohl das sein, was er 'Denk-Stoff' oder 'Geist-Stoff' nennt."

In alten und selbst noch in neueren Zeiten nannten die Menschen essentielle Materie häufig "Geist". Doch nun wollen sie diese, Eddington zufolge, "Geist-Stoff" nennen, zumindest für einige Zeit. Der Name wird also ein wenig geändert, aber die Idee oder die Sache selbst ist dieselbe - obgleich die Alten, was sorgfältig beachtet werden muß, wenn sie von Geist-Stoff sprachen, etwas rein Spirituelles meinten, ja gelegentlich etwas Überspirituelles, tatsächlich die K o s m i s c h e S e e l e. Die modernsten Wissenschaftler sind augenscheinlich in ihrer Vorstellung nicht höher gegangen als bis zu ätherischer Substanz, einen Grad oder bestenfalls zwei Grade weiter innerhalb der physischen Sphäre.

Vor der Jahrhundertwende schrieb H.P. Blavatsky in ihrer Zeitschrift "Lucifer" über das Thema des im Atom existierenden Bewußtseins. Ihr Artikel wurde durch einen anderen Artikel veranlaßt, den der wohlbekannte Journalist und Mitarbeiter mehrerer Zeitschriften, George Parsons Lathrop, geschrieben hatte, der von den religiösen Anschauungen Mr. Edisons handelte. Edison war eine Zeitlang Mitglied der Theosophischen Gesellschaft. Sie sagte:

"Edisons Vorstellung von der Materie wurde in unserem Leitartikel vom März besprochen. Über den großen amerikanischen Elektrophysiker wird von Mr. G. Parsons Lathrop in 'Harper's Magazine' berichtet, er habe seine persönliche Anschauung über die Atome dahingehend geäußert, daß sie 'im Besitz eines gewissen Maßes von Intelligenz' seien; und ferner wird gezeigt, wie er sich in anderen Träumereien dieser Art ergeht. Aufgrund dieses Gedankenflugs ruft die Februarnummer der 'Review of Reviews' den Erfinder des Phonographen zur Ordnung und bemerkt kritisch: 'Edison gibt sich gern Träumen hin', seine 'wissenschaftliche Imagination' ist ständig am Werk.

Möchten doch um alles in der Welt die Naturwissenschaftler ihre 'wissenschaftliche Imagination' ein wenig mehr üben und ihre dogmatische und kalte Negation ein bißchen weniger. Träume sind unterschiedlicher Art. In jenem seltsamen Seinszustand, der uns, wie Byron es ausdrückt, in die Lage versetzt, 'mit versiegelten Augen zu sehen', nimmt man oft wirklichere Tatsachen wahr als im wachen Zustand. Imagination ist zudem eines der stärksten Elemente in der menschlichen Natur. Mit den Worten Dugald Stewarts ist sie 'die große Triebfeder menschlicher Tätigkeit und der Hauptquell menschlicher Veredelung ... Zerstört diese Fähigkeit, und der Zustand der Menschen wird ebenso statisch werden wie der der Tiere.' Sie ist der beste Führer unserer blinden Sinne, ohne die sie uns niemals über die Materie und ihre Täuschungen hinausführen könnten. Die größten Entdeckungen der modernen Naturwissenschaft verdanken wir der Imagination der Entdecker."

"Lucifer", Bd. 6, April 1890, S. 89
(Artikel "Kosmic Mind")

Wie wahr ist dies! Wahrscheinlich hat es nicht eine einzige große wissenschaftliche Entdeckung gegeben, die von a nach b und c aus dem Prozeß von Gehirnverstand-Schlußfolgerungen hervorgegangen ist und mit Erfolg zu Ende geführt wurde. Aber das sehnende Streben nach Wahrheit, das intuitive visionäre Schauen hat es immer gegeben; dann plötzlich kam das Licht, und die Wahrheit wurde erschaut - wenn auch nur schwach und unvollkommen zkizziert.

Um fortzufahren:

"Aber wann wurde je irgend etwas Neues verkündet, wann eine Theorie bekanntgegeben, die mit einer hinreichend etablierten Vorgängerin kollidierte und ihr widersprach, ohne daß die orthodoxe Wissenschaft zuerst Gericht über sie hielt und versuchte, sie zu unterdrücken."

ebenda, S. 89f.

Heute werden die Wissenschaftler die besten Freunde der Schüler der Esoterischen Philosophie. In jenen Tagen aber war wissenschaftlicher Dogmatismus stark vertreten; ein elender, miserabler, hochmütiger Dogmatismus. Ebensosehr gab es ihn in den Kirchen - doch war er selbstverständlich von anderer Art, auf andere Weise aber ebenso dogmatisch. Wenn in jenen Tagen ein Mensch auch nur von der "Seele" sprach, so wurde er, obgleich er leise und vorsichtig sprach, für etwas schwachsinnig oder vielleicht sentimental gehalten; jedenfalls dachte man, bei ihm stimme irgend etwas nicht ganz.

Der Mensch wurde in jenen Tagen von den Wissenschaftlern als eine "belebte Maschine" angesehen. Auch das Universum war ein Mechanismus, der von selbst lief. Nirgends gab es Geist, nirgends Seele, nirgends Leben; überall Mechanismus, Maschinen, die von selbst liefen - aber keiner wußte, wie!

Um mit dem Zitat fortzufahren:

> "Muß die Idee, daß Bewußtsein in jedem universalen Atom vorhanden ist und die Möglichkeit völliger Kontrolle des Menschen über die Zellen und Atome seines Körpers besteht, darum als ein Traum abgelehnt werden, weil sie bisher noch nicht mit der 'Imprimatur' (der Druckerlaubnis) der Päpste der exakten Naturwissenschaft beehrt worden ist? Der Okkultismus lehrt dasselbe. Er sagt, daß jedes Atom, gleich der Monade des Leibniz, ein kleines Universum in sich ist und daß jedes Organ und jede Zelle im menschlichen Körper mit einem eigenen Gehirn begabt ist, somit Gedächtnis, Erfahrung und Unterscheidungskraft besitzt. Die Idee von dem universalen Leben, das aus individuellen atomaren Leben (Plural) zusammengesetzt ist, ist eine der ältesten Lehren der Esoterischen Philosophie. Die gänzlich neue Hypothese der modernen Naturwissenschaft vom 'kristallinen Leben' ist der erste Strahl von dem uralten Licht des Wissens, der unsere Gelehrten erreicht hat. Wenn man zeigen kann, daß Pflanzen Nerven, Empfindungen und Instinkt (nur ein anderes Wort für Bewußtsein) haben, warum sollen wir dann dasselbe nicht auch den Zellen des menschlichen Körpers zugestehen? Die Naturwissenschaft teilt die Materie in organische und anorganische Körper, nur weil sie die Idee des 'a b s o -

l u t e n (das heißt universalen) L e b e n s' und die eines Lebensprinzips als einer Wesenheit ablehnt. Sonst würde sie als erstes sehen, daß 'a b - s o l u t e s (das heißt universales) L e b e n' weder einen geometrischen Punkt noch ein seiner Essenz nach anorganisches Atom hervorbringen kann ...

Um nun diese ärgerliche Frage ein für allemal zum Schweigen zu bringen, beabsichtigen wir zu beweisen, daß die moderne Naturwissenschaft ... am Vorabend der Entdeckung steht, daß Bewußtsein universal ist (Eddingtons Geist-Stoff) und damit Edisons 'Träume' rechtfertigt. Doch bevor wir dies tun, möchten wir auch zeigen, daß, obwohl mancher Wissenschaftler von diesem Glauben völlig durchdrungen ist, doch nur sehr wenige mutig genug sind, es öffentlich zuzugeben ..."

ebenda, S. 90f.

Sporadische Äußerungen von einigen modernen Wissenschaftlern zeigen, wie wahr die obigen Worte H.P. Blavatskys waren. Als Sir James Jeans in einem in "The Observer" (London) veröffentlichten Interview die Frage vorgelegt wurde: "Glauben Sie, daß das Leben auf unserem Planeten das Ergebnis von einer Art Zufall ist, oder glauben Sie, daß es ein Teil eines großen Schemas ist?", antwortete er folgendermaßen:

"Ich neige der idealistischen Theorie zu, daß Bewußtsein fundamental ist und daß das materielle Universum von Bewußtsein abgeleitet ist und nicht umgekehrt Bewußtsein vom materiellen Universum. Wenn dem so ist, scheint daraus hervorzugehen, daß ein allgemeines Schema vorliegt ... Im allgemeinen scheint mir das Universum einem großen Gedanken näher zu sein als einer großen Maschine. Mir scheint, es könnte wohl so sein, daß jedes individuelle Bewußtsein mit einer Gehirnzelle in einem Universalgemüt verglichen werden sollte ..."

Und bezeichnenderweise schloß er das Interview mit der Bemerkung: "Ich halte mich nicht für berechtigt, eine definitive Meinung über irgendeine der Fragen zu äußern, die wir heute nachmittag besprochen haben."

Warum nicht? Wenn ein Vertreter der Naturwissenschaft einmal sagt, daß das, was er äußert, seine eigene definitive oder nicht definitive Meinung sei, so hat er gewiß ebensosehr das Recht, sie auszusprechen, wie andere Wissenschaftler, die keine derartige Zurückhaltung und kein solches Zögern an den Tag legen, wenn sie Aussagen von wesentlich aggressiverem positiven Charakter machen. Sicher fühlt man sich gedrängt, diese Bescheidenheit zu loben, jedoch mit dem Bedauern, daß wissenschaftliche Bescheidenheit nicht immer so stark anzutreffen ist, wie es sein könnte.

Der große deutsche Wissenschaftler Max Planck sagte in einem ähnlichen, in "The Observer" veröffentlichten Interview auf die Frage: "Glauben Sie, daß Bewußtsein auf materielle Weise erklärt werden kann?":

> "Nein, ich betrachte Bewußtsein als fundamental. Ich betrachte die Materie als vom Bewußtsein abgeleitet. Wir können nicht hinter das Bewußtsein kommen. Alles, wovon wir sprechen, alles, was wir als existent betrachten, setzt Bewußtsein voraus."

Es könnten Zitate von einer Anzahl anderer, ebenso großartiger Wissenschaftler angeführt werden, die auf denselben definitiven Schluß hinauslaufen; doch es erübrigt sich hier, dies zu tun. Der springende Punkt ist, daß einige der größten, vielleicht die größten Vertreter der Wissenschaft heute beginnen, eines der fundamentalen philosophischen Postulate der Esoterischen Tradition zu wiederholen: daß "Geist" oder "Bewußtsein" von der Essenz des Universums ist und daß dieser "Geist" oder dieses "Bewußtsein" zwangsläufig in jedem Teil oder Punkt des unbegreiflich weiten kosmischen Ganzen wirksam ist und sich darin manifestiert.

Es scheint mir angebracht, hier auf ein schönes, gedankenreiches Buch hinzuweisen: "Plant Autographs and Their Revelations" ("Pflanzenschrift und ihre Offenbarungen", Rotapfel-Verlag, d. Ü.), das von dem Hindu-Wissenschaftler Sir Jagadis Chunder Bose geschrieben wurde, einem der bemerkenswertesten Wissenschaftler und Denker, die im oder um das letzte Jahrhundert herum erschienen sind. Vor seiner Zeit glaubte man allgemein, Pflanzen seien keine beseelten Wesenheiten, wohl, daß sie sich bewegten und Substanz hätten, aber kein individualisiertes Leben, keine "Seele" besäßen, kein wirkliches Zirkulationssystem, keine Nerven und keine Empfindungen hätten. Was das Zirkulationssystem betrifft, so glaubte man, ein solches könne in einem Pflanzenkörper nicht existieren; und dies angesichts des jahreszeitlichen Steigens und Fallens des Pflanzensaftes - ein wahrhaft wunderbares Phänomen, das kein Wissenschaftler bisher erklärt hat, weil keiner es je verstand. Eine Erklärung, die aus dem damals verfügbaren Wissen allenfalls hätte gegeben werden können, wäre von der dogmatischen Überzeugung belastet gewesen, daß die Menschen und Tiere die einzigen seien, die Leben und mehr oder weniger freiwilliges Handeln besitzen.

Nun verfügt dieser bemerkenswerte Hindu über einen außerordentlich geistreich konstruierten Apparat zum Studium des Pflanzenlebens, zur Aufzeichnung des Pulsschlags und der Lebensfunktionen in den Pflanzen. Durch diesen Apparat - der elektrisch oder auf andere Art betrieben wird - beweist er, daß die Pflanzen wirklich Nerven haben und pflanzen-bewußt sind - nicht tier-bewußt oder menschen-bewußt, sondern pflanzen-bewußt; daß sie vergiftet und durch Anwendung der richtigen Antidosis geheilt werden können; daß sie müde werden, der Ruhe bedürfen, ein Zirkulationssystem und auch ein Nervensystem besitzen; daß sie, mit anderen Worten, sehr lebendig sind. Der Apparat für diese äußerst faszinierende Untersuchung wurde von Sir Jagadis C. Bose selbst erfunden. Nicht nur dafür verdient er große Anerkennung, sondern auch für die Methode, wie er seinen Apparat anwendet, um die Kanäle des Kreislaufs und die Nervenbahnen im Pflanzenkörper zu studieren und sachgemäß zu erklären.

So liegt also jenseits, hinter und innerhalb von allem, zum Beispiel im Atom und innerhalb der das Atom bildenden elektronischen Winzigkeiten, ein Bewußtseinszentrum - oder das, was in der Esoterischen Philosophie ein "Jîva" oder eine Einheit von Individualität, eine Monade genannt wird, wobei wir das pythagoreische Wort übernehmen, das europäischen Philosophen durch Leibniz vertraut gemacht wurde. Der Alten Weisheit zufolge ist jedes Atom ein Organismus, eine organische lebende Wesenheit. Somit ist ein Atom das Vehikel oder die Manifestation einer transzendenten, aber unvollkommen zum Ausdruck gebrachten "Seele" und letzten Endes eines darin eingeschlossenen Göttlichen. Mit anderen Worten, das Seelenleben des Atoms ist ein Zwischenteil der unsichtbaren und ätherischen atomaren Struktur, die aus dem monadischen Zentrum oder der Wurzel hervorströmt, die sich sozusagen "im Hintergrund des Jenseits" einer jeden physischen atomaren Einheit befindet.

Der moderne Wissenschaftler ist schon dabei, den Weg für diese umfassendere Vorstellung zu bereiten, indem er aufgrund seiner Forschungen erklärt, daß das Atom nicht mehr als ein blind umhergetriebenes, gefühlloses, lebloses, träges Partikel toten Stoffes betrachtet werden kann, das von blindem Geschick, von Zufall gelenkt wird und durch ziellose Sinnlosigkeit hierher und dorthin gezerrt wird, sondern daß es eine zusammengesetzte, aus elektro-psycho-magnetischen Punkten oder Ladungen gebildete Wesenheit ist.

II

Im Jahre 1913 entwickelte der dänische Physiker Bohr eine außerordentlich interessante Vorstellung von dem physischen Atom, die sich in gewissem Grade den Lehren der Esoterischen Philosophie nähert. Trotz der Modifikationen der Bohrschen Theorie, die seit 1913 erfolgt sind, werden elektromagnetische und andere Phänomene der Natur mit fast unheimlicher Präzision in dem Sinne erklärt, daß das physische Atom eine Art Sonnensystem en miniature und andererseits unser Sonnensystem sowie jedes andere Sonnensystem ein kosmisches Atom ist. Jedes Atom hat seine atomare "Sonne", welche die Wissenschaftler heute ein Proton oder ein Aggregat von mit Elektronen verbundenen Protonen nennen. Ebenso hat es seinen oder seine Planeten, Elektronen genannt, die mit unglaublicher Geschwindigkeit um ihre zentrale atomare Sonne herumwirbeln. Im Falle des Wasserstoffatoms, das heute für den Urbaustein der physischen Materie gehalten wird, haben wir nur einen Planeten oder ein Elektron mit seinem einen Proton oder seiner einen atomaren Sonne. Der große Wert der Bohrschen Vorstellung besteht darin, daß sie analog ist: Sie folgt dem Muster, das durch andere und größere Strukturen und Prozesse der Natur gegeben ist. Was die Natur an einer Stelle tut, wird logischerweise, ja mit Notwendigkeit an anderen Stellen wiederholt, weil sie e i n fundamentales letztes Gesetz, e i n e n letzten fundamentalen Aktionsablauf verfolgt, der allenthalben in ihrem Gesamtbereich wirksam ist. Bohrs Vorstellung ist ein unbewußter Tribut an die sehr alte und esoterische Lehre von der Analogie, denn Analogie ist eine Folgerungsmethode, die auf der Natur selbst und allein auf ihr beruht. Trotz vieler, zum Teil sehr erregter Gegenäußerungen tritt sie in modernen Zeiten mehr und mehr als eine Art Schlußfolgerung in Erscheinung, der unsere modernsten wissenschaftlichen Theoretiker oder Theorien vielleicht nur halbbewußt folgen. Es muß jedoch bemerkt werden, daß es auch so etwas wie falsche Analogien gibt, auf die man nur zu leicht hereinfällt und die folglich unrichtige Darstellungen der Funktionen und Vorgänge der Natur sind; und vor diesen falschen Analogien muß der Schüler ständig auf der Hut sein.

Es gibt eine andere, noch neuere Auffassung über den strukturellen Charakter des physischen Atoms, eine modernere als die Bohrsche. Wir verdanken sie der Arbeit von Physikern wie zum Beispiel Schrödinger und de Broglie, deren Ansichten in jedem Werk über moderne Physik gefunden werden können.

Die neuere Vorstellung von der inneren Struktur und den Funktionen des Atoms ist ebenso interessant und einstweilen ebenso annehmbar wie das Bohr-Atom. Beide Strukturen sind in ihrer Essenz eine mehr elektrische Wesenheit, ob sie nun diffus ist, wie Schrödinger sagt, oder ob sie in ihrem Muster strenger nach der Art unseres Sonnensystems ist, wie Bohr sagt. Von Wichtigkeit ist, daß die Zusammensetzung des Atoms, was auch immer seine Struktur und innere Organisation sein mag, großenteils elektrisch ist. Das heißt, ein Atom ist eine aus Kräften zusammengesetzte Wesenheit, und diese Kräfte bringen sich als Materie zum Ausdruck. Dies steht soweit im genauen Einklang mit der Esoterischen Philosophie.

Bohrs Theorie, das Atom sei eine Art Miniatur-Sonnensystem, steht zumindest in Einklang mit der gesamten Natur, so wie wir sie kennen, einerlei, welche Mängel man in Zukunft dieser Theorie wird nachweisen können. Sie basiert auf analogischer Schlußfolgerung; sie ist nicht eine bloße Hypothese, die in einer vorübergehenden Phase der modernen Physik, die zugestandenermaßen noch ein ehrgeiziges Kind ist, willkürlich entwickelt wurde, um einem vermeintlichen Bedürfnis entgegenzukommen oder einem vermeintlichen Mangel abzuhelfen. Es ist gerade die Verbindung analoger Schlußfolgerung mit der anderen wissenschaftlichen Idee, daß die Substanz der Materie essentiell Kraft sei, auch wenn sie von Bohr halb unbewußt vollzogen wurde, die dem Schüler der Esoterischen Philosophie das Bohr-Atom so anziehend macht, zumindest in seinem allgemeinen Umriß. Die Zeit wird zeigen, wieviel Wahrheit Bohrs Bild vom Atom enthielt (siehe Einschub Seite 14) und wieviel Wahrheit in späteren Theorien über die atomare Struktur steckt - die Zeit und auch die Experimente, die von wirklich bemerkenswerten Forschern der physikalischen Chemie durchgeführt werden. Ob zukünftige Forschung zeigen wird, daß Bohr oder irgendein späterer Forscher exakter in der Entwicklung einer Vorstellung von der atomaren Struktur war, macht für unseren gegenwärtigen Zweck nicht das geringste aus. Die wesentlichen Vorstellungen scheinen in fast allen modernen Theorien über die atomare Struktur mehr oder weniger dieselben zu sein. Sie besagen, daß das Atom fast nur aus Hohlräumen besteht oder aus ätherischen Räumen aufgebaut ist und daß die Partikel der Substanz, die es enthält, hauptsächlich aus Elektrizität bestehen - mannigfaltig zusammengesetzt aus ihren "positiven" und "negativen" Eigenschaften oder Teilen.

So besteht also die physische Welt, die für unsere Sinne scheinbar so fest ist, wenn man sie auf Atome reduziert, hauptsächlich aus Hohlräumen, Zwischenräumen oder ätherischen Räumen, die hauptsächlich mit Partikeln negativer und positiver Elektrizität, Elektronen, Protonen, Positronen u.s.w., angefüllt sind, die wechselseitig aufeinander wirken und durch ihre gemeinsame Arbeit die gesamte physische Welt und ebenfalls alle sie zusammensetzenden Teile aufbauen.

Unglaublich ist die Geschwindigkeit der Bewegung, die diesen elektrischen Partikeln von der modernen wissenschaftlichen Theorie zugeschrieben wird. Dr. E.

E. Fournier d'Albe schrieb vor mehreren Jahren im Londoner "Observer" über die Bahnen dieser Elektronen und ihre Geschwindigkeit beim Verfolgen ihres mutmaßlich kreisähnlichen Laufes um ihre atomare protonische Sonne:

> "In diesem Miniatur-Sonnensystem (des Atoms) würde das Jahr durch die Zeit eines Umlaufs (eines Elektrons) um die zentrale 'Sonne' dargestellt werden. Da diese Umläufe im Tempo von einigen Billionen Mal in einer Sekunde vor sich gehen, so ist es klar, daß, wenn wir auch nur für einen Augenblick zuschauen, ungezählte Zeitalter und geologische Ären atomarer Zeit verstreichen."

Professor W. F. G. Swann vermittelte eine modernere Anschauung von der atomaren Zeit, die auf einem elektronischen Umlauf oder einem elektronischen Jahr beruht, verglichen mit menschlicher Zeit (siehe "The Architecture of the Universe", S. 56 f., 1934).

Es gibt Wesen im Universum, deren Zeitbewegung so langsam ist, daß für sie der Umlauf unseres Planeten Terra um unseren zentralen Himmelskörper, den wir als ein Jahr bezeichnen, eine unberechenbar kurze Zeitperiode wäre, vorausgesetzt, wir würden unser Sonnensystem als ein "kosmisches Atom" ansehen - eine Lehre der Esoterischen Philosophie -, wie es von intuitiven Wissenschaftlern genannt wird. Es wäre für sie sogar unbedeutender als der Umlauf eines Elektrons um seine atomare Sonne, was ein atomares Jahr ausmacht, das für uns zeitlich sehr gering ist. Andererseits würde eines unserer Jahre für unendlich kleine Wesen quasi eine Ewigkeit sein. Wir könnten sie uns mit vollkommener Berechtigung auf einem atomaren Elektron lebend vorstellen - auf einem der atomaren Planeten -, auf dem sie ihre Lebenszeit verbringen.

Das Leben unseres Universums ist, wenn der Ewigkeit gegenübergestellt, sozusagen nur ein Augenblinzeln; uns aber erscheint es als eine Quasi-Ewigkeit, denn es währt Billionen menschlicher Jahre. So betrachtet, ist das Menschenleben nur ein flüchtiger Augenblick in endloser Dauer, obwohl es von ungeheurer Zeitlänge ist im Vergleich zu dem verwirrend schnellen Erscheinen und Verschwinden der Infinitesimalen in der atomaren Welt.

Ferner wird von Wissenschaftlern gesagt, daß die atomaren Entfernungen, die Elektron von Elektron und diese von ihrem protonischen Zentrum oder ihrer Sonne trennen, im Atom relativ ebenso groß sind wie die Entfernungen in unserem kosmischen Sonnensystem, die Planet von Planet und diese von unserer Sonne trennen. Es besteht kein Grund, warum diese äußerst eindrucksvolle Lehre, Erklärung oder Behauptung der modernsten Naturwissenschaft nicht wahr sein sollte. Wir müssen uns vergegenwärtigen, daß alle Dinge in diesem Universum für uns relativ sind und daß folglich die mutmaßlich fundamentalen Dinge wie Raum und Zeit ebenso relativ sind wie alle anderen darin enthaltenen Dinge. Beide, Raum und Zeit, sind, wie die Esoterische Philosophie lehrt, mâyâvisch oder illusorisch in der Hinsicht, daß weder letztere noch ersterer - wenn wir dem Ausdruck "Raum" die Bedeutung von Ausdehnung geben - etwas Äußerliches sind. Da sich die Anwendung der Ausdrücke "Raum" und "Zeit" hier nur auf physische Dinge oder "Ereignisse" bezieht und diese daher unmißverständlich vorübergehend sind, kann keines von beiden "absolut" genannt werden; und dies ist nach Einstein in diesem Aspekt oder Teil seiner Relativitätstheorie durchaus richtig.

In Schriften der Esoterischen Philosophie wird häufig auf Einsteins Relativität Bezug genommen. Dies schließt nicht eine pauschale Annahme dieser Theorie in sich und besonders nicht die daraus abgeleiteten mathematischen Deduktionen. Es ist die grundlegende Idee der Relation oder der Relativitäten, die der Schüler in der Natur und somit auch hinsichtlich der Lehren der Esoterischen Tradition getreu erkennt. Doch hat sich der Schüler der Esoterischen Philosophie stets die hohe Wahrscheinlichkeit vor Augen gehalten, daß, nachdem die Einsteinsche Theorie ihre Zeit gehabt oder eine gewisse Popularität innegehabt hat, irgendein neuer Mathematiker mit einer anderen Theorie auftreten wird, mit einer vielleicht moderneren als der von Einstein entwickelten. Diese neue Theorie würde dann die Relativitätstheorie Einsteins entweder bedeutend modifizieren oder gar an ihre Stelle treten aufgrund des höheren wissenschaftlichen Wertes und der überlegenen Genauigkeit in Vorausschau und Erklärung, die diese neuere Theorie mit sich bringt.

Eine solche neuere Theorie scheint bereits ins Leben getreten zu sein, wie berichtet wird. Sie ist das geistige Kind des indischen Naturwissenschaftlers und Mathematikers, Sir Shah Sulaimans, M. A., LL.D., der erster Richter am obersten Gerichtshof zu Allahabad in Indien ist. Dieses neue mathematische Wunder - der Verfasser dieses Buches bezieht sich hier auf die Theorie und nicht auf den hervorragenden Hindu, dessen Kind sie ist - soll nachdrücklicher in der Aussage und akkurater in der Erklärung sein als Einsteins Theorie. Unter anderem wird von ihr behauptet, daß die mathematischen Gleichungen dieser Theorie die Gleichungen Newtons auf eine erste annähernde Berechnung und diejenigen Einsteins auf eine zweite annähernde Berechnung reduzieren.

Als Beispiele für ihre größere Genauigkeit in der Aussage wird behauptet, daß diese neue Theorie von Sir Shah Sulaiman die Größe der Veränderung der Fraunhoferschen Linien im Sonnenspektrum fast perfekt, wenn nicht vollkommen voraussagt. Was die Ablenkung des Sternenlichtes bei seinem Vorübergang an der Sonne betrifft, so soll diese neue Theorie eine größere Genauigkeit aufweisen als die von Einstein.

So sind, modernen wissenschaftlichen Ideen zufolge, auch die Atome aufgebaut, die unseren Körper bilden. Sie sind somit unendlich kleine Kopien, sie wiederholen die Reflexionen jenes größeren kosmischen Atoms, das gemäß menschlicher Kenntnis das Sonnensystem genannt wird. Da die interplanetarischen Räume leer oder nahezu leer erscheinen und keine physischen Dinge sichtbar sind, wird von "leerem Raum" gesprochen; ebenso ist auch unser Körper hauptsächlich eine solche "räumliche Leere". Doch darf man keinen Augenblick lang meinen, dieses "Vakuum" sei tatsächlich ein "Nichts" - eine Idee, die absurd ist. Die sogenannten Leerräume sind mit "ätherischen" Substanzen angefüllt, geradeso wie die kosmischen Räume unseres Sonnensystems und die größeren kosmischen Räume unseres galaktischen Universums mit kosmischem Äther angefüllt sind.

III

Die interessanteste Schlußfolgerung, die aus den vorausgehenden Überlegungen abgeleitet werden kann, ja, abgeleitet werden sollte, ist die - wie auch die Esoterische Philosophie seit undenklichen Zeiten gelehrt hat -, daß die physischen Erscheinungen der Dinge nur vergängliche "Ereignisse", illusorische und flüchtige Episoden auf und in jenem besonderen kosmischen Raum des Sonnensystems sind, den wir unsere physische Welt nennen. Diese physische Welt besteht tatsächlich hauptsächlich aus "Löchern" oder sogenannten, und zwar fälschlich sogenannten, "leeren Räumen" oder ist aus ihnen gewoben. Wir sagen nur darum "leer", weil unsere physischen Sinne, wie zum Beispiel die Organe des Sehens und Tastens, dahingehend entwickelt sind, lediglich Dinge von physischer Materie wahrzunehmen und zu melden. Sie sagen uns jedoch nichts von den inneren, unsichtbaren, weil hochgradig ätherischen Welten, Sphären und Reichen, die unter dem einen Ausdruck "ätherische Räume" oder "leere Räume" zusammengefaßt werden.

Wahrscheinlich könnten die wirklichen, sogenannten festen physischen Einheiten, die den substantiellen Teil des physischen Körpers bilden - wir können sie Protonen, Elektronen usw. nennen -, wenn sie sich dicht versammeln und wir die "leeren Räume" auf einer Seite lassen, auf ein Volumen, das wenig größer ist als ein Stecknadelkopf, zusammengepreßt werden. So wird sofort ersichtlich, daß, soweit bloßes Volumen oder räumliche Ausdehnung in Frage kommt, auch unser physischer Körper in bezug auf seine Masse wirklich wahre Illusion ist. Für uns jedoch ist er sehr wirklich, weil unsere Sinnesorgane in dieser Welt der "massiven" Illusion leben.

Um ein Beispiel zu geben: Ich besteige eine Eisenbahn und setze mich hin. Mein Körper berührt den Sitz, übt anscheinend einen Druck auf ihn aus und deformiert ihn physisch. Der Sitz ist an dem Gestell des Wagens festgeschraubt, und zwar in dem Holzwerk, das auf dem Metallgestell ruht, das seinerseits auf den Rädern lastet, die über die Stahlschienen laufen. Die Schienen liegen auf dem Erdboden fest, und die Erde ist aus mannigfaltigen Partikeln des Erdbodens, Steinen und sonstigem, aufgebaut. Doch besteht an keiner Stelle in unserem Bild ein absoluter physischer Kontakt zwischen zwei dieser Stufen.

Ich berühre den Platz, auf dem ich sitze, nur scheinbar. Tatsächlich berührt ihn kein Partikel meines Körpers: Die Elektronen der Atome, aus denen mein Körper besteht, werden von den elektronischen Vibrationen der Atome, aus denen sich der Sitz zusammensetzt, abgestoßen. Der Sitz ist in das Holz des Abteils des Eisenbahnwagens eingeschraubt; diese Schrauben aber berühren das Holz nicht wirklich, obwohl sie es durchbrochen haben. Das Holz wiederum ist an den metallenen Körper des Wagens angeklammert. Uns erscheinen diese aneinandergeklammerten Glieder dicht und fest und unbedingt miteinander in Berührung stehend; faktisch aber berührt nicht ein einziges Partikel dieses Holzes den Stahl. Die stählerne Karosserie ruht auf den Radachsen, doch nicht ein Partikel dieses lastenden Stahls berührt die metallene Substanz der Räder tatsächlich oder befindet sich mit ihnen in absolutem physischen Kontakt. Während die Räder auf den Schienen entlangrollen, berühren sie in Wirklichkeit die Gleise überhaupt nicht; sie rollen auf den Elektronen oder auf dem Äther. Jedes Partikel des Rades, welches die Schiene zu berühren scheint und umgekehrt, besteht aus elektronischen und anderen negativ oder positiv geladenen Partikeln, die sich voneinander abstoßen. Man nimmt an, die Schienen ruhen fest auf der Erde, doch auch hier trifft die schon angegebene Tatsache zu: die Schienen befinden sich nicht in absolutem Kontakt mit der Erde. Die Erde selbst besteht aus verschiedenen elektronischen und anderen Stoffen, und doch hat nicht ein einziger mathematischer Punkt irgendeines dieser Materialien absoluten physischen Kontakt mit irgendeinem anderen; sie werden durch elektrische Kräfte der Abstoßung voneinander gehalten, die den Elektronen, Protonen usw., aus denen die Atome aufgebaut sind, innewohnen. Wie illusorisch ist doch die Welt, in der wir leben!

Hieraus ersehen wir ein wenig, was "Materie" ist: Sie besteht erstens aus atomaren Kräften oder Vibrationen sowie auch aus dem Ausbalancieren dieser Kräfte untereinander; zweitens wirkt sie in offenen Räumen, die relativ gesehen ebenso gewaltig groß sind wie diejenigen, die das Sonnensystem und das um unsere physische Erde befindliche Universum bilden. Daher ist "Materie", so wie wir sie wahrnehmen, wirklich eine Illusion, denn erstens sehen wir sie nicht so, wie sie ist, und zweitens, da wir sie nicht so sehen, wie sie ist, bilden wir uns ein, sie sei etwas, was sie nicht ist.

Betrachten wir einmal den Aufbau eines Wasserstoffatoms, des einfachsten der bekannten Atome der Naturwissenschaft. Das Wasserstoffatom besteht aus zwei elektrischen Partikeln, einem positiven, Proton genannt, das der Theorie nach die zentrale Sonne des Atoms ist, und aus einem negativen Partikel, Elektron genannt, das der atomare "Planet" ist, der mit unvorstellbarer Geschwindigkeit um seinen zentralen Kern oder das Proton herumwirbelt. Es soll einige Billionen Mal - wie die Wissenschaftler sagen - in der kurzen Zeitspanne einer menschlichen Sekunde in seiner Bahn um seine atomare Sonne kreisen. Was ist das Ergebnis? So winzig, so infinitesimal dieses wirbelnde Elektron auch ist, so ist seine Geschwindigkeit doch so groß, daß wir, wenn wir die Macht hätten, unseren Finger daran zu halten oder auch nur versuchten, es zu berühren, einen Widerstand fühlen würden. Dieser entsteht durch die enorme Schnelligkeit des wirbelnden Elektrons um seine zentrale Sonne, und er bildet gewissermaßen eine Spur in etwas Festem, einen Gürtel oder eine Schale, die dann von unseren physischen Sinnen als etwas äußerst Greifbares empfunden werden würde. Wir würden es als "Materie" empfinden, und doch ist diese "Materie" nur eine Ladung negativer Elektrizität, mit anderen Worten, Kraft.

Wir können uns wirklich fragen: Was ist Materie? Was ist die materielle Seite des Seins? Wir wissen jetzt, daß "Materie" hauptsächlich aus Löchern besteht; sie besteht hauptsächlich aus Hohlräumen, aus "Leere". Es ist offensichtlich, daß wir, wenn wir unser Sonnensystem betrachten, sehen, daß der größere Teil desselben sogenannte Leere oder Raum ist. Die Sonne und die Planeten bilden nur einen kleinen Teil des Raumes innerhalb seiner Grenzen, was gemäß der

Atomtheorie ebenso auf das Atom zutrifft. Die protonische Sonne und die elektronischen Planeten sind nur ein sehr kleiner Teil des Raumes, den das Atom bildet. Und doch ist die gesamte physische Materie, gleich welcher Art, aus diesen "leeren Atomen" aufgebaut, vom ätherischen Gas bis zum festen Metall. Wahrlich, unsere physische Welt ist essentiell eine unreale Welt, eine illusorische Welt.

Eddington gibt in seinem Buch "The Nature of the Physical World" eine bewundernswert formulierte Übersicht über die moderne wissenschaftliche Auffassung von der physischen Materie, wobei er darauf hinweist, daß von modernsten wissenschaftlichen Spezialisten die "Materie" in Energie-Punkte aufgelöst worden ist, die in einer Leere existieren. Während Professor Eddington so von einem "Leerraum" spricht, der mit sporadisch verstreuten Atomen angefüllt ist, ruft er in ganz seltsamer Weise das ins Gedächtnis zurück, was die alten griechischen Theoretiker der atomistischen Philosophenschule gelehrt haben, eine Schule, die von Leukippos und Demokrit gegründet worden sein soll, und diese lehrten, daß die "Ultimata" (letzte Bestandteile) aller Dinge Atome und leerer Raum seien. Aber ihre Lehren sind von modernen Menschen nie richtig verstanden worden. Sie verstanden unter "to kenon" - dies sind die griechischen Worte, die meistens mit "Vakuum" oder "Leerraum" übersetzt wurden - nicht das, was unter diesem Wort in heutiger Zeit verstanden wird: äußerste oder absolute Leere. Sie meinten ein Nichtvorhandensein von Materie, die der Wahrnehmung durch die Sinne des Menschen zugänglich ist. Die wirkliche Grundlage ihrer Idee war die Existenz eines ätherischen Feldes oder Meeres im Raum - wenn richtig verstanden: R A U M an sich -, das im Vergleich zu der Grobheit der illusorischen physischen Materie die "Leere" genannt wurde.

In modernen Zeiten ist diese ätherische kosmische Substanz gewöhnlich Äther genannt worden; und in der Tat haben die Griechen selbst oft von "aithér" gesprochen, wovon das moderne Wort "Äther" abgeleitet wurde.

Hinsichtlich der sowohl in wissenschaftlichen als auch in philosophischen Kreisen fast universal vorherrschenden Ideenkonfusion - die ebenso überall auch bei dem Durschschnittsmenschen vorhanden ist - in bezug auf die Natur des Äthers (im Englischen wird vorgezogen, "aether" statt "ether" zu schreiben), mag es angebracht sein, folgende Hinweise als Hilfsmittel für das Verständnis des Lesers oder Schülers einzufügen:

Der Äther oder die Äther (Plural) der wissenschaftlichen Spekulation des 19. Jahrhunderts wird heute von vielen nachdenklichen Wissenschaftlern als eine veraltete oder aus der Mode gekommene Idee abgelehnt. Nicht wenige der fortschrittlichsten Vertreter der Naturwissenschaft fragen ernsthaft, ob es so etwas wie den kosmischen Äther überhaupt gibt. Einige der modernsten Wissenschaftler, wie zum Beispiel Eddington, sind geneigt, die Bezeichnungen "Äther" und "Raum" als auswechselbar zu betrachten, und Eddington fängt auch an, mehr nach Art der alten Griechen "aether" zu schreiben.

Genaugenommen ist es vielleicht falsch und nur aufgrund bloßer Theorie als Tatsachengrundlage möglich, anzunehmen, Raum und Äther seien ein und dasselbe oder identisch. Aus der Sicht der Esoterischen Philosophie ist der Äther, kosmisch gesprochen, das Substrat der Manifestation oder der Differenzierung oder mehr deren substantielles Substrat, und er ist daher faktisch mit dem identisch, was in der Alten Weisheit technisch "Akâśa" genannt wird oder gar, was fast dasselbe ist, "Mûlaprakriti", Wurzelnatur oder Wurzelraum. Nun ist augenfällig, daß in jeder besonderen kosmischen Hierarchie Mûlaprakriti oder Akâśa - auch ihr Äther genannt - den ganzen Raum besagter Hierarchie erfüllt und daher praktisch als identisch mit dem Raum dieser Hierarchie zu betrachten ist, da es die Mutter-Substanz der genannten kosmischen Hierarchie ist.

Da jedoch im Schoße des Grenzenlosen diese kosmischen Hierarchien buchstäblich unzählbar sind und daher als an Zahl unendlich betrachtet werden müssen, so muß man sich die jeweiligen Äther dieser unberechenbar großen Anzahl kosmischer

Hierarchien so vorstellen, daß sie alle in dem noch unberechenbareren übergroßen R A U M grenzenloser Unendlichkeit enthalten sind. Dies bedeutet jedoch nicht, daß RAUM darum eine "unendliche Leere" sei oder ein bloßes räumliches Behältnis, daß RAUM, mit anderen Worten, nur ein grenzenloser Behälter sei. Denn das wäre philosophisch ungenau und darum falsch, sowohl in der Auffassung als auch in der aus dieser Auffassung hervorgehenden logischen Schlußfolgerung.

In Wirklichkeit ist RAUM der von der Esoterischen Philosophie benutzte Ausdruck, um die grenzenlosen kosmischen Tiefen zu bezeichnen, ohne Schranken, ohne Anfang und ohne Ende, da sie von Ewigkeit zu Ewigkeit s i n d. Die kosmischen Hierarchien dagegen, so wie sie in ihren zyklischen Manifestationen erscheinen, bringen durch evolutionäre Emanation aus sich selbst die Ätherfelder hervor, die durch innere, von kosmischer Intelligenz geleitete aufstrebende Impulse die Mannigfaltigkeit der Differenzierung hervorentwickeln.

Aus dem Vorausgehenden sollte ersichtlich sein, daß der Äther, während er für jeden begrenzten "Teil" des Weltraumes mit dem Raum eines solchen begrenzten Teiles ko-existiert, aus diesem Grunde ein Erzeugnis in und aus der alles umschließenden räumlichen Tiefe dieser Hierarchie ist. Und wiederum sind wir gezwungen, aus dem eben Gesagten die philosophische Schlußfolgerung zu ziehen, daß Raum als Ausdruck praktisch auswechselbar ist mit dem, was Göttlichkeit genannt werden könnte - nicht irgendeine Göttlichkeit, was Beschränkung bedeuten würde, sondern die abstrakte schranken- und zeitlose GÖTTLICHKEIT grenzenloser Dauer und schrankenlosen Seins.

Der Schüler der Esoterischen Philosophie lächelt, lächelt jedoch mit wohlwollendem Verständnis, wenn er hört, daß der "Äther" der Naturwissenschaft, einerlei, ob akzeptiert oder abgelehnt, als "gallertartig" beschrieben wird, oder wenn ihm Attribute wie flüssig oder fest beigelegt werden. Was die Wissenschaftler tatsächlich meinen, wenn sie von Äther sprechen, ist in Wirklichkeit die Wurzelnatur oder Mûlaprakriti, die Mutter-Substanz eines jeden kosmischen Planes. Die Wissenschaftler meinen natürlich den physischen Plan oder die physische Welt, denn dies ist die einzige Welt, über die sie etwas wissen. Tatsächlich gibt es eine Mûlaprakriti für jede kosmische Hierarchie, anders ausgedrückt: einen Äther für jede Hierarchie. Der Äther oder die Äther (Plural) der Naturwissenschaft des 19. Jahrhunderts war oder waren nur die gröbste oder materiellste

Hefe, der Bodensatz oder sozusagen das Sediment der ursprünglichen Mûlaprakriti des physischen kosmischen Planes.

Dennoch sind Anzeichen vorhanden, daß vorwärtsblickende und gedankenvolle Wissenschaftler beginnen Intuitionen zu haben, die näher an die Lehren der Esoterischen Philosophie heranrücken. Dies wird durch einige interessante Aussagen über das Thema "Äther" bewiesen, die Eddington in seinem Buch "New Pathways in Science" ("Neue Pfade in der Wissenschaft", 1935) gemacht hat.

Was der Leser daher hauptsächlich im Sinn behalten sollte, ist, daß jede kosmische Hierarchie nicht nur ihren ursprünglichen, allgemeinen oder kosmischen Äther hat, der ihre Mûlaprakriti, ihr Akâśa oder ihre Muttersubstanz ist, sondern daß ein jeder der sieben (oder zehn) Pläne einer Hierarchie einen untergeordneten eigenen Äther als seine Wurzelsubstanz oder Wurzelnatur besitzt. Alle diese untergeordneten Äther vermischen sich miteinander.

Die Esoterische Philosophie lehrt nicht so etwas wie die Existenz einer gänzlich a b s o l u t e n L e e r e, die offenbar mit der alten theologischen Idee des Nichts identisch wäre. Wird diese Auffassung sorgfältig analysiert, ist zu ersehen, daß sie nichts als ein Hirngespinst ist - wie Plato es ausgedrückt haben würde -, eine Illusion des Geistes, der auf sein eigenes Denken reagiert, wenn er sich mit ätherischen Dingen befaßt. I r g e n d e t w a s, was auch immer seine Natur oder sein Wesen sein mag und wie über-ätherisch dieses E t w a s auch sein mag, muß existieren, um den Raum zu liefern, in dem die verschiedenen elektrischen Partikel, aus denen die Atome bestehen, ihre Position und ihre Funktion haben. Wenn die moderne Naturwissenschaft erst einmal die Existenz unsichtbarer, weil äußerst ätherischer Welten oder Bereiche des Raumes zugäbe, würden viele der Phantome sogleich verschwinden, die jetzt die Träume und die Imagination der mächtigen Männer beunruhigen, die ihr treu ergeben sind. Denn diese ätherischen Welten, die innerhalb des physischen Universums existieren, würden als Hintergrund und Behälter des letzteren erkannt werden, von ihnen ist unser physisches Universum nur eine äußere Schale, das Gewand oder der Schleier. Der unterste Teil dieser Stufenfolge unsichtbarer Substanz kann ebensogut mit "Äther" wie auch mit einem anderen Namen bezeichnet werden, vorausgesetzt, daß die Idee erst einmal erfaßt ist.

Das Wort "Äther" ist ein bequemer Ausdruck, obwohl es für moderne wissenschaftliche Spekulation nicht viel bedeutet, da niemand versteht, was genau damit gemeint ist. Er wird aber in einer vagen und verallgemeinernden Weise angewandt, um den Aktionsbereich elektromagnetischer Kräfte zu bezeichnen. Dies ist für einen Schüler der Esoterischen Philosophie jedoch eine so unvernünftige Beschränkung, daß er sie nicht als eine natürliche Tatsache akzeptiert, auch wenn er sie als eine einstweilige wissenschaftliche Theorie zur Kenntnis nimmt.

Die Alte Weisheit lehrt, daß der Äther nicht nur Stoff e i n e s Grades oder von gleichförmiger Dichte ist oder nur auf e i n e m Plan existiert, sondern, daß er zumindest von sieben verschiedenen Graden oder siebenfältig ist, von seinen ätherischsten Teilen gerechnet bis zu seinen dichtesten, gerade oberhalb des physischen Bereiches. Seine ätherischsten Teile werden in der technischen Ausdrucksweise der Esoterischen Philosophie "Akâśa" oder die hochgradig spirituell-ätherische Substanzenergie genannt, die in wahrem Sinne das zusammensetzt und erfüllt, was normalerweise R a u m oder, etwas ungenauer, räumliche Ausdehnung genannt wird.

Vielleicht ist es angebracht, die Aufmerksamkeit auf die Tatsache zu lenken - die auch unter Schülern nicht so allgemein erkannt wird -, daß die im obigen Text beschriebene Art und Weise, die Beziehung zwischen Akâśa und Materie darzustellen, strenggenommen ungenau ist und nur zu Zwecken leichterer Anschaulichkeit angewandt wurde. Tatsächlich ist Akâŝa die unbegrenzte "Sub-stanz" oder das spirituelle Substrat allen manifestierten Seins. Was wir "Stoff" in allen seinen mannigfaltigen Formen nennen, sind sozusagen lediglich die niedrigsten Bodensätze oder die schwersten Hefen von Akâŝa. So ist Akâŝa nur ein anderer Name oder eine andere Bezeichnung für das, was in der speziellen Ausdrucksweise der Esoterischen Tradition auch Mûlaprakriti - Wurzelnatur - genannt wird. Aus Akâŝa treten alle Wesen hervor in die Manifestation, heraus aus den grenzenlosen Gefilden von Akâŝa in seinen Myriaden Graden der Spiritualität, der Ätherhaftigkeit oder der Stofflichkeit. In Akâŝa kehren alle Wesen und Dinge zu ihren verschieden langen Perioden der Ruhe oder Erholung zurück, nur um aufs neue von dort wieder hervorzugehen, wenn der Zyklus der Manifestation wieder ein neues Lebensdrama eröffnet, sei es kosmisch, solar oder planetarisch.

Es gibt daher viele Grade von Äther.

Man betrachte zum Beispiel den sogenannten Äther, der die Erde umgibt und im kosmischen Raum ist. In ihm badet gleichsam jedes Molekül, ja, jedes Atom unseres Körpers; jedes Molekül von allem, was existiert; jedes Elektron und Proton eines jeden Atoms wie in einem grenzenlosen Ozean. Dieser "Äther" erscheint uns als zart, dünn, ätherisch, und doch ist er nach modernsten wissenschaftlichen Theorien unvergleichlich dichter als die dichteste bekannte "physische" Substanz. Das ist offensichtlich so, denn durchdringt und durchspült er nicht alles? Er durchdringt und durchflutet unsere schwerste physische Materie wie Wasser einen Schwamm; und unsere physische Materie besteht hauptsächlich aus Hohlräumen, "Löchern", "Leere".

Der britische Wissenschaftler Sir J. J. Thomson hat die Schlußfolgerung gezogen, daß die Dichte des Äthers "zweimilliardenmal die des Bleies" betrage oder, wie die Amerikaner sagen würden, zweibilliardenmal die des Bleis sei. Das ist die Eigenart dieses unbegreiflichen, über-gasartigen Dinges oder dieser Wesenheit, die Äther genannt wird, sich überall befindet und alles durchdringt. Blei ist eines der dichtesten physischen Metalle, und doch ist nach dieser Hypothese der alles durchdringende Äther zweimilliardenmal dichter!

Dem Leser oder Schüler wird ernstlich geraten, ja, er wird angehalten, bei der Lektüre des vorliegenden Werkes auf der Hut zu sein, die Worte "dicht", "Dichte", "dünn" oder "ätherisch" - wie sie sich in diesem und dem folgenden Kapitel und möglicherweise an anderen Stellen finden, wo auf die variierenden Stufen der Festigkeit der Materie oder Substanz Bezug genommen wird - zu leicht oder "buchstäblich" zu nehmen, wie volkstümlich gesagt wird. Diese Warnung wird aus dem Grunde ausgesprochen, weil es außerordentlich schwierig ist, in einer modernen europäischen Sprache adäquate oder ausreichend subtile Ausdrücke zu finden, um genau das auszudrücken, was sich in den Graden oder Stufen der Natur an essentieller Substanz oder Materie befindet.

Zur Erläuterung: Es gibt vielleicht kein Wort, das so vage ist, kein Wort mit so geringer Präzision in sinngebender Definition wie das Wort Äther, denn bis vor kurzem wurde es in der Naturwissenschaft angewandt, um etwas Bestimmtes zu bezeichnen, während Schüler der Esoterischen Philosophie dasselbe Wort benutzen, um etwas zu bezeichnen, das zwar ähnlich, aber nicht identisch ist. In dem Bestreben, die verschiedenen Stufen oder Grade der Substanz oder Materie genau zu differenzieren, werden Adjektive benutzt, die, auch wenn sie einen Umriß von der Idee vermitteln, die ausgedrückt werden soll, nichtsdestoweniger die Gedanken schwach übermitteln. Diese Adjektive sind "dicht", "dünn", "ätherisch", "essentiell".

Selbst die moderne Naturwissenschaft hat den Ausdruck "Äther", den sie früher so allgemein anwandte, niemals exakt verstanden. Es hat immer einen mehr oder weniger weit verbreiteten und vagen Grenzbereich der Bedeutung dieses sonst so nützlichen Ausdrucks gegeben.

In der Esoterik ist die Schwierigkeit um ein Tausendfaches größer, und zwar aus dem einfachen Grunde, weil es "Äther" (Plural) oder Substanzen in dünnen und ätherischen Bedingungen und Zustände "über" der physischen Materie gibt und andere

"Äther" in unterschiedlich dichten oder kompakten Zuständen und Bedingungen, die "niedriger" als die physische Materie und weit gröber als diese sind. Dennoch ist der eine Ausdruck "Äther", gerade weil er so bequem, brauchbar und doch vielsagend ist, sowohl "oberhalb" als auch "unterhalb" jenes Querschnittes der Natur anwendbar, den wir den Plan der physischen Sphäre nennen.

Doch auch dies bietet keine hinreichende Erklärung der Schwierigkeit. Die unteren "Äther" sind gröber als die physische Sphäre. Auch wenn sie in gewissen Fällen sehr viel dichter und kompakter sind als die physische Materie, durchdringen sie diese dennoch und füllen sozusagen alle ihre Löcher aus, weil die physische Materie diese "Löcher" oder intermolekularen, interatomaren und interelektronischen Räume oder "Hohlräume" besitzt. Gerade diese "Löcher" oder "Hohlräume" sind es, die nicht nur mit den unter-physischen "Äthern" angefüllt sind, sondern tatsächlich diese unter-physischen Äther s i n d. Dennoch sind die dichtesten, kompaktesten und gröbsten physischen Stoffe, wie zum Beispiel Blei oder Gold, von diesen Äthern durchdrungen, und alle ihre interatomaren Räume sind mit ihnen angefüllt. Diese Äther können aufgrund der Analogie entweder "dicht" oder "dünn" genannt werden, je nachdem, wie die Sache betrachtet wird.

Die unter-physischen "Äther" sind für unseren gewöhnlichen Sinnesapparat zum Beispiel so weit außerhalb des Tastsinnes, daß sie uns, da wir nicht imstande sind, sie direkt zu berühren, außerordentlich dünn oder zart erscheinen, geradeso wie die Finger nicht imstande sind, die Luft zu "berühren" oder sie zu greifen, und doch ist die atmosphärische Luft ein verhältnismäßig "dichtes" Gas.

Dem aufmerksamen Schüler wird aus den vorausgehenden Abschnitten ersichtlich geworden sein, daß es sich um eine Sache handelt, die außerordentlich schwer angemessen beschrieben werden kann. Aus diesem Grund geschieht es, daß man, wenn man diesen oder jenen Gesichtspunkt, den man im Augenblick gerade im Sinn haben mag, vermitteln möchte, unbekümmert den besonderen "Äther" oder die "Äther", je nachdem, als "dünn" oder "dicht" beschreibt. Als treffendes Beispiel mag ein besonders schwieriger Gedanke dienen: Bewußtsein, Geiststoff oder Denken ist so fein und subtil, so dünn und ätherisch, daß Philosophie und Religion es oder sie seit undenklicher Zeit, kosmisch gesprochen, als die Essenz von allem betrachtet haben, die alles durchdringt, durch alles hindurchspült oder allem zugrunde liegt und inhärent ist. Dieser Brauch ist völlig berechtigt, denn abstrakt gesehen ist es durchaus wahr. Wir wollen aber gerade hier ebenfalls bemerken, daß, wenn kosmischer Geist oder kosmisches Bewußtsein so alldurchdringend und die Essenz von allem ist, es feiner, unendlich kleiner sein muß als die kompakteste, dichteste, konkreteste Wesenheit, die sich unsere Imagination bildlich vorstellen kann. Obgleich es essentiell und kosmisch so dünn ist, zwingt uns doch die bloße Logik hinzuzufügen, daß es unendlich dichter ist als selbst der Äther der modernen Naturwissenschaft, dem es zugrunde liegt und der zweimilliardenmal die Dichte von Blei hat, daß heißt zweimilliardenmal dichter ist als Blei.

Oder, um dasselbe auffallende Paradoxon in andere Worte zu kleiden: Kosmisches Bewußtsein ist kosmische Kraft, und Kraft und Stoff sind im Grunde identisch. Diese Kraft ist "dichter" und "kompakter" als die dichteste Materie, und doch ist sie unvorstellbar "dünner" und "ätherischer", und zwar gerade deshalb, weil sie beides ist.

Aufgrund dieses warnenden Hinweises hofft der Verfasser, daß der Leser keine Angabe falsch versteht oder in Verwirrung über die Aussagen gerät, die in diesem Werk über den "Äther" oder seine "Dichte" gemacht werden sowie über die "Dünnheit" der Substanz und des Stoffes, auf die er vielleicht stößt und die ihm als Widerspruch erscheinen könnten.

Schließlich sollte noch darauf hingewiesen werden, daß diese Schwierigkeit sehr deutlich zumindest etwas von der großen philosophischen Bedeutung der archaischen Lehre der Esoterischen Philosophie zeigt, die "Mâyâ" oder "Mahâmâyâ" genannt wird - Illusion, sei sie nun kosmisch oder anderer Art. Sie umfaßt einen sehr wichtigen Teil der Lehren und nimmt auf diese Schwierigkeit direkt Bezug. Das gesamte uns umgebende Universum ist in allen seinen Manifestationsphasen, den hohen und den niedrigen, für uns Menschen essentiell mâyâvisch oder illusorisch. Das bedeutet aber nicht, daß das Universum an sich überhaupt nicht existiert, was eine absurde Vermutung wäre, sondern daß wir wahrnehmenden, intelligenten Wesen es nicht verstehen, wie "das Ding an sich" ist, wie die Deutschen sagen.

Ja, sagt die Alte Weisheit, die niedrigsten Teile des Äthers sind tatsächlich viel dichter als unsere dichtesten Metalle, so daß unsere physische Welt nicht das "Materiellste" im Universum ist. Es gibt Pläne oder Grade von weit dichterer Substanz-Materie als die unseren, ebenso wie es Pläne und Grade von unvergleichlich ätherischerer und feinerer Substanz-Materie gibt als die physische. Jener unvergleichlich ätherischere und feinere Teil ist das, was wir "Geist" nennen; und der andere, weit dichtere und gröbere Teil ist das, was wir absolute "Materie" nennen. Dieser gesamte Bereich, vom Geist bis zum gröbsten Stoff, ist gemäß den Lehren der Esoterischen Philosophie die siebenfache Stufenfolge des âkâśischen Hintergrundes des Universums - unseres Universums. Der gesamte Kosmos oder das kosmische Universum ist aus ungeheuren Bereichen ätherischer Substanz und Wesen, Wesenheiten und Dinge und aus anderen ungeheuren Reihen materieller Grade von Substanzen und Wesen, Wesenheiten und Dingen zusammengesetzt. Und in dem Teil, den wir unser Sonnensystem nennen, leben, weben und sind der Mensch sowie alle anderen Wesen und Wesenheiten und haben ihr Sein in ihm. Jede dieser überall befindlichen Einheiten verkörpert mit ihrer eigenen Essenz einen Funken von etwas unendlich Erhabenerem. Dieses "Etwas" können wir das g ö t t l i c h e z e n t r a l e F e u e r der B e w u ß t s e i n - L e b e n - S u b s t a n z nennen. Es verkörpert nicht nur diesen Funken in sich, und zwar im Kern seines Wesens, sondern dieser Funke ist in Wirklichkeit die eigene letzte Essenz dieser Einheit. Aus diesem Grunde ist die Einheit Mensch in ihrer Essenz universal, denn diese Essenz befindet sich in untrennbarer, identischer Einheit mit dem soeben erwähnten göttlichen Feuer.

Die in jeder derartigen Erklärung angewandten Worte sind zwar notgedrungen mehr oder weniger Metaphern, doch während sie Metaphern oder wortgetreue

Symbole sind, stellen sie nichtsdestoweniger positive Wirklichkeiten oder Realitäten dar. Mit wachsendem Verstehen dieser Realitäten oder Wirklichkeiten gelangen wir dazu, in immer größerem Maße den wirklichen Sinn der esoterischen Weisheit zu erfassen, der im Hintergrund all der großen alten Religionen und Philosophien liegt. Denn die Reichweite deren Gedanken basierte auf der fundamentalen Lehre von der Identität in der Essenz des unendlichen Universums, die in allem enthalten ist, was aus ihm hervorgeht.

IV

Der wohlbekannte und vielgelesene englische Physiker Sir Oliver Lodge, der in mancher Beziehung auch berechtigt ist, Philosoph genannt zu werden, äußerte seine Meinung darüber, was er für die Natur und den Ursprung sogenannter "Materie" hält ("My Philosophy", S. 24, 1933). Was er an dieser Stelle sagt, ist in mancher Hinsicht der Lehre der Esoterischen Tradition so nahe verwandt, daß es wert ist, hier angeführt zu werden.

Sir Oliver schreibt:

> "... die Materie müßte sich gewissermaßen aus einem unmodifizierten Weltraumäther, dem ursprünglichen Sitz aller Energien im Universum, herauskristallisieren. Nach dieser Vorstellung wird die Materie zum sinnlich wahrnehmbaren Teil des Äthers - dem einzigen Teil desselben, der auf unsere Sinnesorgane einwirkt, und der somit der einzige Teil ist, der uns unbestreitbar b e k a n n t ist ... Wir können die physischen Vorgänge zurückverfolgen, soweit wir können, aber doch nicht unbegrenzt. Früher oder später gelangen wir an etwas, das

nicht physisch ist und das mehr Analogie mit unserem Geist als mit unserem Körper hat und das wir zuweilen idealistisch und manchmal spirituell nennen."

Der Esoteriker fühlt sich zu nachdrücklichem Einwand gegen die Vorstellung genötigt, die in dem Wort "unmodifiziert" enthalten ist, obwohl das Hauptgewicht des Zitats so zu sein scheint, daß man es gern als einen neuen und weitsichtigen Beitrag zu dem hier zur Diskussion stehenden allgemeinen Thema willkommen heißt. Der springende Punkt ist der, daß der "Äther der Naturwissenschaft", über den Sir Oliver Lodge hier schreibt, weit entfernt davon ist, "unmodifiziert" zu sein, er ist vielmehr schon in jedem möglichen Sinn des Wortes sehr modifiziert oder abgeändert im Vergleich zu dem uranfänglichen spirituellen Weltenstoff, sonst Mûlaprakriti oder Akâśa genannt. Der Äther der Naturwissenschaft ist so weit modifiziert, daß er nur um e i n e n Grad weniger materiell, das heißt dünner ist als unsere physische Materie. Denn der Äther der Naturwissenschaft ist in Wirklichkeit der Bodensatz oder die Hefe von Akâśa; und die physische Materie kann mit Recht als die aggregierte, konsolidierte Hefe oder der Bodensatz betrachtet werden.

Leider kann man dem eminenten englischen Physiker nicht immer in allen seinen wissenschaftlichen Schlußfolgerungen und philosophisch-wissenschaftlichen Ideen folgen. Das nachfolgende Zitat enthält sehr viel Wahrheit, doch kann der Esoteriker es nicht in dem Sinne annehmen, in dem es ausgesprochen wurde.

Sir Oliver Lodge schreibt außerdem in diesem Werk:

"Ich wage es, die möglicherweise absurde Vorhersage zu machen, daß man das Leben als etwas ansehen wird, das durch Vermittlung des Raumäthers auf die Materie einwirkt, daß es von der Materie entfaltet und nicht erzeugt wird und daß es in sinnlich nicht wahrnehmbarem Zustand getrennt von seiner materiellen Manifestation existieren kann."

Auf die Vorstellung Sir Oliver Lodges, daß "das Leben etwas sei, das durch Vermittlung des Raumäthers auf die Materie einwirkt", muß folgender Kommentar gegeben werden: Dies ist nicht nur im Hinblick auf die neuesten Erklärungen einer Anzahl ebenso großer, wenn nicht noch größerer Männer als Sir Oliver unwissenschaftlich. Strenggenommen kann es aufgrund des scheinbaren Unterschiedes, der zwischen Leben und "Materie" gemacht wird, als seien es Manifestationen von vermutlich gänzlich unterschiedlichem Typ oder Charakter, nicht genau zutreffen, ferner auch aus dem einfachen Grunde nicht, weil Kraft und Stoff oder Geist und Substanz fundamental e i n s sind und nicht fundamental zwei. Diese unglückliche Scheidung von Leben und Materie oder von Kraft und Stoff ist es, die nicht nur in vergangenen Jahren in wissenschaftlichen Kreisen sondern auch in vergangenen Jahrhunderten sowie noch heute in religiösen Kreisen eine derartige intellektuelle Verheerung angerichtet hat. Es scheint keinen möglichen oder wirklich stichhaltigen Grund für diese grundsätzliche Unterscheidung oder Trennung zu geben außer der unglückseligen Annahme, Leben müsse seiner Essenz nach etwas von Stoff oder Kraft Verschiedenes sein, wohingegen sie doch nur unterschiedliche Manifestationen der einen universalen zugrundeliegenden Realität sind.

Wahrscheinlich kann man nicht genug die äußerst große und weitreichende Wichtigkeit betonen, daß unser Gemüt (mind) ein für allemal von der alten abendländischen religiösen und seit Descartes' Zeiten (1596-1650) wissenschaftlich gewordenen Idee oder Vorstellung gelöst wird, daß Leben und Bewußtsein und vermutlich gleicherweise auch Kraft voneinander getrennt und im Charakter essentiell verschieden von dem sind, was wir "Stoff" oder, genauer, Substanz nennen. Dieser radikale Dualismus im europäischen

Denken ist die fruchtbare und äußerst produktive Mutter geistiger und wissenschaftlicher Verwirrung und Täuschung und der sich daraus ergebenden Abirrung von der Wahrheit gewesen, mehr als irgendeine andere einzelne Ursache in vergangenen Zeitaltern in derselben Richtung wirksam gewesen ist. Seit der Zeit des Niedergangs des Römischen Reiches ist er augenscheinlich ein fundamentales Postulat abendländischer Theologie gewesen; doch wir geben besonders den Schriften und Ideen des französischen Philosophen Descartes die volle Verantwortung für den Einfluß, den diese gänzlich irrtümliche Auffassung auf das Denken aller Wissenschaftler ausübte, seit Descartes lebte.

Der radikale Trennungsstrich, den er zwischen diesen beiden Seiten der Natur zog und der die Grundidee der Anhänger der Lehre Descartes' ist, hat das wissenschaftliche Denken von seiner Zeit an bis zum Beginn des zwanzigsten Jahrhunderts fast ohne Widerspruch beherrscht. Etwa um das Jahr 1900 setzte die neue und viel richtigere Idee von der fundamentalen, substantiellen oder essentiellen Einheit der "Materie" mit allen Formen der "Energie" ein oder, wie gesagt werden kann, von Substanz und Kraft - die physischen Reflexionen des kosmischen Pradhâna und Brahman auf unserem Plan, das heißt kosmischer Wurzelnatur und ihres sie inspirierenden und fortwährenden, gleichzeitig existierenden kosmischen Geistes (mind).

Die Esoterische Philosophie hat diese Trennung des untrennbaren Paares immer als völlig unnatürlich und somit als ausgesprochen unwahr abgelehnt. Sie sind ihrer Essenz nach E I N S, erscheinen aber in unserem illusorischen Universum als Zweiheit aufgrund ihres unaufhörlichen Ineineinanderwirkens und ihrer formenbildenden Prozesse als die zwei Aspekte oder

Schleier der einen fundamentalen Realität.

Soweit Leben in Frage kommt, das "*durch die Vermittlung des Raumäthers*" auf die Materie einwirkt, so ist grundsätzlich nichts dagegen einzuwenden, doch würde es der Wahrheit mehr entsprechen zu sagen, das Leben wirke durch jenen Teil der Äther - man beachte den Plural - des Raumes, die intra-atomar und hyper-intra-atomar sind, das heißt die Äther innerhalb des Inneren der Substanz und der Struktur des Atoms. Diese so aggregierten Äther sind dasselbe wie die "Äther des Raumes". Der Ausdruck hier zeigt natürlich, daß es tatsächlich viele Äther und nicht nur einen gibt. Es gibt in der Tat so viele Äther, wie man sagen kann, daß es "Stoffe" gibt. Folgendes könnte noch hinzugefügt werden: Obwohl gerade in einer allgemeinen Weise gesagt wurde, daß die Äther des Raumes dieselben seien wie die aggregierten intra-atomaren Äther, so geschieht dies nicht nur aus dem Grunde, um klarer verstanden zu werden, sondern weil der hyper-intra-atomare Äther in Wirklichkeit dünner und ätherischer ist als der unterste Teil des interstellaren Äthers oder, vielleicht genauer gesagt, als der niedrigste interplanetarische Äther unseres Sonnensystems.

Es gibt in Wirklichkeit tatsächlich Äther (Plural) in Äthern, die unser Geist (mind) wahrnimmt, während er mehr und mehr in das abgrundtiefe Innere der Räume der atomaren Struktur eintaucht - während wir weiter und immer weiter in die Bereiche atomarer Substanz und Energie eindringen. Die uns bekannte physische Materie ist von diesen Äthern durchtränkt, besonders von den niedrigsten, ähnlich wie das Wasser einen Schwamm durchdringt und durchtränkt. Darum können wir vielleicht diesen bildhaften Ausdruck gebrauchen und sagen, daß unsere Materie schwammähnlich ist, relativ "voller Löcher", und daß der Äther - selbst der niederste Äther - im Vergleich damit außerordentlich fein ist. Zu erklären - wie es Sir Oliver augenscheinlich tut -, daß das Leben essentiell von der Materie getrennt sei, "durch Äther wirke" und sich auf diese Weise mit der Materie verbinde, heißt, etwas zu sagen, dem zu widersprechen man sich stark gedrängt fühlt, und zwar nicht nur aufgrund philosophischer Logik, sondern auch im Hinblick auf die neuesten Entdeckungen und Deduktionen anderer eminenter Wissenschaftler.

In Wirklichkeit ist daher Leben sowohl von Kraft oder Energie als auch von Materie untrennbar, da es die kausale Substanz beider ist, und beide sind fundamental eins - denn das Leben ist in Wirklichkeit die tatsächliche und universale Quelle beider, der Kraft oder Energie und der Materie. In seinen unbegreiflich mannigfaltigen Tätigkeiten kann es zwecks leichter Anschaulichkeit vielleicht die kausale Energie des Kosmos genannt werden, die somit unendlich "energetischer" ist als "Energie" selbst.

Daß Leben "von der Materie entfaltet und nicht erzeugt" wird, ist natürlich eine bewundernswert wahre Feststellung. Die Materie entfaltet es nur, manifestiert es und beweist es auf diese Weise, aber sie "erschafft" es nicht, was mit allem Nachdruck gesagt werden muß. Vermutlich wird dies heute niemand mehr leugnen. Es ist eine sehr archaische Lehre der Esoterischen Philosophie, und die Worte "nicht durch Materie erzeugt" zeigen, in welch hohem Maße Sir Oliver Lodge sich von den älteren wissenschaftlichen Vorstellungen freigemacht hat, daß es so etwas wie ein immerwährendes vitales Fluidum *an sich* oder eine vitale Essenz *an sich* nicht gäbe und daß die Lebensphänomene nichts als Manifestationen seien, die auf irgendeine geheimnisvolle und unerklärliche Weise aus dem Schoße der Materie erstehen.

Wenn Sir Oliver ferner sagt, daß "es in sinnlich

nicht wahrnehmbarer Form ganz unabhängig von seiner materiellen Manifestation bestehen kann", so muß dieser Feststellung Beifall gezollt werden, da sie fraglos wahr ist. Es ist mutig, dies zu sagen, da selbst heute noch wenige Wissenschaftler den Mut aufbringen, es in dieser Weise auszudrücken. Doch liegt in diesem Beifall keineswegs die Absicht, der Ansicht zuzustimmen, daß sich Leben von der Materie essentiell unterscheide und selbst keine materielle Manifestation habe, denn das ist nicht der Fall. Zwischen reiner Kraft oder Energie als solcher und der groben physischen Welt als solcher muß es verbindende Grade oder Stufen von Kraft-Substanz geben, denn es ist offensichtlich, daß reine Kraft oder Energie ebensowenig auf reine Materie einwirken kann, wie Hitze und Elektrizität effektive Arbeit zu leisten vermögen ohne Zwischenglieder wie Maschinen oder Motoren, die die Verbindung herstellen. Dampf kann nicht zur Arbeit benutzt werden, wenn nicht ein geeigneter Mechanismus zur Verfügung steht, der die Energie überhitzten Wassers zum Einsatz bringt. Ein Verbrennungsmotor kann keine Arbeit leisten, wenn er nicht an den Stellen mit einem geeigneten Mechanismus verbunden wird, an denen man Resultate erzielen möchte. Dies alles ist jedem bekannt. Doch wir sehen, daß sich physische Dinge bewegen; um aber die Materie, aus der sie zusammengesetzt sind, zu bewegen, muß sie "energetisiert" werden. Sie handeln, sie werden tätig, und wenn es Menschen oder Tiere sind, so sagen wir, sie haben "Leben", sie sind "belebte" Wesenheiten. Was aber füllt den Abgrund zwischen der groben physischen Materie und der nicht greifbaren Kraft oder Energie, die sie bewegt? Es gibt tatsächlich eine ungeheuer große Skala von an Materialität abnehmenden Substanz-Kräften zwischen grober Materie und reiner Energie. Jede Sprosse dieser Leiter, jedes Stadium oder jede ihrer

Stufen wird in unserer Terminologie ein "Plan" genannt. Diese Pläne liefern die Verbindungsleiter zwischen reiner Kraft oder Energie auf der einen Seite und grober physischer Substanz oder Materie auf der anderen.

Stoffe existieren daher in den allerverschiedensten Graden der Feinheit oder Ätherhaftigkeit oder der Festigkeit oder Dichte. Darin enthalten ist jedoch Leben an sich, das sich in den Individuen als ein vitales Fluidum manifestiert und das einem jeden solchen Grad, einer jeden Stufe oder einem Plan materieller Manifestation zugehört - und diese vitalen Fluida können in ihrer aggregierten Form das Universale Leben genannt werden, das sich auf jedem einzelnen Plan in zweckdienlicher Form manifestiert und daher durch die verschiedenen Stoffe dieses Planes in Funktion tritt.

Dies ist also nur eine andere Weise auszudrücken, daß das Universum voll von Göttern ist, und zwar nicht nur allein von Göttern oder hochspirituellen Wesen - man mag sie nennen, wie man will -, sondern von Multimyriaden von Wesen, die unter ihnen auf den allerverschiedensten Stufen evolutionären Wachstums stehen und außerdem auch von solchen Wesen, die den Göttern in evolutionärem Wachstum voraus sind. Im Unendlichen ist es unmöglich, in einer der beiden Richtungen Schranken oder Grenzen zu setzen, denn das würde eine Verletzung des fundamentalen Postulates der Esoterischen Philosophie bedeuten.

V

Richten wir unsere Augen bei Nacht, wenn sie nicht mehr durch den Glanz unseres Tagesgestirns geblendet sind, aufwärts und erblicken wir die über die violette Kuppel verstreuten funkelnden Welten, so sehen wir auch "leere Räume", wie sie volkstümlich genannt werden, in denen sich diese funkelnden Welten befinden. Aber der Schüler der Esoterischen Philosophie spricht von diesem interstellaren "Äther" lieber als vom "offenen Raum", denn tatsächlich gibt es nirgendwo wirkliche Leere. Was wir "offenen Raum" oder, wenn man so will, "den kosmischen Äther" nennen, ist lediglich jenes Aggregat, jene riesige, unbegreiflich große Zusammensetzung von unsichtbaren Welten und Substanzen, Kräften und Energien, die unser unvollkommener physischer optischer Sinn nicht wahrnehmen kann.

Wenden wir uns der anderen Richtung, den infinitesimalen Räumen des Atoms und des intra-atomaren Äthers zu, so sehen wir dieselben natürlichen Prinzipien der Elemente und der Form auch dort in Tätigkeit. In diesen infinitesimalen Räumen ist das physische Atom mehr oder weniger genau nach dem Modell unseres physischen Universums aufgebaut - denn jedes Atom besteht hauptsächlich aus offenen Räumen. Doch können wir funkelnde elektronische Sterne durch unser Sehvermögen nicht aufblitzen sehen - elektrische Energiepunkte, die moderne Wissenschaftler Elektronen oder mit anderen Namen benennen.

Was aber ist gemeint, wenn wir von unserem Universum sprechen, unserem Heimatuniversum, das nur eines unter vielen Universen ist? Denn genaugenommen gibt es eine fast unendliche Anzahl solcher Universen. Wir meinen die Galaxie, die Milchstraße: alles, was innerhalb der umspannenden Zone jenes weitgeschwungenen Gürtels von Tausenden von Millionen von Sternen enthalten ist, unter denen unsere eigene Sonne ein relativ unbedeutendes Glied ist. Die Astronomen berichten, daß die Milchstraße mehr oder weniger wie eine Linse oder eine dünne Uhr gestaltet ist, und ferner, daß dieses galaktische Aggregat stellarer Körper an physischer Ausdehnung so enorm ist, daß das Licht, das in einer menschlichen Sekunde etwa 300 000 km zurücklegt, 300 000 Jahre benötigen würde, um von einem Ende der Galaxie entlang des Durchmessers zum anderen Ende zu gelangen - mit anderen Worten, durch eine Ebene, die ihren mittleren Teil durchschneidet. Es wird ferner gesagt, daß sie eine Dicke von etwa 10 000 Lichtjahren habe (Schätzungen 1933).

Eine solche Gestalt wurde der Galaxie von den Astronomen der letzten Generation meistens zugeschrieben. Modernere Forschung und Untersuchung haben die galaktische räumliche Gestalt etwas abgeändert, so daß modernste Astronomen der Ansicht sind, daß die Galaxie mehr oder weniger die Gestalt eines Diskusses oder eines Wagenrades habe, eines mehr oder weniger flachen Körpers mit hervortretendem kugelförmigen Mittelpunkt, dem in einem Wagenrad die Nabe entspricht.

Eine Anzahl wunderbarer Photographien, die mit großartigen modernen Teleskopen aufgenommen wurden, beweisen, daß eine große Anzahl außergalaktischer Systeme sich sehr stark der Wagenradform nähern, was zum Beispiel durch den im "Haar der Berenike" gefundenen Nebel NGC 4565 belegt wird.

Es ist augenfällig, daß eine galaktische Gestalt, Form oder Sternenansammlung ein ziemlich spätes Stadium in der Geschichte einer Galaxie, wie unserer eigenen, darstellt. Folglich müssen ihr andere, von der Wagenradgestalt etwas abweichende Formen vorausgegangen sein. So verfolgen die Astronomen in dieser Weise die verschiedenen Formen galaktischer Evolution oder der Sternenansammlung auf das zurück, was sie nun für eine Urform im kosmischen Raum halten, das heißt eine ungeheuer große und langsam rotierende Masse außerordentlich feinen kosmischen Gases. Die Esoterische Philosophie läuft mit dieser Vorstellung in gewissen Ausmaßen parallel. Sie würde jedoch auf der Tatsache bestehen, daß das bloße Nachspüren der sich verändernden Struktur oder Form einer Galaxie, wenn auch interessant genug, doch wenig oder nichts über die kausalen Faktoren in der galaktischen Evolution aussagt, Faktoren, die von spirituellem, intellektuellem und physischem Charakter sind. Die Galaxie ist gleich jeder anderen Wesenheit im Universum ein Individuum, das aus kleineren Individuen aufgebaut ist, so daß die es zusammensetzenden kleineren Individuen, die innerhalb der sie umgebenden Lebenssphäre des großen Individuums eingeschlossen sind, auf diese Weise ein hierarchisches System mit einem eigenen spirituell-intellektuell-psychischen "Swabhâva" oder seiner Individualität bilden.

Diese galaktischen Räume, die ihrerseits klein sind, wenn sie mit noch gewaltigeren kosmischen Verhältnissen verglichen werden, sind nun nichtsdestoweniger für den normalen menschlichen Verstand von fast unvorstellbarer Ausdehnung. Sie weisen stark darauf hin, daß das gesamte galaktische System nur eines von vielen ähnlichen kosmischen Einheiten ist, die über die grenzenlosen Gefilde des Raumes verstreut sind und die damit selbst aus unserer Galaxie nur einen Körper von vergleichsweise geringerer molekularer Ausdehnung machen. Doch, relativ gesprochen, herrscht dasselbe System ungeheurer, mit Atomen übersäter offener Räume in der infinitesimalen Welt vor, wie auch mit derselben relativen Bedeutung in den Atomen mit ihren Räumen, in denen elektrische Punkte leben, die Elektronen genannt werden, und so fort.

Es scheint daher ganz gewiß zu sein, daß wir in dieser wirklich erhabenen und sehr anschaulichen Vorstellung die Grundsätze der Lehre der Esoterischen Philosophie finden, daß sich die Natur - und das Wort gilt hier in seiner weitesten Bedeutung - überall in ihrer Struktur wiederholt und allenthalben nach genau analogen Grundsätzen aufgebaut und wirksam ist. "Wie oben, so unten; wie unten, so oben."

Emerson sagt so schön:

"Zwischen Atom und Atom gähnen Fernen
wie zwischen Mond und Erde oder Stern und Sternen."

"Fragments on Nature and Life"

Woher empfing Emerson diese Idee zu einer Zeit, als die modernsten wissenschaftlichen Lehren und Vorstellungen in bezug auf die Konstitution der Materie und ihre atomare Struktur noch unbekannt waren - wenn nicht durch das Flüstern oder die Inspiration seines inneren Gottes.

Man betrachte einige der Sonnen, deren winzige glitzernde Pünktchen unsere Augen in jeder klaren Nacht zu erkennen vermögen - es sind tatsächlich kosmische Atome, deren glanzvolle Herrlichkeit unser unvollkommener Gesichtssinn uns lediglich als funkelnde Lichtpünktchen verkündet. Denn was sind diese Sonnen in Wirklichkeit? Einige von ihnen sind "Zwerge", andere aber sind "Riesen" oder gar "Titanen" an Ausmaß. Doch selbst diese titanischen Sonnen würden für Wesen, die nach einem bedeutend größeren Muster als wir konstruiert sind, sehr klein, vielleicht mikroskopisch sein. Und abermals: Bedeutend größer als uns diese enormen Sonnen erscheinen, würden sie jenen Wesen erscheinen, die wir Menschen zu Recht als von infinitesimalen Dimensionen betrachten würden.

Unsere Sonne kann aufgrund ihrer physischen Ausmaße, verglichen mit anderen Sonnen, die größer sind als sie, eine Zwergsonne genannt werden. Ihr Durchmesser soll 1 391 000 km betragen. Auch sie ist in ihrer Art der Kern eines kosmischen Atoms, und ähnlich jedem Atomkern von infinitesimaler Größe, so ist auch unsere Sonne von ihrem eigenen spirituell-psychischen "Lebensatom" oder ihrer Monade von stellarem Charakter beseelt. Wenden wir jetzt unseren Blick auf eine Gigantensonne als Beispiel, auf den Stern Arkturus. Diese Sonne ist wirklich ein Gigant von ca. 34 000 000 km im Durchmesser, ein Gigant im Vergleich mit dem Durchmesser unserer Sonne von 1 391 000 km. Doch ist dieser Sternengigant Arkturus ein Kindlein im Vergleich mit Beteigeuze, dessen Durchmesser mehr als zehnmal so groß ist und auf 346 000 000 km berechnet worden ist. Praktisch würde Beteigeuze die

Bahn des Mars in unserem Sonnensystem ausfüllen, wenn wir ihn dorthin versetzen könnten. Im Vergleich damit würde unsere Sonne, wenn wir sie im richtigen Maßstab auf einen Bogen Papier zeichnen könnten, wenig größer als ein Nadelstich oder eine Nadelspitze erscheinen, und Beteigeuze müßte als ein 250mal so großer Kreis dargestellt werden. Doch was ist Beteigeuze an Größe im Vergleich zu dem Titanenstern Antares mit einem Durchmesser von ca. 644 000 000 km - das ist viel, ja sehr viel mehr, als erforderlich wäre, die gesamte Marsbahn auszufüllen. Antares hat tatsächlich einen Durchmesser, der auf das 450fache von dem unserer Sonne berechnet wurde.

Was sind nun diese Sonnen? Eine jede ist ein kosmischer Atomkern, Teil eines riesengroßen kosmischen Körpers, in dem sie eingefügt ist, lebt und webt und ihr Dasein hat, genau wie die Atome des physischen Körpers innerhalb unseres Körpers leben und dazu beitragen, den Stoff zu bilden, aus dem er gemacht ist. Doch jedes, sei es Sonne oder Atom, ist selbst ein lebendes Wesen, der Erbauer und Geber allen Lebens an die von seiner Existenz abhängigen geringeren Leben (Plural).

Dies ist ein Aspekt oder eine Phase der Relativität, wie sie in der Esoterischen Philosophie gelehrt wird. Diese Relativitätslehre umfaßt ungeheure Bereiche philosophischen Denkens, ja, sie schließt den gesamten Bereich der universalen oder kosmischen Natur in sich ein. Die moderne wissenschaftliche Relativitätstheorie, wie sie von Einstein und seinen Bewunderern erarbeitet worden ist, ist nur ein mathematischer, quasi-philosophischer Umriß, ein Versuchen, ein Streben, ein mehr oder weniger blindes Tasten nach der archaischen Lehre, die Zeitalter auf Zeitalter von den großen Weisen der Vergangenheit in religiöser, philosophischer und wissenschaftlicher Forschungsarbeit bis zu ihren äußersten logischen Grenzen vorangetrieben wurde. Dieser Aspekt der archaischen Lehre wird, indem wir uns eines alten philosophischen Sanskritausdrucks bedienen, eine Phase der "Lehre von Mâyâ" genannt. Das Wort "Mâyâ", das gewöhnlich mit "Illusion" übersetzt wird, bedeutet, kurz und einfach erklärt, daß wir Menschen das Universum nicht so sehen, wie es tatsächlich ist, sondern es nur so wahrnehmen, wie unsere Sinne es uns wiedergeben, und daß es eine fundamentale und ewige Relativität - oder Relativitäten - hinter den Dingen gibt, von der das gesamte phänomenale Universum oder die phänomenalen Universen nur vergängliche Ausdrucksformen sind, so langdauernd in der Zeit sie auch sein mögen. Sie müssen daher unter der Gestalt relativer Beziehungen studiert werden oder so, als seien sie Verwandte, relativ verwandt; und doch drückt jedes, drücken sie alle differenzierte Aspekte oder "Produktionen" der dahinter- und darinnenliegenden R e a l i t ä t aus.

Im Orient, wie zum Beispiel in der Vedânta-Philosophie Hindustans, wird die Vorstellung sowohl von der kosmischen als auch von der individuellen Illusion "Mâyâ" genannt. Auch hier ist die Bedeutung die, daß das Universum, so wie wir es sehen, eine illusorische Darstellung ist oder, mit anderen Worten, daß wir es nicht so sehen, wie es tatsächlich i s t .

Dies ist eine fundamentale Idee im archaischen orientalen Denken. Sie war, zumindest als eine vernünftige Theorie, dem Nahen Osten bekannt und all den Philosophen der Mittelmeervölker, und sie ist ein fundamentales Postulat der Esoterischen Philosophie. Modernste Wissenschaftler beginnen heute mehr oder weniger dasselbe zu sagen - zumindest indirekt durch Schlußfolgerungen und geschickt ausgearbeitete wissenschaftliche Deduktionen.

Der hauptsächliche Stein des Anstoßes auf dem

Wege zur Annahme dieser großartigen Idee ist für die Philosophen und Denker Europas in der Vergangenheit die psychologische Überzeugung gewesen, mit der sie arbeiteten, daß das physische Universum gewisse Absoluta enthalte, wie zum Beispiel Zeit und Raum, und daß daher Raum und Zeit und Substanz an sich "reale Dinge" seien, die aufgrund irgendeiner hinter allem stehenden unbekannten "absoluten Ursache", wie sie es ausdrückten, zusammenarbeiten und auf diese Weise das Universum hervorbringen, so wie unsere unvollkommenen Sinne glauben, daß es sei.

Der Leser oder Schüler mag sich vielleicht wundern, daß im Verlauf des vorliegenden Werkes wenig oder nichts über eine Theorie der modernsten Naturwissenschaft gesagt worden ist, deren wissenschaftliche Popularität in einem gewissen großen Ansehen zu stehen scheint: die Vorstellung oder Theorie "eines sich ausdehnenden Universums" oder, was sogar noch ungemein bizarrer ist, die Idee von dem "sich ausdehnenden Raum".

Der Grund dafür ist der, daß der Verfasser dieses Buches ihr nicht genügend Wichtigkeit beigemessen hat, um ihr einen "locus standi" in einem Werk zu geben, das von den Lehren der archaischen Weisheitsreligion handelt, obgleich die Theorie sicher eigenartig interessant ist als Beispiel für die Art und Weise, in der die modernsten naturwissenschaftlichen Mathematiker unbewußt sowohl scharfsinnig wie auch versteckt metaphysisch werden. Es ist in einer Art ein außerordentlich gutes Zeichen der Zeit - vorausgesetzt, daß man sich immer vor Augen hält, daß diese spekulativen Theorien oder theoretischen Spekulationen eben solche sind und keine Tatsachen der Natur -, obwohl immer der energische Anspruch erhoben wird, moderne metaphysische wissenschaftliche Spekulation basiere allein auf Beobachtungstatsachen. Diese Behauptung ist aber offensichtlich unwahr. Die Mathematik an sich kann überhaupt nichts beweisen, obgleich sie eine der feinsten und subtilsten Methoden logischen Denkens ist, die der Mensch besitzt; sie gibt dem Mathematiker genau das zurück, was er hineinlegt. Die Mathematik ergibt somit durch korrektes Denken Antworten in bezug auf das, was zuvor als Prämissen oder Postulate aufgestellt worden ist.

Es ist wirklich interessant zu beobachten, wie sich einige dieser Mathematik-Theoretiker so fest auf ihre Theorie oder Theorien stützen. Naturwissenschaft ist angeblich koordiniertes, auf Beobachtung von Tatsachen basierendes Wissen, und aus solchen Beobachtungen von Tatsachen werden Theorien oder Hypothesen abgeleitet und geboren. Heute aber scheinen viele Naturwissenschaftler zu meinen, daß, wenn sie eine Theorie öffentlich aussprechen, diese das Verstehen und die Deduktionen leiten sollte, als wären sie aus Beobachtungstatsachen gezogen. Dies beweist offenbar auch der stets geniale und oft humorvolle Eddington - einer der eminentesten und gütigsten unter den modernen wissenschaftlichen Denkern -, wie aus seinem Buch "New Pathways in Science" (1935, S. 211) hervorgeht.

Das ist wirklich eine seltsame Logik. Es kann keine wissenschaftliche Theorie ohne Beobachtungstatsachen geben; die Theorie wird aus den beobachteten Tatsachen geboren. Doch nach obiger Ansicht muß die aus den Tatsachen geborene Theorie herumgedreht werden, um zu entscheiden, ob die beobachteten Tatsachen mit der Wahrheit übereinstimmen - ein augenscheinlich seltsamer Denkfehler, der einen Trugschluß in sich schließt. Dem Theoretiker fällt in solchen Fällen der ganze Vorteil zu, und zwar vom Anfang bis zum Ende seines Denkens, und die arme Mutter Natur kann kaltgestellt sehen, wo sie bleibt.

Ziemlich dieselbe Verwirrung in hoch-metaphysischen Denk-"kunststücken" scheint die Idee von dem sogenannten "sich ausdehnenden Universum" hervorgebracht zu haben, oder, was noch schlimmer ist, die Vorstellung von dem "sich ausdehnenden Raum". Der Verfasser dieses Werkes unterwirft sich der Korrektur von seiten der großen Vertreter der modernen Naturwissenschaft; aber wie er die Sachlage versteht, ist die hauptsächlich beobachtete Tatsache, die die Geburt der Theorie eines "sich ausdehnenden Universums" zuwege gebracht hat, die Verlagerung gewisser Linien im Spektrum von weit entfernten stellaren oder galaktischen astronomischen Objekten zum Rot hin. Dies wird der Dopplereffekt genannt. Er besagt, daß eine Verlagerung zum violetten Ende des Spektrums hin vor sich geht, wenn sich uns ein entferntes astronomisches Objekt nähert, und umgekehrt, wenn das entfernte Himmelsobjekt von uns zurückweicht, die Verlagerung der Spektrallinien zum Rot hin erfolgt. Vorausgesetzt, daß dies der Wirklichkeit entspricht, so ist es doch, vorsichtig ausgedrückt, riskant, anzunehmen, je weiter ein Himmelskörper von uns entfernt sei, desto schneller wiche er von uns zurück, da die beobachtete Verlagerung der Spektrallinien zum Rot hin umso größer ist, je weiter der Himmelskörper entfernt ist. Denn es ist durchaus möglich, anzunehmen, sowohl theoretisch als auch hypothetisch, daß noch andere Ursachen vorliegen, die diese Verlagerung bewirken.

Die sogenannte "Konstante" der Lichtgeschwindigkeit im Vakuum ist zum Beispiel einer dieser Punkte im heutigen modernen wissenschaftlichen Glaubensbekenntnis. Doch mit einiger Zuversicht kann angedeutet werden, daß die Zukunft zeigen wird, daß das Licht stark beeinflußt wird, wenn es durch die gewaltigen Entfernungen interstellaren Raumes hindurchgeht und auf seinem Wege auf den dünnen und feinen interstellaren Äther trifft. Frage: "Kann das Licht seinerseits eine Verzögerung erleiden, während es durch die unbegreiflich immensen Entfernungen intergalaktischen Raumes eilt?" "Warum nicht? Die Geschwindigkeit des Lichtes als unveränderlich zu betrachten, das heißt als eine universale Konstante, mag für alle gewöhnlichen astronomischen Zwecke genügen. Der Verfasser dieses Buches aber glaubt, daß die Lichtgeschwindigkeit nicht eine solche unveränderliche universale Konstante ist, wie gemutmaßt wird. Daher mag die Verlagerung zum roten Ende des Spektrums hin auf eine Veränderung im Licht selbst zurückzuführen sein, und zwar entweder auf Verringerung der Geschwindigkeit oder möglicherweise auf eine bisher unbekannte Tatsache der Absorption - folglich wird die Vermutung ausgesprochen, daß irgendwann in der Zukunft eine Änderung in der gegenwärtigen Lichttheorie eintreten wird. Entweder eine der angedeuteten Ursachen oder beide oder etwas Ähnliches mag sich in der Zukunft als wahr erweisen."

Das Zurückweichen der Galaxien des "äußeren Raumes" soll mit einer Geschwindigkeit vor sich gehen, die genau proportional zur Entfernung der Galaxien von uns ist. So wird aufgrund dieser seltsamen modernen Theorie also angenommen, daß eine 120 Millionen Lichtjahre von uns entfernte Galaxie mit einer Geschwindigkeit von 19 300 km in der Sekunde zurückweicht. Angenommen, wir setzen diesen Gedanken fort, so müßten wir dieser wunderlichen Theorie zufolge bei einer Entfernung von 2 000 Millionen Lichtjahren annehmen, eine Galaxie vorzufinden, die mit 320 000 km in der Sekunde zurückweicht. Diese Geschwindigkeit ist ein gut Teil größer als die Geschwindigkeit des Lichtes selbst, von der angenommen wird, sie sei eine Konstante und das Maximum an möglicher Geschwindigkeit in unserem Universum der Relativitäten gemäß der modernen Relativitätstheorie. Wie steht es damit?

Hier werden die wissenschaftlichen "Reserven" an die Front geschickt, und zwar in Form der berühmten Einsteinschen Theorie vom endlichen Raum, der über ein gewisses Maß hinaus keine Ausdehnung mehr haben kann. Indem er so - immer gemäß der Theorie - das Universum endlich macht oder es begrenzt, ist es theoretisch offensichtlich so, daß das Licht nicht weit abschweifen kann. Das zu sagen ist zumindest bequem!

Doch selbst diese "Reserven", die wir der Fruchtbarkeit der Einsteinschen wissenschaftlichen Imagination verdanken, scheinen sich in ungreifbarem Nebel - oder in Mystifikation - aufzulösen. Denn wenn man den neuesten Berichten, die in der Presse erschienen sind, Glauben schenken darf, ist Einstein - ein wirklich großer wissenschaftlicher Geist (mind) - sich selbst nicht mehr sicher, ob der "Raum" "endlich" ist oder ob er nicht doch unendlich sein könnte. Auch die Theorie, die die Lichtgeschwindigkeit als unveränderliche kosmische Konstante darstellt, hat kürzlich einige schwere Stöße erhalten (vgl. den Bericht des französischen Naturforschers Dr. P. Salet vor der französischen Akademie der Wissenschaften und die letzten Messungen der Lichtgeschwindigkeit, die 1933 zu Pasadena, Kalifornien, durchgeführt wurden). Da sich die Theorie von dem mutmaßlich sich ausdehnenden Universum besonders auf eine wichtige Beobachtungstatsache stützt, nämlich auf die Verlagerung des von entfernten galaktischen Universen empfangenen Lichtes zum roten Ende des Spektrums hin, und da die Lichtgeschwindigkeit als invariante Konstante jetzt in Frage gestellt wird, so ruht offensichtlich die Theorie von einem "sich ausdehnenden Universum" oder, was noch schlimmer ist, eines "sich ausdehnenden Raumes" auf schwankendsten Grundlagen.

So kommt es, daß eine Theorie aufgestellt wird, um eine andere zu stützen: Auf Beobachtung beruhende Tatsachen werden in das Prokrustesbett der Theorien eingezwängt, die aus ihrem eigenen Schoß geboren wurden. So kehren wir zum Ausgang unserer Überlegung zurück und befinden uns - gerade wie bei Einsteins "Krümmung des Raumes" - wieder dort, von wo wir ausgegangen sind. Der Autor dieses Buches glaubt eher, daß die Theorie über die Lichtgeschwindigkeit als eine Konstante oder

Unveränderliche nur eine interessante Theorie ist, daß aber das Licht gleich allem übrigen im Universum relativ ist, und zwar ziemlich genau im Sinne der Relativitätstheorie Einsteins, und daß darum die Lichtgeschwindigkeit keine absolute oder universale und unveränderliche Konstante ist, sondern das Licht in seinen Beziehungen zu anderen Dingen der Veränderung oder Veränderungen unterworfen ist.

Ferner darf nicht vergessen werden, daß die sogenannten "Beobachtungstatsachen", auf denen die Theorie von dem "sich ausdehnenden Universum" begründet ist, zwar Tatsachen sind, aber Tatsachen, von denen Schlußfolgerungen abgeleitet wurden, um metaphysische mathematische Theorien zu bilden, die zweifellos, wie die Zeit zeigen wird, in mehr als einer Hinsicht irrig sind. Vielleicht gerade deshalb, weil die ganze Idee so spekulativ und theoretisch ist, sind unsere modernen naturwissenschaftlichen Mathematiker so überempfindlich, wenn ihre Ideen "metaphysisch" genannt werden. Denn in der Philosophie würde eine schwankende Metaphysik dieser Art kurzerhand aus dem Felde geschlagen werden.

Der Verfasser dieses Werkes legt die vorhergehenden Bemerkungen in der Hoffnung dar, daß die Beweisführung verstanden wird und daß es nicht als für einen Laien anmaßend betrachtet wird, die "geistgeborenen" (mind-born) Kinder wissenschaftlicher Fachleute zu kritisieren. Eines jedenfalls steht für uns fest: sie mögen es leugnen, wenn sie wollen, sie mögen es zurückweisen, wenn es ihnen beliebt - die Zahl der Vertreter in den wissenschaftlichen Lagern, die mit jedem dahingehenden Jahr immer "mystischer" werden, wächst ständig. In Wirklichkeit ist die moderne naturwissenschaftlich-mathematische Überlegung durch und durch von einem merkwürdigen modernen Mystizismus durchsetzt, der aus dem Denken der Mathematiker selber stammt. Der gegenwärtige Schreiber ist sich wohl bewußt, wie sehr Worte wie "Mystizismus" und "mystisch" gerade bei jenen unbeliebt sind, die am ehesten geneigt sind, sich darauf zu verlassen. Ein seltsamer Widerspruch in der menschlichen Psychologie!

VI

Zur Abrundung der philosophischen, wissenschaftlichen und anderen Überlegungen, die den Hauptgegenstand des vorliegenden Kapitels ausmachen, könnte in summarischer Weise noch der abschließende Gedanke hinzugefügt werden: Die Tendenz modernsten naturwissenschaftlichen Denkens scheint eine stete und fortgesetzte Annäherung, ein Heranrücken an gewisse fundamentale, essentielle Postulate oder Axiome der Esoterischen Philosophie oder der Esoterischen Tradition zu sein. Die Idee - die jetzt in wissenschaftlichen Kreisen voranzukommen scheint -, daß das gesamte physische Universum letzten Endes von ausgesprochen illusorischem Charakter ist, soweit rein menschliche Begriffe reichen, ist typisch für den Gehalt der esoterischen Lehren. Die Götter allein wissen, wie weit diese Vorstellung intuitive Wissenschaftler unserer Tage hinter die Schleier führen wird, sofern sie diese getreulich bis in weitere Bereiche verfolgen, unbekümmert um das Erschreckende und Ungewohnte der neuen Denkregionen, in die sie so hineingeführt werden.

Wenn wir ebenfalls die sehr richtige und einleuchtende Vorstellung betrachten, die einige Wissenschaftler heute von der Natur der letzten oder uranfänglichen Ursache und von der Essenz der Dinge haben, die sie der Substanz, den Funktionen und den Tätigkeiten des kosmischen Geistes (Cosmic Mind) zuschreiben, so hat man tatsächlich allen Grund, nachzudenken und sich zu fragen, wie weit diese letztere Überzeugung die wissenschaftliche Welt nun bringen wird. Das Universum erscheint als Illusion und die Substanz des Universums geht aus dem kosmischen Geist hervor und wird daher von dessen Attributen und Qualitäten beherrscht. An diesen beiden wissenschaftlichen begrifflichen Postulaten sieht der Esoteriker nur ein relativ vollständiges Niederreißen der Schranken, das durch die mühsamen Arbeiten und Deduktionen der Vertreter der Wissenschaft zuwege gebracht worden ist, Schranken, die Esoterik und Naturwissenschaft bisher trennten und letztere so abgeneigt sein ließen, daß sie die Existenz der ersteren als nichts anderes betrachten konnte als das Phantasiegebilde merkwürdiger Leute.

KAPITEL II

MIT DER NATURWISSENSCHAFT HINTER DIE SCHLEIER - II

Eines der wichtigsten Axiome sowie eine der fundamentalen Aussagen der Esoterischen Philosophie oder Tradition ist die, daß das Universum und alles in ihm Enthaltene - Großes, Kleines und alles, was dazwischen liegt - in und auf BEWUSSTSEIN aufgebaut ist und sowohl von innen nach außen als auch von aussen nach innen von BEWUSSTSEIN geleitet wird, das in seinen Eigenschaften, Attributen oder charakteristischen Merkmalen auch jene anderen Phasen kosmischen Seins mit einschließt, die wir Leben, Geist und Substanz nennen. Doch darf nicht vergessen werden, daß der Ausdruck 'Bewußtsein', wird er auf das Universum angewandt, nur eine Verallgemeinerung, eine Abstraktion ist. Ebenso wäre es richtig und für viele Menschen unvergleichlich genauer, weil anschaulicher, von einem kosmischen Universum zu sprechen, das von Bewußtheiten erfüllt ist, die in strukturellen Hierarchien vorhanden sind; einzeln betrachtet sind sie unendlich an der Zahl.

Diese Bewußtheiten existieren oder befinden sich vielmehr in praktisch unzählbaren Graden, Stufen oder Stadien evolutionärer Entwicklung und sind strukturell nach hierarchischen Familien angeordnet. So kommt es, daß alles im Universum, wenn man es als individuellen Ausdruck einer innewohnenden und sich zum Selbstausdruck bringenden Monade betrachtet, nicht nur ein Punkt oder ein individualisiertes Atom des Grenzenlosen ist, sondern in seiner innersten Essenz, philosophisch gesehen, als mit dem Universum identisch betrachtet werden muß.

Aller Raum, der infinitesimale und der kosmische, ist vollständig mit Kräften und Substanzen der allerverschiedensten Grade oder Stadien der Stofflichkeit, der Ätherhaftigkeit und der Spiritualität angefüllt. Derartige relativ physische Kraft-Substanzen wie Elektrizität und Licht können als wesentliche Beispiele oder passende Hinweise dafür angeführt werden. Denn was sind Elektrizität und Licht, ja auch alle anderen Kraft-Substanzen tatsächlich? Sie sind ohne Ausnahme Emanationen aus Wesenheiten von kosmischer Größe: E m a n a t i o n e n - das Wort sei des Nachdrucks halber wiederholt -, mit anderen Worten: Das Grenzenlose ist voll von kosmischen Wesenheiten, von denen jede ihr eigenes Universum hat, das als ihr individueller 'Träger' oder 'Übermittler' fungiert. Die vitalen Kräfte oder Energien sind in jeder dieser kosmischen Wesenheiten identisch; es sind die Kräfte, Energien und Substanzen, die dieses Universum erfüllen. Da sie substantiell von der Natur des Bewußtseins sind, lenken, führen und beherrschen sie es, und sie sind tatsächlich jener innere und ewige Drang hinter all dem äußeren Schein oder den äußeren phänomenalen Erscheinungen.

Da sich dies in bezug auf eine kosmische Wesenheit so verhält, verhält es sich ebenso auch in bezug auf das physische Atom. Im Atom wie im Kosmos gelten dieselben Regeln, dieselben Prinzipien, dieselben Energien, dieselben Substanzen und dieselben strukturellen Tätigkeiten, denn beide, Atom und Kosmos, sind für immer untrennbare Teile des grenzenlosen Alls, und daher spiegeln oder reflektieren sie, ein jedes seiner Kraft und Fähigkeit entsprechend, die spirituellen Urkräfte, die das Grenzenlose enthält. Somit sind alle, Kosmos und Atome, innere und unsichtbare sowie äußere und sichtbare Welten, Pläne und Sphären - wenn sie als kosmisches Ganzes betrachtet werden -, nicht nur die Schleier und Gewänder des kosmischen L e b e n s, sondern das, was die Ausdrucksformen des kosmischen Lebens genannt wird.

Ist denn Bewußtsein etwas anderes als Kraft oder Energie? Nein, Bewußtsein oder Geist ist sowohl die Wurzel als auch der Brennpunkt von Kraft oder Energie - die wahre Seele von Kraft und Energie -, und weil das so ist, ist es substantiell, wenn auch nicht "Materie" in dem Sinn, wie wir "Materie" verstehen. Unser gröbster physischer Stoff ist nur die Konkretion schlafender oder schlummernder Bewußtseinszentren oder M o n a d e n, mit anderen Worten, er ist nur ein riesengroßes Aggregat psycho-magnetischer Bewußtseinszentren, die sich sozusagen in schlafendem oder schlummerndem Zustand befinden. Wenn sie zu kinetischer Bewegung erwachen, oder anders gesagt, wenn sie zu individueller Tätigkeit erwachen, beginnen diese "schlafenden" Monaden, die um uns her existieren und die Materie bilden, wieder ihre entsprechenden individuellen evolutionären Wanderungen nach aufwärts, zur Freiheit des G e i s t e s hin, der reinen Bewußtsein-Kraft, von wo aus sie ursprünglich, zu Anbeginn der Dinge, in die Materie "fielen" - um die Redeweise der Alten zu benutzen -, die somit ihre eigene kollektive Konkretion ist.

Dieser letzte Gedanke oder Hinweis liefert den Schlüssel für ein klares Verständnis dessen, was die Naturkräfte an sich wirklich sind. Sie sind essentiell kosmische Wesenheiten, die sich in fluidischer Energieform manifestieren, und diese fluidische Form oder Aktivität ist das, was wir Menschen als Naturkräfte wahrnehmen. Sie sind, mit anderen Worten und genauer ausgedrückt, die Emanationen oder Ausströmungen des kollektiven oder aggregativen kosmischen Bewußtseins.

Wir können Gravitation, Elektrizität, Magnetismus, Wärme, chemische Affinität und Licht als Beispiele nehmen, denn sie sind die kosmischen Kräfte, die am häufigsten der menschlichen Beobachtung unterliegen. Sie alle sind Kräfte, das heißt Emanationen oder Ausströmungen aus einer individuellen Quelle, und diese Quelle selbst ist eine der kosmischen Wesenheiten, mit denen der Raum erfüllt ist. Diese Wesenheiten muß man letzten Endes ihrerseits auf Ausströmungen oder Emanationen aus dem allgemeinen oder universalen kosmischen Bewußtsein als ihrem Ursprung zurückverfolgen. Als Kräfte sind sie gleicherweise substantiell, da Stoff und Kraft fundamental oder essentiell eins sind. In derselben Weise sind Geist oder Bewußtsein und essentielle Substanz ebenfalls dem Wesen nach und fundamental eins. Jede Art Kraft oder Energie oder jede Manifestation derselben wie Gravitation, Elektrizität, Magnetismus, Wärme, chemische Affinität und Licht - was es auch immer sei - ist ebensosehr Substanz wie Energie. Daher ist sie nach dem, was schon gesagt wurde, essentiell ebenfalls Bewußtsein, das sich als Bewußtheiten zum Ausdruck bringt.

In der Lehre der Esoterischen Philosophie sind Wärme und Licht, wie schon gesagt wurde, substantiell, weil sie Kräfte *sind*. (Es darf wohl die Voraussage gewagt werden, daß dies die Naturwissenschaft der Zukunft eines Tages als Tatsache ansehen wird, so wie Einstein und andere dabei waren und sind, die Wahrheit in bezug auf Gravitation zu zeigen, nämlich daß sie fundamental dasselbe ist wie kosmischer Elektro-Magnetismus.) Da Wärme und Licht Kräfte sind, die sich als Energien manifestieren, tragen sie dieselben essentiellen Faktoren und Qualitäten in sich, die auch die menschliche Wesenheit in sich trägt, obgleich sich diese nicht so zum Ausdruck bringen, wie es die essentiellen Qualitäten und Faktoren im Menschen tun. Diese aggregaten Faktoren und Qualitäten müssen als Bewußtsein zusammengefaßt werden. Dennoch sind diese verschiedenen Naturkräfte - die Gravitation mag als ein passendes Beispiel dienen - nicht an sich (man beachte bitte sorgfältig diese wichtige Unterscheidung!) jede einzelne ein Bewußtsein, sondern jede einzelne derartige Kraft ist vielmehr die Manifestation oder der Selbst-Ausdruck eines kosmischen Bewußtseins oder einer kosmischen Wesenheit, die Emanation, das vitale Fluid einer dahinterstehenden lebendigen, bewußten kosmischen Wesenheit, die sich als Phänomen der Gravitation zum Ausdruck bringt.

So sind die Naturkräfte die vitalen Fluida, um leicht verständliche Ausdrücke zu benutzen, oder sozusagen die im Kosmos wirksamen Nerven-Energien spiritueller Wesen, denen diese vitale Elektrizität oder Nerven-Energie entströmt und denen diese vitale Elektrizität innewohnt. Sie schaffen und wirken auf ihren Umläufen um das vehikulare Dasein der spirituellen Wesenheit, die sie auf diese Weise emanierend gebiert. Oder, um es noch anders auszudrücken: Jede kosmische Kraft ist der Ausfluß des charakteristischen vitalen Fluidums aus einer kosmischen Wesenheit, und zwar von dem besonderen Grad, der zu den niedrigsten kosmischen Körperteilen dieser Wesenheit gehört.

Es bedarf keiner Worte und es ist eine logische Selbstverständlichkeit, daß diese vitale Kraft oder kosmisch-elektrische Energie durch Denken und Wollen der kosmischen Wesenheit oder der Wesenheiten, aus der bzw. denen sie in emanierenden Wellen ausströmt, geleitet wird. Sie ist ihnen inhärent, auch wenn sie uns Menschen automatisch erscheint; und eine jede Einheit in diesen Reihen ist das, was wir die eine oder andere Naturkraft nennen. Bei diesem Bild muß man sich auch vergegenwärtigen, daß die kosmischen Wesenheiten an sich eine ineinandergreifende und ineinander verwobene Hierarchie erhabener spiritueller Intelligenzen bilden. Da ihre individuellen oder jeweiligen Swabhâvas oder Charakteristika nahe verwandt sind, so arbeiten sie gemeinsam an der Erzeugung der Gesamtheit der kosmischen Phänomene oder Operationen, die allgemein unter dem einen Wort N a t u r zusammengefaßt werden.

Die menschliche Nerven-Aura, der menschliche Magnetismus, illustriert diesen Punkt vielleicht im kleinen, da sie selbst in derartig abgeleiteten Phänomenen wie der Blutzirkulation und den Verdauungsfunktionen des menschlichen Körpers wirksam ist. Keine dieser Funktionen des menschlichen Körpers ist, für sich allein betrachtet, der physische Mensch. In ihrem Aggregat bilden sie in Verbindung mit dem Skelett des Körpers den physischen Menschen; doch sind sie an sich Funktionen, die durch das Zusammenspiel der Emanationen aus des Menschen vitaler Essenz zustande kommen, so das tätige organische System des Körpers ausmachen und letztlich von dem wirklichen Bewußtsein und Denken des Menschen abstammen. Diese Tätigkeiten und Funktionen, die dazu führen, den physischen Körper aufzubauen und "in Gang zu halten", emanieren aus dem Menschen selbst durch das Medium seines permanenten Bewußtseins und durch Vermittlung seines Willens, der mehr oder weniger automatisch im physischen Körper wirkt - vielleicht zu unserem Glück in dem gegenwärtigen Zustand unvollkommener moralischer Entwicklung. Nichtsdestoweniger ist es teils bewußt, teils unbewußt in ihm tätig, in letzterem Fall ebenso automatisch wie die Naturkräfte, die - allerdings in makrokosmischem Maßstab - in dem uns umgebenden Universum wirken.

I

Wahrlich, Geist und Materie sind essentiell eins, und Kraft und Stoff - ihre physischen Ausdrucksformen - sind daher essentiell ebenfalls eins, da auch sie nur unterschiedliche Grade oder Stufen der Ätherhaftigkeit oder Stofflichkeit der zugrundeliegenden und fundamentalen Essenz sind. Diese Essenz ist, kosmisch gesprochen, die Quelle der Dinge, die Quelle oder der Ursprung sowohl der im himmlischen Äther schwimmenden Planeten als auch der groben physischen Materie unter unseren Füßen, die unserem Mutterplaneten Terra angehört. Kurz gesagt, sie ist der Ursprung von allem und natürlich auch der Ursprung des Menschen, der in seinem Innern ein geistiges Wesen ist, ein inhärenter und untrennbarer Teil der oben erwähnten kosmischen Essenz. Die Kräfte der Natur sind daher die Substanzen der Natur in ätherisch-fluidischer Form. An der Wurzel oder dem Ursprung beider befindet sich reine spirituelle Kraft-Substanz, was dasselbe ist wie Bewußtsein-Verstand. Da diese *äquivalenten* Faktoren im Menschen existieren oder vielmehr s i n d, existieren sie auch im Universum, denn der Teil, der Mensch, enthält nur das, was das Ganze, das Universum, enthält. Wäre es anders, würden wir der widersinnigen Absurdität gegenüberstehen, daß ein verhältnismäßig infinitesimaler Teil des kosmischen Ganzen etwas enthält, das dem Ganzen fehlt - das ist unmöglich.

Die Feststellung der Esoterischen Tradition, daß es so etwas wie Gravitation a n s i c h nicht gibt, bedeutet, daß die einst so populäre wissenschaftliche Erklärung der Gravitation keine reale Wirklichkeit ist. Bedeutet diese Feststellung, daß wir eine der offensichtlichen Tatsachen der Natur leugnen? Ganz gewiß nicht. Die gesamte Esoterische Philosophie, als ein großartiges System von Philosophie-Religion-Naturwissenschaft betrachtet, basiert gänzlich auf der universalen Natur und fast völlig auf der spirituellen Natur. Denn die uns bekannte physische Natur ist lediglich die äußere Schale ungeheuer großer Hierarchien unsichtbaren und kausalen Charakters, die sich, so gut sie es nur können und vermögen, durch diesen physischen oder umhüllenden Schleier oder Körper zum Ausdruck bringen. Abstand genommen wird nur von dieser Gravitation als technischem Ausdruck, der Ideen in sich schließt, die der älteren Naturwissenschaft angehören, und daher eine bestimmte, bisher orthodoxe wissenschaftliche Deutung verkörpert. Geleugnet wird ferner, daß diese Deutung der Naturtatsachen, die unter die Bezeichnung "Gravitation" fallen, eine wahre Erklärung ist. Es wird behauptet (und in diesem Punkt stimmen wir mit Sir Isaac Newton überein, der als erster für die abendländische Welt ein Gesetz für die Schwerkraft formuliert hat), daß die fundamentale Ursache der Gravitation noch nicht entdeckt worden ist und daß es sich essentiell um eine spirituelle Kraft oder Macht handelt.

Hier wird auf Aussagen Bezug genommen, die Newton in bestimmten Briefen an Bentley gemacht hat; diese Aussagen wurden von früheren wissenschaftlichen Schriftstellern immer gänzlich ignoriert, obwohl sie richtig sind. Es sind gewisse Briefe, die Sir Isaac Newton in den Jahren 1692 - 93 an Richard Bentley geschrieben hat. In diesen Briefen brachte Newton unter anderem energisch seinen Widerspruch hinsichtlich der Idee zum Ausdruck, daß Gravitation eine der Materie inhärente oder eingeborene Eigenschaft sei, und ebenso auch in bezug auf die Vorstellung der 'actio in distans' oder Fernwirkung ohne ein vermittelndes Medium oder vermittelnde Medien, seien sie aktiv oder passiv.

In seinem an Bentley gerichteten Brief vom 17. Januar 1692/93 drückt Newton sich folgendermaßen in bezug auf die Natur der Gravitation aus: "Sie reden manchmal von der Gravitation, als sei sie der Materie essentiell und inhärent. Schreiben Sie bitte diese Auffassung nicht mir zu, denn ich maße mir nicht an, die Ursache der Gravitation zu kennen, und möchte mir darum noch mehr Zeit nehmen, darüber nachzudenken."

In einem anderen Brief an Bentley, der in derselben Zeitspanne zwischen 1692 und 93 geschrieben wurde, drückte sich Newton folgendermaßen aus: "Es ist unvorstellbar, daß unbeseelte, rohe Materie ohne Vermittlung von etwas anderem, das nicht materiell ist, auf andere Materie ohne gegenseitigen Kontakt einwirken oder sie beeinflussen könnte, was der Fall sein müßte, wenn Gravitation im Sinne Epikurs ihr essentiell und inhärent wäre. Dies ist ein Grund, warum ich wünschte, daß Sie die Idee von der eingeborenen Gravitation nicht mir zuschrieben. Daß Schwerkraft der Materie eingeboren, inhärent und essentiell sein soll, so daß ein Körper auf einen anderen in der Entfernung durch ein Vakuum hindurch wirken sollte ohne Vermittlung irgendeiner anderen Sache, vermittels welcher und durch die seine Tätigkeit und seine Kraft von einem zum anderen übertragen werden könnte, ist für mich eine so große Absurdität, daß ich glaube, kein Mensch mit kompetenter Denkfähigkeit auf philosophischen Gebieten kann ihr je verfallen. Die Gravitation muß durch ein Agens verursacht werden, das ständig nach bestimmten Gesetzen wirkt; ob aber dieses Agens materiell oder immateriell ist, das habe ich dem Erachten meiner Leser überlassen."

Aus dem ersten Satz dieses zweiten Zitates geht sehr deutlich hervor, daß Newton selbst ohne Zweifel etwas für ein Agens oder Medium hielt, "das nicht materiell ist", das die Tätigkeit der Schwerkraft verursacht und beherrscht; obwohl der letzte Satz den Wunsch zu enthalten scheint, seine wahre Meinung zu verbergen, möglicherweise aus Abneigung, der Tätigkeit der Anziehungskraft immaterielles oder spirituelles Wirken zuzuschreiben.

Obgleich Newton in vielen Beziehungen ein Schüler der alten griechischen Philosophen war, so lehnte er doch fraglos die irrtümliche, auf mißverstandene exoterische Aussagen der Alten gegründete Meinung ab, daß Demokrit und Epikur zufällige und gesetzlose Aktion und Reaktion toter, gefühlloser Atome in einem völlig leeren Raum gelehrt hätten. Es wurde schon gezeigt, daß die wirkliche Bedeutung, die Demokrit und Epikur sowie ihre Schüler der Bezeichnung 'Atom', das heißt 'Individuum', beilegten, das war, was die Esoterische Philosophie ein J î v a oder eine M o n a d e nennt. Es war der materialistischen Schule moderner wissenschaftlicher Denker aus Newtons Tagen überlassen, in bezug auf die Natur der Gravitation den Weg einzuschlagen, den Newton selbst verworfen hatte, wie aus dem zweiten Brief an Bentley hervorgeht, aus dem oben zitiert wurde.

Mich dünkt, daß Empedokles letzten Endes nicht so sehr unrecht hatte mit seiner Lehre von kosmischer 'Liebe' und kosmischem 'Haß', zwei Naturprinzipien, die sowohl im Universum als auch in und unter den atomaren Individuen wirksam sind, aus denen sich das Universum zusammensetzt. Ob diese 'Liebe' und dieser 'Haß' jetzt mit anderen Namen genannt werden, die modernen Ohren vertrauter sind, wie zum Beispiel Anziehung und Abstoßung, ist von keinerlei Bedeutung. Hier kommt es darauf an, daß beide Manifestationen der vitalen Kraft oder Energie unsichtbarer kosmischer Wesenheiten sind, die sich auf unterschiedlichen Graden oder Stufen evolutionärer Entwicklung befinden. Dieser vitale magnetische Ausfluß hängt genau von der Menge der entsprechenden Emanationen und der Entfernung ab, die zwei oder mehr Individuen voneinander trennt, die so in gegenseitiger Aktion oder Reaktion verwickelt sind - eine Behauptung, die stark an Newtons Gravitationsgesetz erinnert, das gemäß der entsprechenden Massen zweier oder mehrerer Körper wirkt und ebenfalls von dem umgekehrten Quadrat der sie trennenden Entfernung abhängt.

Obwohl in Einsteins mathematischen Theorien viel Anziehendes steckt, so werden doch viele diese Idee der rein theoretischen Ansicht vorziehen, daß Gravitation in irgendeiner Weise vom 'gekurvten' oder 'gekrümmten' Raum abhängig sei oder dadurch zuwegegebracht oder verursacht werde.

Die einfachere platonische Idee, daß der Kreis oder die Sphäre die vollkommenste Form in der Natur ist, der sie automatisch zustrebt, scheint vernünftiger zu sein und auch mehr in Einklang mit der Wirklichkeit zu stehen als die höchst metaphysische, wenn auch mathematische Vorstellung von einer mutmaßlichen 'Krümmung des Raumes' - als wenn man vom Raum, der an sich eine Abstraktion ist, so sprechen könnte, als wäre er nur ein begrenzter materieller Körper.

Es wäre viel weniger gegen die Einstein'sche Hypothese von der Krümmung des Raumes einzuwenden, wenn sie durch zwei grundlegende Naturprinzipien ergänzt würde, die Einstein in seiner mathematischen Arbeit ignoriert zu haben scheint, nämlich:

a) daß jeder 'Raum' im Sinne Einsteins nur ein Teil der räumlichen Ausdehnung ist, der in einer noch größeren räumlichen Ausdehnung oder in einem Körper eingeschlossen ist, und dieser letztere ist wiederum in einem noch größeren 'Raum' oder einer räumlichen Ausdehnung eingeschlossen, und so geht es unbegrenzt weiter ad infinitum;

b) daß die verschiedenen 'Räume' oder Körperausdehnungen des physischen Universums nur die äußere Schale, der Schleier oder das Gewand innerer ätherischer und auch spiritueller Welten oder Räume sind, die die Ursachen von dem sind, was in den physischen Welten erscheint.

In Anbetracht dieser Erwägungen ist sofort zu erkennen, daß Einsteins Hypothese, obwohl sie außerordentlich klug und in mancher Hinsicht intuitiv ist, doch nur kleine Teile oder Abschnitte des abstrakten RAUMES behandelt und somit begrenzt ist, de facto bestenfalls nur eine teilweise Erklärung und daher unvollkommen ist.

Gravitation oder Schwerkraft wurde aufgrund wissenschaftlicher Theorien noch vor wenigen Jahren als eine für sich bestehende Kraft angesehen, deren Ursprung unbekannt war, deren Wirkung aber in der wohlbekannten wissenschaftlichen Formel von den Beziehungen zweier Körper zueinander in bezug auf die Masse und das umgekehrte Quadrat der Entfernung ausgedrückt wurde. Sie ist tatsächlich ein sekundäres Phänomen, das heißt eine Wirkung unsichtbarer Kräfte, die in der sichtbaren Welt und durch diese wirken und die somit aus inneren und unsichtbaren Bereichen oder Plänen in diese sichtbare Welt einströmen. Mit anderen Worten und wie Sir Isaac Newton es ausdrückte: Gravitation ist die Folge einer spirituellen Tätigkeit. Während Sir Isaac Newton aber offenbar annahm, diese spirituelle Wirksamkeit sei "Gott", lehrt die Esoterische Philosophie, daß sie nur eine der Manifestationen der inhärenten Aktivität bewußten kosmischen Elektro-Magnetismus ist, der durch und vermittels spiritueller *Vertreter* oder spiritueller Wesen wirksam ist; mit anderen Worten, durch Götter, wenn der gute alte Ausdruck gebraucht werden darf, ohne die sensiblen Ohren der Neunmalklugen des Abendlandes zu kränken.

Die Gravitationshypothese Newtons, die als ein Naturgesetz betrachtet wurde, stand nach seiner Zeit in unwidersprochenem Ansehen. Die Gesamtheit der Naturwissenschaftler ignorierte im stillen fast ohne Ausnahme die private Überzeugung des großen Engländers, daß Gravitation auf spirituelle Wirksamkeit zurückzuführen sei. Hierauf folgte die übliche Nemesis (strafende Gerechtigkeit) aller materialistischen einseitigen Theorien - das Erscheinen einer anderen aufsehenerregenden Theorie, die aus dem Bewußtsein eines Repräsentanten einer späteren wissenschaftlichen Generation entwickelt wurde. Einstein legte die Ursache dafür, daß in wissenschaftlichen Kreisen manche klassischen und vermeintlich unerschütterlichen wissenschaftlichen Postulate oder Axiome umgestoßen wurden. Einige seiner Anschauungen haben, als sie zuerst veröffentlicht wurden, wahrscheinlich nicht nur die gesamte wissenschaftliche Welt erstaunt, ja verwirrt, sondern ebenso alle denkenden Menschen. Es ist jedoch höchst interessant, daß zumindest einige dieser Ansichten die wissenschaftliche Vorstellungswelt erobert haben; und dies, so scheint es, beweist, daß selbst die am meisten zum Dogmatisieren geneigten Gemüter innerlich mit dem unzufrieden waren, was sie in den Hörsälen und orthodoxen Schulen wissenschaftlichen Denkens gelernt hatten.

II

Dr. Robert A. Millikan entwickelte eine gewisse Hypothese, die dem Denken eines deutschen Naturwissenschaftlers, Dr. Werner Kolhörster, entstammt. Sie besagt, daß im Universum bestimmte Formen von Strahlungen - bis zu jener Zeit unbekannt und unvermutet - auftreten, von denen niemand wußte, woher sie kommen, deren Existenz aber nicht länger geleugnet werden konnte und deren Natur und Tätigkeit durch geeignetes Studium und durch Experimente getestet werden konnten. Dr. Millikan hat diese Hypothese oder Theorie ausgearbeitet und durch schwierige und gewissenhafte Arbeit das Vorhandensein "kosmischer Strahlen", wie sie seitdem genannt werden, nachgewiesen - eine Form oder Formen von Strahlungen, die vermutlich aus dem äußeren Raum von allen Seiten auf die Erde einströmen. Diese jetzt so genannten "kosmischen Strahlen" sind nach Dr. Millikans Meinung eine Strahlung, die von in Entstehung begriffener Materie ausströmt. Es sind Kräfte oder Energien, die entstehen, wenn die Elemente physischen Stoffes durch die Auflösung früher existierender atomarer Korpuskel neu geboren werden. Sie stellen die materiellste bisher bekannte Form energetischer Vibrationen dar, denn in der in einem früheren Kapitel erwähnten Schwingungsskala befinden sie sich weit jenseits des ultravioletten Teiles dieser Skala. Daher handelt es sich bei ihnen um unvergleichlich "härtere" und durchdringendere Strahlen als bei den Röntgenstrahlen oder auch bei den Gammastrahlen. Es scheint, daß Dr. Millikan selbst vermutet hat, daß diese kosmischen Strahlen vielleicht von den Sternennebeln des Weltraumes oder zumindest von einigen der Nebelflecken zu uns kommen.

Obwohl es richtig ist, daß der genaue, exakte Ursprung oder die Ursprünge der sogenannten 'kosmischen Strahlen' noch nicht vollständig entdeckt wurde oder entdeckt worden sind, so scheint doch kein Zweifel an der Tatsache zu bestehen, daß diese kosmischen Strahlen in den Gefilden des Raumes außerhalb der Erde geboren werden, denn sie erreichen die Erde als eine Strahlung, die faktisch mit gleicher Intensität von allen Himmelsrichtungen des äußeren Raumes kommt.

Wenn sich die Ideen dieses großen amerikanischen Wissenschaftlers durch künftige Forschung und Entdeckung als richtig erweisen, ist in ihnen die eindrucksvolle Illustration zu sehen, wie Kraft zu konkretem Stoff, zu physischer Materie wird. Die Theorie ist sehr vielsagend, denn sie deutet nicht nur an, sondern sie skizziert tatsächlich das zyklische Verschwinden der Materie in Strahlung und das Wiederfestwerden oder die Konkretion solcher Strahlung in physische Materie. Dr. Millikan drückt dies selbst dem Sinne nach folgendermaßen aus: Die 'Schöpfung' geht noch immer vor sich, und wir sehen keinen Grund zu vermuten, daß es, kosmisch gesprochen, jemals einen Anfang gegeben hätte oder daß es je ein Ende des zyklischen Prozesses geben wird.

Sofern der Verfasser des vorliegenden Buches die Ideen Dr. Millikans in bezug auf den Prozeß zyklischer Zerstörung und zyklischer Regeneration mittels Strahlung recht verstanden hat, so würde auch hieraus wiederum hervorgehen, daß nach dessen Meinung die Sterne aus sich selbst eine Substanz ausstrahlen, die auf irgendeine, bisher (scheinbar) unerklärte Weise in den Abgründen des Raumes, die Stern von Stern trennen, wiederum zu elektronischen und protonischen Partikeln wird. Der zyklische Prozeß scheint somit also kurz der zu sein, daß Atome oder atomare Körper im Schoße der Sonnen oder Sterne des interstellaren Raumes in Strahlung aufgelöst werden und daß sich diese Strahlen in den weglosen Gefilden zwischen den Gestirnen wieder als Elektronen und Protonen anhäufen und sich verbinden, um Atome zu bilden. Diese werden ihrerseits wieder konkret, um die Sternenkörper zusammenzusetzen, die so aufs neue den Schauplatz für die gleichen zyklischen Prozesse der Zerstörung und der Regeneration bilden, die bereits beschrieben wurden.

Millikans Theorie hat aufgrund der Annäherung an die Esoterische Philosophie, die er an verschiedenen Punkten darlegt, eine außerordentliche Anziehung. Nichtsdestoweniger sieht man sich genötigt, einen Einspruch in bezug auf die Vorstellung zu erheben, daß das Universum die Ewigkeit hindurch den Prozeß in sich schließe, durch den Strahlung zu Materie wird, die ihrerseits wieder in Strahlung zerfällt, nur um wieder in einen neuen Zyklus materieller Konkretion einzutreten; und daß dieser Prozeß - so richtig er in einigen seiner Aspekte auch ist - so in endloser Dauer weitergehe, ohne längere Auflösung der Kontinuität oder Unterbrechung in Zeitperioden als die durch Millikans Theorie angedeuteten, so lang auch immer die Zeiträume sein mögen, die zwischen dem Aufgehen der Materie in Strahlung und dem Wieder-zu-Materie-Werden der letzteren liegen.

Die Wirklichkeit, wie sie von der Esoterischen Philosophie gelehrt wird, ist die, daß alle Prozesse, denen Millikan in seiner Theorie nahekommt oder die er als Naturtatsachen flüchtig skizziert - die sich in bestimmten, ungeheuer langen Zeitabständen die Ewigkeit hindurch in regelmäßig fortlaufender und zyklischer Ordnung immer wiederholen -, von den kosmischen Pralayas, wie sie von der Esoterischen Philosophie genannt werden, unterbrochen werden, von Pralayas oder enorm langen Perioden, während derer ein Universum, sei es groß oder klein, aus dem Sichtbaren ins Unsichtbare verschwindet. Die Auflösung oder der 'Tod' eines Universums bedeutet den Anfang oder die Eröffnung des kosmischen Pralayas oder der kosmischen Ruheperiode. Hat aber ein kosmisches Pralaya sein Ende gefunden, was für jedes Pralaya in der oben angedeuteten periodischen zyklischen Ordnung unfehlbar geschieht, beginnt das individuelle Universum, das sich auf die beschriebene Weise aufgelöst hatte oder von der Bildfläche verschwunden war, eine neue Periode kosmischer Manifestation oder ein neues kosmisches Manvantara, das vom Augenblick seines Anbeginns eine ungeheure Reihe evolutionärer Veränderungen in sich schließt, die die besagte individuelle kosmische Einheit auf dem kosmischen Schauplatz wieder in Erscheinung treten lassen.

Dieser Periode aktiver evolutionärer Manifestation folgt, wenn sie vollendet ist, eine neue kosmische Ruheperiode; und so geht es fort durch die endlose Dauer.

Es sollte jedoch sorgfältig beachtet werden, daß jedes Neuerscheinen einer Welt oder jedes kosmische Manvantara auf einem etwas höheren - oder vielleicht auch niedrigeren - kosmischen Plan als dem vorhergehenden stattfindet, auf dem es seine frühere manvantarische Existenz hatte. Die "Funken der Ewigkeit" erscheinen und verschwinden in endloser Folge.

Der Gebrauch des Wortes 'Schöpfung' wird hier übernommen, weil es eine faßbare Idee vermittelt. Es sollte jedoch sorgsam beachtet werden, daß das Wort 'Schöpfung' hier nicht in dem alten christlich-theologischen Sinne angewandt wird, als bedeute es, daß etwas aus 'Nichts' geschaffen wird. Die ursprüngliche lateinische etymologische Bedeutung ist vielmehr die der 'Formung' von etwas, das so zum 'Entstehen' veranlaßt wird. So haben zum Beispiel die lateinischen Dichter und Philosophen zuweilen eines Menschen Sohn mit dem Ausdruck "creatus" bezeichnet - dem passiven Partizip der Vergangenheit des lateinischen Verbs "creare" = formen, machen, entstehen lassen. Die in diesem Wort enthaltene sekundäre Idee ist daher die der Formung oder des Entstehens zu manifestiertem Sein, des erneuten Erscheinens individualisierter Wesenheiten auf unserem Plan der physischen Materie, ja, auch auf anderen Plänen. Ferner besagt sie, daß der Prozeß der Formation fortwährend stattfindet und daß in dieser Beziehung die Welt oder das Universum dem Wechsel und fortgesetzter Evolution unterworfen ist. Hier gilt allerdings die Einschränkung, daß Universen und Sonnensysteme, ja, auch jedes andere manifestierte Wesen und Ding, nach einer Periode der Manifestation für eine gewisse Zeit der Ruhe von der Bildfläche verschwinden. Auf diese Weise erscheinen und verschwinden Welten ebenso wie der Mensch, der stirbt und nach seiner devachanischen Zeit der Ruhe und Erholung aufs neue auf Erden zu einer neuen Lebenszeit wiedergeboren wird, nur um wieder zu sterben; auf das Sterben folgt dann die nächste Wiedergeburt, und so geht es die Zeitalter hindurch fort.

Wie aus Herbert Spencers "Synthetic Philosophy" hervorgeht, wurde noch vor relativ kurzer Zeit angenommen, das Universum bestände gänzlich aus Materie, die auf eine Art und Weise, die niemand verstand, Energie oder Kraft erzeuge. Ferner wurde gelehrt, daß das Universum langsam 'ablaufe'. Als damals häufig angewandtes Beispiel dachte man sich die aufgerollte Feder einer Uhr, die sich langsam entspannt. Wenn sich dann das Universum total 'abgewikkelt' hätte oder 'abgelaufen' wäre, wäre nichts übriggeblieben als endlose Felder schlafender oder toter Atome, die über dem, was ziemlich vage 'Raum' genannt wurde, verstreut blieben. Alles würde dann vollständig zu Ende sein - und die Menschen jener Zeit waren noch nicht einmal sicher, ob die toten Atome noch als Atome vorhanden sein würden. Spencer selbst hatte, das ist richtig, zwar eine vage Vorstellung von dem Universum, das sich auf irgendeine unerklärliche Weise selbst wieder aufspulen würde, um einen neuen evolutionären 'Lebenslauf' zu beginnen, doch wurde seine richtige Intuition nur unvollkommen von ihm verstanden, und er schien in dieser optimistischen Ansicht auffallend allein dazustehen. Ja, in jenen Tagen wurde angenommen, es gäbe nichts als tote, empfindungslose 'Materie', aus der auf wunderbare Weise 'Energie' und 'Kraft' hervorgingen.

Aber nun, in unseren Tagen, beginnen die Wissenschaftler zu leugnen, daß es irgendwelche Materie 'an sich' gibt. Sie sagen jetzt, zumindest viele von ihnen, daß es nichts außer 'Kraft' und 'Energie' gebe. Darf da nicht die Frage gestellt werden: "Warum nun ins andere Extrem fallen? Warum die Dinge in der Natur nicht so nehmen, wie sie sind, anstatt in imaginäre Einfälle des spekulativen Intellektes abzuirren?" Doch was tut es schließlich, wie wir die der Materie und den Dingen zugrundeliegende Realität benennen - was auch immer sie sein mag? Sie mag 'Kraft' oder 'Substanz' genannt werden; in der Esoterischen Philosophie wird sie als G e i s t - M a t e r i e bezeichnet.

Es gibt eine wirklich ernste Schwierigkeit, der Wissenschaftler zu begegnen haben, eine Schwierigkeit, der ebenfalls die Schüler der Esoterischen Philosophie und die Autoren der Esoterischen Philosophie gegenüberstehen. Diese Schwierigkeit besteht in dem Mangel an einer verständlichen Terminologie, die anschaulich genug ist, mit Präzision und Schärfe exakt das zu sagen, was neue Entdeckungen und die daraus abgeleiteten Deduktionen enthalten. Sie sind, und das bezieht sich mehr oder weniger auch auf die Esoterische Philosophie, gezwungen, die - wissenschaftliche oder sonstige - Phraseologie der letzten Generationen zu benutzen, denen noch weniger von der Natur bekannt war als der heutigen. Dennoch ist es natürlich richtig, daß fast jährlich neue, oft anschauliche und ausdrucksvolle Worte geprägt werden, die in das fortschreitende Wissen und die neuen Einblicke hineinpassen, die wir in das Arkanum und die geheimen Vorgänge von Mutter Natur gewinnen. Entdeckungen sind geschwinder als die Sprache. Daher kommt es, daß die Formulierungen in bezug auf neue Entdeckungen oder Deduktionen, die aufgrund der Erforschung der Naturgesetze und Naturvorgänge gemacht werden und die Wahrheit aus schon Bekanntem enthalten, gelegentlich dazu angetan sind, merkwürdig humorvoll zu wirken - bei aller Nachsicht gegenüber neuen Ideen und Gedanken, die in alten Worten ausgedruckt werden: neuer Wein in alten Schläuchen!

In einem Kommentar zu den Entdeckungen Millikans sagte ein Journalist in der Tagespresse:

"In Anbetracht der neuentdeckten Tatsachen, die durch erst kürzlich vorgenommene und genauere Messungen kosmischer Strahlen ans Licht gebracht wurden, ist es wahrscheinlich, daß die gewöhnliche Materie in den Sternen, den Nebeln oder in den Tiefen des Raumes erzeugt wird. Oder, wie es Dr. Millikan selbst ausdrückt: 'Die bislang mysteriösen kosmischen Strahlen, die unaufhörlich in allen Richtungen durch den Raum schießen, sind durch den Äther gesandte Verkünder der Geburt von Elementen ...'"

Warum soll man vermuten, daß Materie in den Sternen, den Nebeln und in den Tiefen des Raumes 'erzeugt' wird und sonst nirgendwo? Warum 'Schöpfung', Formung, neues Wiederhervorgehen, neue Manifestation auf diese drei - und in einem Fall ziemlich vagen - Lokalitäten beschränken? Der Grund liegt zweifellos in den Theorien moderner Chemie - oder dürfen wir nicht kühn sein und Alchimie sagen? - in bezug auf die Zertrümmerung der Atome und der sie begleitenden elektronischen und protonischen Partikel im tiefen Herzen der Sonnen, in denen diese winzigen korpuskularen Wesenheiten fast unglaublichen Bedingungen an Hitze und Druck unterworfen seien. Man ist versucht, anzudeuten oder vorauszusagen, daß die Zeit kommt und vielleicht nicht so sehr fern ist, wo man entdecken wird, daß das Innere oder das Herz der verschiedenen Sonnen ganz und gar nicht unter den Bedingungen von unbegreiflich intensiver Hitze existiert, obgleich es durchaus richtig ist, daß die äußersten ätherischen Schichten der Sonnen eine gewisse Eigenhitze haben, die durch chemische Vorgänge zustande kommt.

Andererseits ist es vollkommen richtig, daß das Innere einer jeden Sonne ein höchst wunderbares alchimistisches Laboratorium ist, in dem sich molekulare, atomare und elektronische Veränderungen vollziehen, die in einer chemischen Werkstatt zu reproduzieren wohl unmöglich sein würde. Es ist die Lehre der alten Weisheit, der Esoterischen Tradition, daß jede Sonne wie auch jeder andere individuelle Himmelskörper der äußere Schleier, der Körper oder das Vehikel eines innewohnenden spirituellen und intellektuellen Agens ist, eines Wesens oder eines solaren Geistes - der Leser mag einen beschreibenden Namen wählen. Es würde für ein derart spirituelles und intellektuelles Agens in der Tat leicht möglich sein, in einer Sonne zu existieren und sein Werk zu vollbringen, selbst wenn das Innere der verschiedenen Sonnen die ungeheuer großen und unbegreiflich heißen Schmelzöfen wären, für die die moderne Naturwissenschaft sie hält.

Es ist jedoch unsere feste Überzeugung, daß

a) das Innere der Sonnen nicht ein solcher überheißer chemischer, alchimistischer oder sonstiger Feuerofen ist

und daß

b) die Zeit nicht mehr sehr fern ist, da sich das Denken der größten Wissenschaftler in bezug auf diese große Wahrheit durch Intuition ändern wird. So werden sie ein neueres und faszinierenderes Forschungsgebiet erschließen als dasjenige, das sich dem erstaunten Blick der Wissenschaftler während der letzten fünfundzwanzig oder mehr Jahre eröffnet hat.

Hier wäre noch darauf hinzuweisen, daß selbst auf unserer Erde ständig eine Reihe wunderbarer chemischer Prozesse vor sich gehen, die mit Recht alchimistisch genannt werden können. Sie unterscheiden sich ihrer Art nach nicht von den Prozessen, die im

Weltraum, in den Nebeln oder im Innern der Sonne stattfinden, sie unterscheiden sich vielleicht nur dem Grade nach von ihnen. Auch das Innere der Erde ist eines der wunderbaren Laboratorien der Natur, in dem ständig seltsame und für uns Menschen fast unbekannte Dinge geschehen. Dasselbe kann auch in bezug auf die unaufhörliche Laboratoriumsarbeit der Natur in den höheren und höchsten Bereichen oder Schichten der Erdatmosphäre gesagt werden und in bezug auf ihr unaufhörliches Zusammenspiel von Kräften und Substanzen mit den Feldern des äußeren Raumes - mögen diese nun durch das Medium der Strahlung verschiedener Art oder teils durch Strahlung und teils auf bisher unentdeckte natürliche Weise vor sich gehen.

Die Vermutung, die Erde sei 'tot' in dem Sinne, als habe sie ihr Spiel und Zusammenspiel der Kräfte und Substanzen mit den sie umgebenden räumlichen Bereichen des Sonnensystems aufgegeben, scheint dem Schüler der Esoterischen Philosophie ganz besonders unvernünftig zu sein, denn diese Mutmaßung halten wir für gänzlich unbegründet. Seit unzähligen Zeitaltern der Vergangenheit lehren weise Menschen, große Seher und Weise des ganzen Erdballs, daß 'Materie' in vielen ihrer Myriaden Formen oder Zustände unaufhörlich entsteht und evolviert, und zwar auf unserer Erde ebenso wie auf der fernsten Sonne oder dem entlegensten Sternennebel, der mit seinem schwachen und faszinierenden Licht in den abgrundtiefen, interstellaren Räumen leuchtet. Jeder Teil, jeder Anteil von Mutter Natur - und das trifft für das gesamte Universum zu - ist sozusagen ein alchimistisches Laboratorium. Und das, was in diesem Laboratorium arbeitet, sind die zusammenwirkenden Kräfte und Substanzen, die immer und unaufhörlich die ganze Zeit hindurch damit beschäftigt sind, das hervorzuevolvieren oder das zu produzieren, was in ihnen liegt, das heißt ihre eigenen, individuellen Charakteristika oder das entsprechende Swabhâva.

Genauer gesagt: Was ist es, das hervorevolviert oder produziert wird? Es ist das, was allgemein Substanz oder Materie genannt wird, und zwar in einem oder in vielen ihrer Grade, Typen oder Charakteristika der Existenz.

Im Zusammenhang mit der sogenannten 'Schöpfung' der Materie gab der intelligente Autor Alden P. Armagnac in der Tagespresse eine nette Zusammenfassung von den Ansichten, die Dr. Millikan in bezug auf die sogenannten 'kosmischen Strahlen' hatte. Der Verfasser zitiert Dr. Millikan dem Sinn nach wie folgt:

> "Diese Strahlen sind die unsichtbaren Boten der Schöpfung. Die Schöpfung ist noch immer im Gang - nicht nur die Schöpfung neuer Welten oder lebender Dinge, die sie bevölkern, sondern auch die Geburt eben jener Substanzpartikel, aus denen Felsen und Tiere gebildet werden. Sein Studium der kosmischen Strahlen, fügte er hinzu, enthüllte den ersten direkten, unwiderlegbaren Beweis, daß jenseits der Sterne, vielleicht sogar auch auf Erden*), vier der universalen Substanzen täglich aus Wasserstoff und Helium entstehen. Diese Substanzen sind

---

*) Dies ist hervorragend und stützt die Lehre der Esoterischen Philosophie, daß die Erde selbst ebenfalls als ein immer aktives und nimmer ermüdendes chemisches oder alchimistisches Laboratorium zu betrachten ist. Es ist ein hoffnungsvolles Zeichen oder Omen, daß unsere großen Wissenschaftler zu der Erkenntnis kommen, daß Mutter Erde selbst kein totes und inaktives Instrument ist, sondern in ihrer relativ geringen Weise ebenso voll "schöpferisch" ist wie die weit aktiveren Sterne in ihrer außergewöhnlichen riesenhaften Masse. Das Wirken der Natur ist universell identisch.

Sauerstoff, das lebensspendende Gas; Magnesium, dessen blendendes Licht photographische Nachtaufnahmen ermöglicht; Silizium, aus dem Erde, Glas und Sand zum großen Teil bestehen; und Eisen. Die geheimnisvollen Strahlen aus der Ferne aber - möglicherweise aus den großen Spiralnebeln, die den Astronomen als halb geformte, in Entstehung begriffene Universen bekannt sind - sind lediglich Energie, die aus den Atomen herausgeschleudert wird in den mächtigen Geburtswehen neuer Schöpfung.

Die Strahlen sind, mit anderen Worten, Boten, die uns berichten, daß das Universum nicht dabei ist, abzulaufen. Es wird vielmehr aufgebaut und erneuert durch fortgesetzte Schöpfung seiner gewohnten Substanzen aus den beiden einfachsten Substanzen, zwei Gasen, die sich überall in der stellaren Welt in außerordentlichem Überfluß befinden."

Diese beiden Gase sind Wasserstoff und Helium; und das Beispiel der Geburt elementarer Substanzen, von denen die anderen chemischen Elemente abgeleitet sind, ist sehr treffend und lehrreich. Die moderne Chemie glaubt nicht mehr an Dutzende natürlicher Elemente, deren Namen und Zeichen ehedem mehrere Spalten in den Lehrbüchern der Chemie einnahmen, als seien sie unveränderliche und unzerstörbare Bausteine der physischen Welt. Doch wurde, allgemein gesprochen, an der Idee der Unzerstörbarkeit und der unveränderlichen Natur der chemischen Atome noch vor wenigen Jahren von den Chemikern generell festgehalten, abgesehen vielleicht von einigen intuitiven Denkern. Zeiten und Ideen haben sich geändert, und konsequenterweise haben sich auch die von den Ideen abhängigen Dinge geändert. In unseren Tagen ist die Vorstellung absoluter und unzerstörbarer Elemente des Stoffes vorüber. Es wird nicht mehr von 'absoluter'

Materie, 'absoluter' Kraft oder von Absolutem gesprochen; die Dinge sind durch und durch relativ geworden, jedes für sich und alle zusammen. Dies ist ein großer Fortschritt in begrifflichem Denken, denn offenbar ist dies eine bessere Anschauung der Natur, was besagt, daß die Idee wahr ist - zumindest ist sie relativ wahr! Aber während alle in Beziehung stehenden Dinge und Wesen relativ sind und keines absolut ist, ändert diese Tatsache selbstverständlich weder ihre Essenzen noch ihre essentiellen Charakteristika als Individuen.

Das einfachste heute bekannte physische Atom ist das Wasserstoffatom, das aus nur einem Elektron und einem Proton besteht.

Das zweitleichteste bekannte Atom ist das Heliumatom, das aus vier Protonen bzw. Wasserstoffkernen und vier Elektronen besteht. Aber bemerkenswert ist, daß irgendetwas diese vier Wasserstoffatome zusammengezogen hat zu der Form, die wir ein Heliumatom nennen. Was war dies? Und auch dies ist bemerkenswert: Das Heliumatom soll, obwohl es aus vier Wasserstoffatomen entstanden und zusammengesetzt ist, nicht so viel wiegen wie vier Wasserstoffatome, wenn sie getrennt betrachtet werden. Irgendetwas dem Gewicht Entsprechendes ist in dem Vereinigungsprozeß verlorengegangen; und dieses Etwas war Materie oder Masse, die während des Vereinigungsprozesses in einem alchimistischen Vorgang in Energie umgeformt oder evolviert wurde, die das neue systemische Heliumatom verließ und ein Strahl wurde - sollen wir sagen, einer dieser kosmischen Strahlen? Hier nun ist ein Fall einer Umformung von Materie, oder einer Umwandlung eines Teiles von Materie, in eine entsprechende Menge von Energie.

Der Gedanke von der allewigen Natur des physischen Atoms ist nur die Fortsetzung der Ideen der älteren, aber doch noch ziemlich neuen Chemie, wie sie während der ersten Jahre des 19. Jahrhunderts von Dalton (1766 - 1844) in eine zusammenhängende Theorie gefaßt wurde. Diese Idee von dem physischen Atom als einem unteilbaren, unvergänglichen elementaren Körper wird von der modernen Schule der Physikochemiker nicht mehr aufrechterhalten. Seit die Entdeckungen auf dem Gebiet der Radioaktivität zuerst ihre Augen blendeten, gelangten sie dahin, sehr wohl zu wissen, daß der Zerfall - mit anderen Worten der Tod - des Atoms in andere Bedingungen oder Zustände der Materie die sehr wahrscheinliche Ursache der Geburt der verschiedenen Elemente des physischen Stoffes ist. Denn Manifestation von Tätigkeit ist immer mit einer Verausgabung an Kraft oder Energie verbunden, ob diese nun nachgewiesen werden kann oder nicht. Dies ist ein fundamentales Postulat moderner Naturwissenschaft, und es ist ein sehr wahres. Jede Verausgabung an Kraft oder Energie bedeutet, wie wir vermuten können, entweder das eine oder das andere: einen Aufbauprozeß, eine Integration, oder einen Prozeß der Desintegration. Dies ist ebenfalls ein Axiom in der esoterischen Kosmologie, und so können wenigstens einige der Millikanschen Gedanken begrüßt werden, weil in ihnen ein gewisser Teil unserer eigenen Lehren in moderner wissenschaftlicher und mathematischer Form ausgedrückt wird. Der Gedanke liegt nahe, daß immer noch größere Annäherungen an die Esoterische Philosophie erfolgen werden.

Die Tagespresse berichtete über Millikan, und ihr zufolge hat er gesagt:

> "Wir wissen seit dreißig Jahren, daß in radioaktiven Prozessen die schweren Atome in leichtere zerfallen. Man muß daher damit rechnen, daß irgendwo im Universum der Aufbauprozeß vor sich

geht, um dem Zerfallsprozeß entgegenzuwirken, für den die Radioaktivität ein Beispiel ist."

So zeigt die Naturwissenschaft deutlich, daß Atome gleich allem anderen ihre Lebensperiode haben, ins Dasein treten, wachsen, zur Reife kommen, Altersschwäche und Verfall erleiden, worauf der Tod folgt - die Desintegration; und daß sie dann wieder ins Dasein treten, weil, wie Millikan klar zeigt, 'Schöpfung' kontinuierlich vor sich geht - innerhalb des Manvantaras, wie wir sagen. Es ist eine dynamische, veränderliche und sich ständig evolvierende Welt, nicht etwa eine sich lediglich auflösende Welt. Wenn einige Atome zerfallen und dadurch Atome von etwas anderer Art ins Leben rufen, aus welchem Grunde sollte diese Regel dann nicht auf alle Arten Anwendung finden - wie kämen sie sonst auch ins Dasein?

Die Alte Weisheit lehrt und hat immer gelehrt, was die Naturwissenschaft zum Teil schon enteckt hat. Diese steht an der Schwelle des noch klareren Erkennens, daß alle Formen der Materie in ihrer Art radioaktiv sind - hätten wir nur die Mittel, sie überall wahrzunehmen -, und daß schwere Atome in leichtere umgewandelt werden, was daran liegt, daß sich unser Planet, die Erde, in dem zweiten oder wieder aufsteigenden Bogen seiner Evolution befindet, das heißt seiner Involution, so daß Desintegration der schwereren Elemente in leichtere stattfindet. Es werden Zeitalter vergehen, bevor sich schwach bemerkbare radioaktive Prozesse auf die leichteren Gruppen der Atome auswirken. Im voraufgegangenen oder absteigenden Bogen, den unser Planet vor Äonen vergangener Zeitalter durchlief, war das Verfahren der Natur umgekehrt, doch erst gegen Ende des absteigenden Bogens wurden die Atome wirklich physisch, und sie waren nicht länger quasi oder tatsächlich ätherisch. Auf diesem absteigenden Bogen hatten die leichteren Atome den Impuls, oder sie zeigten die Tendenz, in die schwereren zu integrieren, denn die vitalen Essenzen der Erde stiegen stetig in die Materie hinab und drückten sich in zunehmend materielleren Formen und Zuständen aus. Nun, da wir den halben Weg hinter uns haben, verschwindet die physische Materie ganz langsam oder desintegriert in ätherischere Formen und Zustände von Substanzen und Kraft. Die schwersten Elemente, wie Uran, Thorium usw., sind diejenigen, die zuerst und am meisten dahin tendieren, den inneren Drang oder Impuls der universalen vitalen Aktivitäten des Planeten zu fühlen. (Eine kurze Skizze über die Art und Weise dieses Vorgangs ist in Kapitel IV in "Der Mensch in der Unendlichkeit" enthalten.)

'Schöpfung' - um hier das Wort zu übernehmen, das so oft in wissenschaftlichen Werken benutzt wird, zum Beispiel auch in denen, aus welchen hier zitiert wurde - ist in den verschiedenen Teilen des Raumes immer vor sich gegangen, während gleichzeitig in anderen Teilen des Raumes der Prozeß der Desintegration oder Auflösung die zeitweilige Oberhand hat. Denn tatsächlich ist es so, daß Welten und Aggregationen von Welten geboren werden, leben, zur Reife gelangen, ihre Periode reifer Blüte haben, dann verfallen und schließlich sterben, geradeso wie alles andere im Universum auch. Denn das Universum ist als Ganzes und auch in allen seinen Teilen ein sich entwickelndes und somit wachsendes Universum, folglich ein sich veränderndes Universum. Da es aus einer faktisch unendlichen Anzahl einzelner oder individueller Wesenheiten besteht - wir können uns das vorstellen, indem wir auf die Atome hinweisen -, Wesenheiten von vielerlei Art und unterschiedlichen Graden an Ätherhaftigkeit, deren jede ihre eigene Lebensfrist oder Lebensperiode hat, so ist augenfällig, daß jede dieser individuellen Wesenheiten in ihrem eigenen Zeitabschnitt oder in ihrer eigenen Laufbahn das kopiert, was im Universum geschieht, von dem sie ein integraler, untrennbarer Teil ist. Denn der Teil muß zwangsläufig den allgemeinen Gesetzen, Funktionen, Tätigkeiten und der Struktur des universalen Ganzen gehorchen.

III

Kommen wir auf die Idee oder die Lehre der Esoterischen Tradition in bezug auf die Integration und Desintegration von Welten und Universen zurück, so ist sehr interessant festzustellen, daß in aufgeschlossenen und bereiten wissenschaftlichen Gemütern zumindest eine Ahnung von der diesem Prozeß zugrundeliegenden fundamentalen Vorstellung aufdämmert. Sir James Jeans zum Beispiel spricht so, als hätte er eine Inspiration oder Gedankenwelle von einem der großen Weisen und Seher empfangen, wenn er schreibt:

> "Die Vermutung, die sich uns hier aufdrängt, ist die, daß die Zentren der Nebelflecke ihrer Natur nach 'singuläre Punkte' sind, vereinzelt vorkommend, an denen sich aus einer anderen, gänzlich fremden räumlichen Dimension Materie in unser Universum ergießt, so daß sie für einen Bewohner unseres Universums als Punkte erscheinen, an denen fortgesetzt Materie erschaffen wird."*)

---

*) Dies ist eine bemerkenswerte Stelle, die sich in "Astronomy and Cosmogony", S. 352, befindet (mit Erlaubnis des Verlages Macmillan Company).

"Singuläre Punkte" ist ein bemerkenswerter Ausdruck, denn er deutet an, daß sie das sind, was die Esoterische Philosophie "Laya-Zentren" nennt; eine Idee, die einen tiefen philosophischen Gedanken verkörpert und die so alt ist wie der denkende Mensch selbst. Singuläre Punkte sind anscheinend jene "Punkte", an denen eine gegenseitige Verbindung zwischen zwei verschiedenen kosmischen Plänen oder zwischen Sphäre und Sphäre erfolgt. Ein solches Laya-Zentrum, oder um Dr. Jeans' Ausdruck zu benutzen, einen "singulären Punkt", gibt es im Herzen jeder bestehenden Wesenheit, sagen wir einer Sonne, um ein anschauliches Bild zu geben. Jedes Atom enthält ein allgemeines atomares Laya-Zentrum; jedes Korpuskel, jedes Körnchen, jeder Globus im Weltenraum, jedes menschliche Wesen, jedes individualisierte Aggregat, wo immer es sich befindet, enthält ein Laya-Zentrum. Jedes menschliche Ei enthält es; und durch das Laya-Zentrum in diesem Zeugungsteilchen des Menschen kommt die sich wiederverkörpernde Wesenheit zur Inkarnation. Sie sendet ihr Leben und ihren energetischen Strahl gewissermaßen hindurch und liefert damit den hinter der wachsenden Wesenheit stehenden Drang. So verursacht sie die Entwicklung des ungeborenen Kindes zur Geburt, später die des Säuglings über die Kindheit hinaus bis hin zum erwachsenen Menschen. Der vitale Keim eines jeden vorhandenen Samens enthält in seinem Herzen ein Laya-Zentrum, aus dem und durch welches die aus jenem Samenkorn zur Reife heranwachsende Wesenheit ihre Ströme der Vitalität und die spirituellen Potenzen zieht, die sie zu dem Wesen aufbauen, das sie werden soll.

Jeans spricht von 'Dimensionen'; und man kann nebenbei einmal fragen: Warum gebraucht er nicht klare und deutliche Worte, um seine wirklich beachtenswerte Vorstellung einzukleiden? Warum sagt er nicht 'andere Welten', und warum benutzt er den vagen und letzten Endes ziemlich fragwürdigen Ausdruck 'Dimensionen'? Zeigt diese Tatsache den Einfluß, den die bekannte Furcht selbst auf einen großen modernen Wissenschaftler hat, nämlich die Furcht, daß es unsicher sei, Worte zu gebrauchen, die alte und vertraute, aber doch wahre Gedanken vermitteln? Wenn dies der Fall ist, steht der große englische Wissenschaftler mit seiner Abneigung in bezug auf den Gebrauch vieler alter, aber anschaulicher und wahrer Bezeichnungen und Ausdrücke in wissenschaftlichen Kreisen nicht allein da. Denn die meisten Wissenschaftler haben dem Anschein nach eine Abneigung dagegen, Worte anzuwenden, die ihrer Meinung nach zu eng mit veralteten religiösen und philosophischen Vorstellungen verknüpft sind. Für diese sehr verständliche Abneigung hat man kein geringes Mitgefühl und noch weniger Tadel; doch in gewisser Weise ist sie recht bedauerlich.

Jeans jedenfalls nennt diese anderen und inneren Welten 'Dimensionen', wahrscheinlich in Übereinstimmung mit der modernen Idee, daß es in der Materie und von der Materie mehr als drei Dimensionen gebe, nämlich vier oder fünf Dimensionen und vielleicht noch mehr. Unter Mathematikern scheint es Mode zu werden, zu glauben, derartige Dimensionen seien möglich. Es kann nur darauf hingewiesen werden, soviel auch gegen den Gebrauch des Ausdrucks eingewandt werden mag, daß gerade hinter dem Streben nach neueren und umfassenderen begrifflichen Ideen eine wahre Intuition steckt.

Es ist jedoch nicht nötig, um Worte zu streiten. Die wesentliche Idee ist die, daß dieser große Wissenschaftler mit wahrer Intuition auf die R e a l i t ä t hinter dem physischen Schein, hinter dem Sichtbaren und innerhalb des Greifbaren hinweist.

L a y a ist eine uralte Sanskrit-Bezeichnung mit

der Bedeutung eines 'sich auflösenden Zentrums' oder eines 'sich umwandelnden Zentrums'. Wenn sich die Materie aufwärts in einen höheren oder ätherischeren Zustand verwandelt, mit anderen Worten, wenn sie unsere physischen Reiche verläßt, so geht sie in eine höhere Sphäre oder Welt durch L a y a - Zentren, durch Punkte und Kanäle über, die sozusagen offene Türen oder Verbindungswege sind und die sowohl als Ausgang als auch als Eingang dienen. Demgemäß sind die Laya-Zentren die Punkte, Kanäle oder Verbindungswege, durch welche die Substanzen oder Stoffe der höheren Pläne herabkommen und unser physisches Universum in Gestalt von Kräften oder Energien betreten, die in Wirklichkeit Stoff im sechsten oder siebenten und höchsten Zustand sind. Diese Kräfte und Energien verwandeln sich zunächst alchimistisch und später dann chemisch in die verschiedenen 'Stoffe' der physischen Welt, und so werden sie mit der Zeit zu den bekannten chemischen Elementen.

In der "Geheimlehre" finden wir folgende tiefgründige, bedeutsame, ja, prophetische Stelle, die H.P. Blavatsky geschrieben hat:

> "Wir haben gesagt, Laya sei das, was die Wissenschaft den Nullpunkt oder die Nullinie nennen könnte; der Bereich der absoluten Negativität oder der einen realen absoluten Kraft, des *Noumenon* des siebenten Zustandes von dem, was wir in Unwissenheit als 'Kraft' benennen und anerkennen; oder wiederum das Ding an sich der undifferenzierten kosmischen Substanz, welche selber für die endliche Wahrnehmung ein unerreichbarer und unerkennbarer Gegenstand ist; die Wurzel und Basis aller Zustände von Objektivität und auch Subjektivität; die neutrale Achse, nicht einer von den vielen Aspekten, sondern ihr Zentrum. Es mag zur Erläuterung der Be-

deutung dienen, wenn wir versuchen, uns ein 'neutrales Zentrum' vorzustellen ... Ein 'neutrales Zentrum ist, unter einem Gesichtspunkt, der Grenzpunkt irgendeiner gegebenen Gruppe von Sinnen. Man stelle sich also zwei aufeinanderfolgende Ebenen der Materie vor; jede von diesen entspricht einer zugehörenden Gruppe von Wahrnehmungsorganen. Wir sind gezwungen, zuzugestehen, daß zwischen den zwei Stoffebenen ein unaufhörlicher Austausch stattfindet; und wenn wir die Atome und Moleküle, sagen wir der niederen, auf ihrer Umwandlung aufwärts verfolgen, werden sie an einen Punkt gelangen, wo sie gänzlich aus dem Bereich der Fähigkeiten, die wir auf der niederen Ebene gebrauchen, heraustreten.

Tatsächlich entschwindet für uns die Materie der niederen Ebene hier unserer Wahrnehmung - oder vielmehr, sie tritt in die höhere Ebene ein, und der Zustand der Materie, der einem solchen Übergangspunkt entspricht, muß sicherlich besondere und nicht leicht zu entdeckende Eigenschaften besitzen. Sieben solche 'neutralen Zentren' werden nun von Fohat hervorgebracht, der ... die Materie zur Tätigkeit und Entwicklung erweckt."

"Die Geheimlehre", Bd. I, S. 171 f.

Die obigen Worte wurden im Jahre 1888 geschrieben. Vierzig Jahre später, in den Jahren 1928-29, schreibt Sir James H. Jeans über die 'singulären Punkte' und enthüllt damit seine wahre Intuition in bezug auf esoterische Wahrheit und die sie betreffende Lehre. Dennoch sieht Sir James nur das Erscheinen der Materie, die in unsere physische Welt aus einer 'Dimension' k o m m t, wie er das unbestimmt nennt; in Wirklichkeit ist sie die unsichtbare oder nächstfolgende Welt über der unseren, eine höhere kosmische Sphäre. Aber er weist nicht darauf hin - was getan werden sollte -, daß diese offenen Türen oder Kanäle, diese Laya-Zentren oder 'singulären Punkte', der Materie unserer Welt, die durch Evolution wieder ätherisch geworden ist, als Durchgang dienen, durch den sie wieder zurück zu der Kraft oder den Kräften gelangt, von der oder von denen sie ursprünglich gekommen ist. Auf diese Weise verschwindet die Materie oder steigt in einem Energieausbruch zu ihrem ersten, uranfänglichen Zustand auf und vollzieht damit eine duale Zirkulation: von innen nach außen und von außen nach innen; von unserer Welt hinein in die über der unseren befindlichen Sphären. Der Durchgang der Materie vollzieht sich bei degenerierender Tendenz auf diese Weise somit auch nach abwärts in die unter uns befindlichen Sphären.

Es besteht auch durchaus kein Grund für die Annahme, daß dieser Übergang der Materie vom Höheren zum Niedrigeren, oder umgekehrt vom Niedrigeren zum Höheren, während der äußerst langen Lebensperiode eines in Manifestation oder im Manvantara befindlichen Universums an irgendeiner Stelle aufhören sollte. Es liegt nicht der geringste Grund vor, dies anzunehmen. Wenn wir den Gedanken, daß die Laya-Zentren in inneren Welten existieren - was ganz sicher der Fall ist -, weiter verfolgen, so werden wir zwangsläufig zu dem Schluß genötigt, daß beim Vordringen einer derartigen Woge, eines derartigen Stromes fortschreitender Substanz nach aufwärts und nach innen andere und spätere Stufen folgen, bis der Strom auf der großen und für jedes Universum letzten Stufe wieder zu dem Glanz und der Substanz des kosmischen Bewußtseins wird, das ein solches Universum regiert. Dieses Bewußtsein ist immer seine (des Universums) eigentliche Wurzel, aus der es ursprünglich emaniert oder hervorgeströmt ist. Wo können oder dürfen wir für Bewußtsein, Geist, Kraft, Substanz und ihr illusorisches Kind, die Materie, Grenzen oder ein Ende setzen? Die Materie unserer Ebene wird und ist die Energie des unter ihm liegenden Plans. Die Materie der über unserem Plan befindlichen Pläne ist die Quelle der Kräfte oder Energien, die auf ihrem Weg - um die einen oder anderen Formen oder Manifestationen der 'Materie' auf diesem Plan zu werden - von oben herab in unseren Plan einströmen. Die einfließenden Kraft- oder Energieströme durchfließen nur das physische Universum und verfolgen darauf im entsprechenden Verlauf langer Zeitalter ihren Pfad in andere und innere Ebenen des Seins.

Die Richtung der im obigen Text enthaltenen Überlegungen führt uns fast unwiderstehlich zu der modernsten Auffassung, daß alle Formen physischer Materie von Strahlung in ihren mannigfaltigen Manifestationen abgeleitet seien. Es ist nicht weit hergeholt, sondern eine fast unvermeidliche Schlußfolgerung, anzunehmen, daß die physische Materie, so wie unsere Sinne sie uns vermitteln, letzten Endes leicht als konkret gewordene oder kristallisierte Strahlung beschrieben werden kann oder als Licht, um einen volkstümlichen Ausdruck zu gebrauchen. Damit ist nicht so sehr die eine Oktave, die wir 'sichtbares' Licht nennen, gemeint, sondern Licht in seiner allgemeineren Bedeutung, wie sie in dem Wort Strahlung liegt. Wir müssen uns erinnern, daß 'Strahlung' jetzt die vielen 'Oktaven' von Radioaktivität bedeutet, von den 'kosmischen Strahlen' bis zu jenen, die beim 'Radio' gebraucht werden.

Diese Idee ist durchaus nicht neu, obgleich sie seit Hunderten von Jahren entweder vergessen oder stillschweigend übersehen worden ist. Newton hat in seiner "Optik" einen hinreichend klaren Begriff von dieser Idee gehabt, wenn er schreibt:

"Lassen sich nicht grobe Körper und Licht ineinander verwandeln, und können die Körper nicht viel von ihrer Aktivität dadurch erlangen, daß Lichtpartikel in ihr Gefüge eindringen? . . ."

Und wiederum:

"Das Verwandeln von Körpern in Licht und von Licht in Körper entspricht ganz dem Lauf der Natur, die großen Gefallen an Transmutationen zu haben scheint."

Der große englische Wissenschaftler hat niemals etwas Bewundernswerteres als dieses geschrieben; man kann sich nur wundern, daß es für so lange Zeit völlig ignoriert worden ist.

Jeglicher Stoff ist daher letzten Endes Kraft oder Energie, und ebenfalls kann Stoff letzten Endes als reines Licht betrachtet werden, das sowohl Substanz als auch Kraft ist, und zwar sozusagen in materielle Form und Gestalt kristallisiert. Daher ist die Welt, in der wir leben, in ihrer letzten Analyse Licht oder Strahlung, kristallisiertes oder konkret gewordenes Licht. Alle Dinge - Nebel und Kometen, Sonnen und Planeten, sowie auf unserer Erde Steine und Vegetation, Tierkörper und auch unsere Körper - sind kristallisiertes, konkret gewordenes Licht, Strahlung oder, was auf dasselbe hinausläuft, Kräfte, die andere Kräfte oder Energien ins Gleichgewicht bringen und sie in mehr oder weniger stabilem Gleichgewicht erhalten.

Beispiele, in denen sich intuitive moderne Wissenschaftler den Grenzen einiger der Lehren der Esoterischen Philosophie nähern, sind so zahlreich, daß es zu viel Raum erfordern würde, um mehr als einen besonderen Hinweis zu geben, der aufgrund seiner Bestätigung und der modernen wissenschaftlichen Erhärtung der Lehren der Esoterischen Philosophie besonders interessant ist. So sagt Sir James Jeans in seinem "The Mysterious Universe", S. 83 (mit Erlaubnis des Verlages Macmillan Co.):

"... die Tendenz der modernen Physik geht dahin, das gesamte materielle Universum in Wellen und nichts als Wellen aufzulösen. Diese Wellen sind zweifacher Art: starre oder kristallisierte Wellen, die Stoff, und nicht kristallisierte Wellen, die Strahlung oder Licht genannt werden. Wenn Vernichtung von Stoff vorliegt, so ist der Vorgang lediglich der, daß die gefangengehaltene Wellenenergie aus ihrer Erstarrung gelöst und freigesetzt wird, um durch den Weltraum zu wandern. Diese Vorstellungen reduzieren das gesamte Universum auf eine Welt des Lichts, und zwar potentiell oder existent ..."

Dies erinnert stark an die Behauptung H. P. Blavatskys, daß eines Tages durch wissenschaftliche Forschung entdeckt werde, daß das, was wir unser physisches Universum nennen, nur kondensiertes, konkretisiertes oder kristallisiertes Licht ist. Diese Aussage machte sie im Jahre 1888; sie wurde damals als ein bloßes Gedankenspiel, ein Sichergehen in Phantastereien betrachtet. Ihre Rechtfertigung ist gekommen.

IV

Der deutsche Naturwissenschaftler Planck, ebenfalls ein Wissenschaftler von internationalem Ruf, hat sehr wirksam dazu beigetragen, die Schranken niederzureißen, die einst zwischen Stoff und 'Energie' vermutet wurden, indem er seine Quantentheorie verkündete. Bei dem Versuch, die Wirksamkeit gewisser Naturkräfte, insbesondere gewisser elektro-magnetischer Phänomene, die immer verborgen gewesen waren, im Licht der neueren Entdeckungen zu erklären, kam ihm eines Tages die Intuition, daß das, was 'Energie' genannt wird, gleich dem Stoff aus einzelnen Quanten, das heißt aus Quanteneinheiten bestehe und daß 'Energie' nicht ein ununterbrochener Strom sei. Wenn irgendeine Energie oder Kraft als ein stetiger Strom, geradeso wie ein Strom von Wasser, aufgefaßt wird, so werden wir doch jedenfalls jetzt zu dem Gedanken gedrängt, daß Energie oder Kraft, die auf diese Weise dem Wasser gleicht, in Partikel zerlegbar ist, oder mit anderen Worten, ihrer Art nach aus Einzelteilchen besteht. Wie Wasser aus Wasserstoff- und Sauerstoffatomen zusammengesetzt ist, so stellt man sich jetzt Energie oder Kraft als aus Korpuskeln, Partikeln oder Ladungen zusammengesetzt vor, und diese werden 'Quanten' genannt. So wie Stoff, allgemein gesprochen, aus Atomen zusammengesetzt ist, so wird

Kraft oder Energie jetzt ebenfalls als aus 'Atomen' oder Korpuskeln zusammengesetzt betrachtet. Planck entwickelte seine Intuition zur Form einer Theorie und evolvierte eine Vorstellung von diesen energetischen Korpuskeln oder einzelnen Partikeln - oder was sonst die beste Art sein mag, sie zu beschreiben. Er gab ihnen den Namen 'Quanten', abgeleitet von 'quanta', einem lateinischen Plural mit der Bedeutung 'Mengen'. Diese 'Quanten' sind keine Einheiten von 'Energie' allein, sondern von Energie multipliziert mit Zeit - was am einfachsten zu verstehen ist -, mit der Zeit, während der eine jede dieser Einheiten als bestimmte Quantität wirkt, wie zum Beispiel bei einer elektrischen Entladung. Jedes *Quant* oder jede Einheit, wie man es sich auch vorstellt, wird in Verbindung mit dem Zeitelement eine *Aktion* genannt. Hier wird der Terminologie der modernsten chemischen Physik so weit gefolgt, wie diese äußerst metaphysischen und mathematischen Begriffe auch von anderen, und nicht nur von ihren Entdeckern, erfaßt werden können.

Nach dem, was bereits untersucht und besprochen wurde, sollte jedem nachdenklichen Gemüt zur Genüge klar geworden sein, daß unser Universum in allen seinen Phänomenen und Erscheinungen illusorisch ist, daß physische Materie im Grunde das Unsubstantiellste und Unwirklichste ist, was wir kennen. Denn wir kennen sie nur durch unvollkommene Vermittler - unsere physischen Sinne. Diese berichten uns nur von einem kleinen Teil des Kosmos, von ein oder zwei Tönen der Tonleiter vom Lied des Lebens. Nur von diesen wenigen Tönen aus dem ungeheuren Bereich der im Universum enthaltenen Schwingungsvorgänge geben uns unsere physischen Sinne Kunde.

Augenscheinlich ist, daß Kraft oder Energie, obwohl substantiell, doch ätherischer und von feinerem und subtilerem Charakter ist als Stoff und daß unser Universum, unsere Welt, ja auch der Mensch oder jede andere Wesenheit, mit Kraft oder Energie erfüllt ist, die, obwohl substantiell, doch ätherischer ist als das Vehikel oder der Körper, auf den sie einwirkt und in dem sie wirksam ist.

Ebenso augenscheinlich ist, daß es von den Kräften oder Energien, die durch den Stoff wirken und ihn beherrschen, kontrollieren und leiten, viele verschiedene Arten gibt: die physischen, die ätherischen, die noch ätherischeren und so weiter aufwärts und nach innen, bis hin zum Spirituellen, dem kosmischen Erzeuger. Von hier aus, von diesem Erzeuger aus, beginnt der Aufstieg einer in jedem Sinne des Wortes noch spirituelleren Hierarchie, und so geht es weiter, ad infinitum, zumindest soweit menschliches Verstehen die aufsteigende Skala verfolgen kann, die die universale Natur bildet.

Wiederum können wir, wenn wir das Bild von der Stoffseite und dem Darunterliegenden betrachten, auch in dieser Richtung kein Letztes finden. Das Elektron ist nicht ein Letztes, denn es wird gelehrt, daß es noch etwas darüber hinaus Bestehendes gibt, etwas noch weiter innerhalb Existierendes, etwas in gewissem Sinne noch Infinitesimaleres, das die Elektronen und Protonen usw. aufbaut oder konstruiert, aus denen unser physisch-materielles Universum besteht. Auch wenn diese infinitesimalen Teile von geringerer Größe sind, so sind sie doch keineswegs und mit Notwendigkeit von geringerer Energie oder Stärke.

Wir wüßten buchstäblich nicht, wie weit wir in Richtung dieser Art der Teilbarkeit gehen sollen, noch möchte man auch nur wagen, eine abschließende Grenze anzudeuten, wenn es nicht tatsächlich die erleuchtende Lehre der Esoterischen Philosophie gäbe. Nach ihr reicht die Substanz-Materie oder Mutter-Substanz jeder kosmischen Hierarchie bis zu den Grenzen des

'Innen' oder 'Außen', die wir die Grenzen der Homogenität nennen können. Diese homogene Substanz würde nur einer der Treppenabsätze oder hierarchischen Enden in beiden Richtungen der endlosen Treppe des Lebens oder der Leiter des S e i n s sein. Dringen wir in Gedanken noch weiter vor, ist das, was wir Homogenität nennen, wie sie uns durch unsere Sinnesbeobachtung und mentalen Begriffe übersetzt wird, nur der Anfang einer anderen und höheren - oder umgekehrt, tieferen - Stufe oder Skala hierarchischer Lebenswesenheiten.

In Verbindung mit dem, was in bezug auf die Existenz und die Natur sowie auf die Funktionen der Laya-Zentren gesagt wurde, ist es vielleicht angebracht, hier darauf hinzuweisen, daß die Laya-Zentren von e i n e m Standpunkt aus anschaulich beschrieben werden können als Ausgangspunkte zwischen kosmischer Ebene und kosmischer Ebene, sozusagen als neutrale Zentren. Da die Konjunktionslinie oder die verbindende Substanz zwischen kosmischem Plan und kosmischem Plan immer das Höchste der darunterliegenden Unterhierarchie ist und mit der untersten Substanz der folgenden oder höheren Hierarchie verschmilzt und zu dieser Substanz wird, so ist zu erkennen, daß diese Fusionssubstanz oder -linie von homogenem Charakter ist. Man muß daran denken, daß sich die Natur in ihrem gesamten Gefüge überall wiederholt. So sind die Laya-Zentren nicht nur Kanäle oder Verbindungswege zwischen kosmischem Plan und kosmischem Plan, sondern sie könnten, von einem anderen Standpunkt aus, mit Recht als individualisierte Punkte, monadische Herzen oder Zentren bezeichnet werden. Ihre Anzahl ist buchstäblich jenseits unseres menschlichen Schätzungsvermögens und kann infolgedessen tatsächlich als quasi unendlich bezeichnet werden.

Auch sollte nicht vergessen werden, daß die Laya-

Zentren während ihrer Existenz zeitweise schlummern, passiv oder latent sind, bis sie zur tätigen Funktion erwachen, woraufhin sie zu Brennpunkten intensiver Bewegung werden und dies auch bleiben, und zwar während der Lebensperiode oder Lebenszeit des Wesens, der Wesenheit oder des Dinges, das sie durch ihre funktionelle Wirksamkeit in manifestiertes Sein bringen und in dem sehr wahren Sinne des Wortes b e s e e l e n.

V

Moderne Naturwissenschaftler sagen, daß das letzte oder vielmehr einfachste physische Atom das Wasserstoffatom sei. Aber wir wollen uns einmal eine Frage von fundamentaler Bedeutung stellen: Wie kommt es, daß es vorhanden ist, das heißt, wie entsteht es, und woher kommt es in unser physisches Universum? Die bloße Tatsache, daß man sagen kann, es sei hier oder dort, beantwortet die Frage in keiner Weise; es ist nur die Umkehrung der Frage oder des Zweifels in eine Behauptung. Eines Tages wird man allgemein wissen, daß es, soweit physische Materie in Betracht kommt, noch ätherischere, einfachere Dinge als das Wasserstoffatom gibt.

Es sind Anzeichen dafür vorhanden, daß das, was einst 'Prouts Hypothese' genannt wurde, heute zumindest von einer großen Zahl nachdenklicher Wissenschaftler angenommen wird und rasch an Boden gewinnt, obwohl Prouts Hypothese vielen revolutionär erscheinen mag, und zwar selbst noch zu unserer Zeit, in der begonnen wird, mit den Possen der Elektronen und ihren elfengleichen Bewegungen auf ihrer Laufbahn vertraut zu werden. Der englische Arzt und Chemiker William Prout, der im April 1850 starb, entwickelte diese Idee aus seinen Naturstudien heraus und lehrte sie lange Zeit mit aufrichtiger Begeisterung während des letzten Teils seines Lebens. Das, was die Alten die p r i m a m a t e r i a oder **πρώτη ὕλη** (prote hyle) nannten, daß heißt erste oder ursprüngliche physische Substanz, ist das, was den europäischen Chemikern unter dem Namen Wasserstoff bekannt ist. Nach Prouts Meinung werden von diesem Gas die anderen Elemente, wie sie in den chemischen Tabellen aufgeführt sind, durch einen bisher unbekannten Prozeß der Verhärtung oder Kondensierung und abschließende Anordnung gebildet. Die Hypothese gewann für eine Weile eine geringe Verbreitung, wurde aber schließlich aufgegeben, als man nach genauerer Forschung entdeckte, daß die übrigen chemischen Atome nicht exakte Vielfache des Wasserstoffatoms sind.

Doch jetzt liegt der Fall anders, weil weitere Forschung seit Prouts Tagen und neue Entdeckungen erklärt haben, was die Hauptschwierigkeit in der soeben erwähnten Proutschen Hypothese zu sein schien. Diese spätere und genauere Forschungsarbeit der chemischen Physik, die wir zum großen Teil den Arbeiten Thomsons verdanken, und die von F. W. Asten aufgegriffen und zu erfolgreichem Abschluß geführt wurden, zeigte, daß zumindest einige der sogenannten chemischen Elemente tatsächlich aus einer Mischung zweier Elemente bestehen, die identische chemische Eigenschaften haben, aber tatsächlich abweichendes Atomgewicht besitzen. Diese wurden von Soddy I s o t o p e n - nach der griechischen Wortverbindung **ἴσο-τόπος** (isotopos) - genannt, was darauf hinweist, daß sie dieselbe Stelle in der chemischen Tabelle einnehmen. So wurde zum Beispiel demonstriert, daß Chlor mit dem Atomgewicht 35.46 nicht ein einzelnes einheitliches Element ist, sondern eine Mischung von Atomen mit Chlor-Eigenschaften, aber mit den entsprechenden Gewichten 35 und 37. Ähnliche Resultate erhielt man bei mehreren anderen Elementen, so daß die Atomgewichte der übrigen bisher geprüften Elemente in den chemischen Tabellen gegenwärtig fast immer als ganze Zahlen bekannt sind, die tatsächlich, wie Prout behauptete, Vielfache des Wasserstoffs sind. Dampier-Whetham sagt:

> "Prouts Hypothese, daß sie alle Vielfache des Wasserstoffs sind, hat sich jetzt als wahr herausgestellt, und die geringe Diskrepanz ist in der modernen Atomtheorie sowohl erklärbar als auch von überragendem Interesse."*)

Wenn unsere modernsten Physikochemiker Recht haben und das Wasserstoffatom nur aus zwei Korpuskeln zusammengesetzt ist, einem einzelnen Elektron mit einem es begleitenden Proton, die zusammen das Wasserstoffatom bilden (und im Augenblick wollen wir das gelten lassen), so müssen tatsächlich das Elektron und das Proton jedes eine in sich abgeschlossene und für sich bestehende und doch zusamengesetzte Wesenheit sein; andernfalls könnte keines von beiden als eine individuelle Einheit existieren. Selbst wenn dies so ist oder so sein mag, so wäre es doch töricht anzunehmen - und wir würden uns unter den Einfluß einer angenehmen Täuschung begeben -, daß, weil wir die Dinge bis jetzt noch nicht weiter zurückverfolgen können, das elektrische Korpuskel die allerletzte Wesenheit physischen Seins sei. Alles, was gesagt werden kann, ist, daß die elektronische Einheit das letzte Stadium in der analytischen For-

---

*) Dieser Auszug wurde mit Erlaubnis des Verlages Macmillan Company aus Dampier-Whethams "A History of Science", S. 391, 1931, entnommen.

schung ist, das bisher erreicht wurde. Als Tatbestand mag es angebracht sein, hier ein für allemal zu erklären - welchen Gebrauch der Interessierte davon auch machen wird -, daß die Esoterische Philosophie jede physische einheitliche Wesenheit, so ätherisch oder grob, so groß oder klein sie auch sein mag, ob sie makrokosmisch oder ultra-mikrokosmisch ist, als eine Zusammensetzung ansieht. Daher muß die Schlußfolgerung gezogen werden, daß sogar diese sogenannten 'ultimaten' Partikel physischer Substanz selbst in noch andere zusammensetzende Einheiten teilbar sind - wären die Hilfsquellen für ihre Erforschung nur umfassender und die Technik ausreichender, um zu ermöglichen, unsere Arbeit in das Ultra-Infinitesimale hineinzutragen.

Man könnte einwenden: Zeige mir irgendetwas von physischer, das heißt materieller Existenz, so sublimiert oder ätherisch es auch sein mag, das gleichzeitig wahrhaft homogen und somit nicht zusammengesetzt ist! Wenn etwas so wäre, könnte es kein physischer Stoff sein, denn schon der Sinn dieses Wortes bedeutet Zusammensetzung, Konstruktion - mit anderen Worten, Heterogenität.

Die hierin liegende Idee ist somit die, daß die Wurzeln der Dinge, sozusagen ihre Grundlagen, in den inneren und unsichtbaren Welten liegen. Folglich sind die wahren Erklärungen ebenfalls in den inneren und unsichtbaren Welten zu finden. Ferner liegen auch die Samen der Wesen oder ihre monadischen Essenzen in den inneren und s p i r i t u e l l e n Welten; und auch wir leben dort in unserem inneren und spirituellen Bewußtsein. (Weitere Elementarteilchen des Atoms wurden seitdem entdeckt, doch die Teilbarkeit im Sinne der Esoterischen Philosophie geht unendlich weiter. d.Ü.)

VI

Nur wenige Menschen machen sich klar, wie gewaltig die Kräfte und Mächte der unsichtbaren Reiche und Welten sind. Auch wenn wir einmal für einen Moment unsere eigenen unsichtbaren Hüllen des Seins außer acht lassen, das heißt die unsichtbaren Kleider oder Gewänder, die sich zwischen uns und dem Geist und noch weiter nach innen zwischen uns und unserem göttlichen Funken, der M o n a d e, befinden, so ist doch wenigen klar, daß die Atome selbst unserer physischen Hülle wahrhaft furchtbare Kräfte verkörpern, also in sich schließen. Sie erhalten diese unsere Körper in kohärenter, beständiger Form und Gestalt, weil sie so erstaunlich ausbalanciert sind, das heißt, sie befinden sich in einem mehr oder weniger stabilen Gleichgewicht. Doch bringen wir als monadische Wesen, die wir in unserem Innersten sind, es irgendwie auf wunderbar instinktive, von unserem gewöhnlichen menschlichen Verstehen unabhängige Weise fertig, jene furchtbar mächtigen und fast unbegreiflichen Kräfte, die ständig durch uns hindurchwirken, in ziemlich stabilem Gleichgewicht zusammenzuhalten, so daß wir auf diesem physischen Plan als körperliche Wesenheiten existieren können, und zwar fast unbewußt; und wir werden von diesen Genien der Natur, die wir unbewußt in unserer physischen Hülle gefangenhalten, nicht in Stücke zerissen!

Es ist schon lange ein Traum, vielmehr ein noch nicht ausführbarer Wunschtraum, daß sich der Mensch die ungeheuren Kraftquellen in der atomaren Welt dienstbar machen könnte. Von einem bekannten Wissenschaftler wurde geschätzt, daß ein einziger Kubikzentimeter Erde so voll mit elektrischer Kraft angefüllt ist, daß, wenn deren positive und negative Pole getrennt und auf Punkte, die einen Zentimeter voneinander liegen, konzentriert werden könnten, die Anziehungskraft zwischen ihnen einer Kraft gleichkäme, die hundert Millionen Millionen Millionen (eine Eins mit zwanzig Nullen) Tonnen entspräche!

Einhundert Trillionen Tonnen! Man überlege sich, wieviele Kubikzentimeter Stoff in unserem physischen Körper enthalten sind und wie das unbegreiflich erstaunliche Kräftespiel sowie das Ausbalancieren dieser Kräfte in jedem Augenblick, zu jeder Zeit und unaufhörlich vor sich geht. Man bedenke auch, wie dieser unser physischer Körper im erwachsenen Zustand seine Form im Laufe der Jahre relativ unverändert beibehält; wie er aus einem mikroskopischen menschlichen Samen durch Kindheit und Jugend zur Mannheit heranwächst, wobei er sich während dieser Übergangsperioden höchst wunderbar verändert und entwickelt und von Anfang an stetig und ohne Unterlaß zweckmäßig dem einen Ziel entgegenarbeitet, dem menschlichen Erwachsensein. Dies geschieht unter der beaufsichtigenden und unfehlbar leitenden Führung der inneren und unsichtbaren monadischen Wesenheit, die unser spirituelles S e l b s t genannt wird. Welch ein Wunder ist das alles! Dieses erstaunlich mächtige innere, unsichtbare monadische Wesen, das diese gewaltigen Kräfte der ätherischen Reiche der Natur beherrscht, uns sowohl astral als auch physisch gestaltet und - von den noch subtileren Kräften ganz zu schweigen, die in den psychologischen und spirituellen Gefilden unseres Seins wirksam sind - uns zu dem macht, was wir physisch sind. Wie soeben angedeutet, liegt hinter unseren psychologischen und astralen Teilen die noch weit wunderbarere spirituelle Wesenheit, die noch unfaßbarere und erstaunlich subtilere Kräfte beherrscht, denn die spirituelle monadische Wesenheit ist die Wurzel unseres Seins. So gewaltig die Energiequelle auch sein mag, die in jedem

Atom eingeschlossen ist, so unterscheidet sie sich doch sowohl in der Stärke als auch in der Beschaffenheit von jenen weit höheren und mächtigeren spirituellen Energie-Wellenlängen des Geistes, die auch von Stern zu Stern dahinziehen.

In fernen, zukünftigen Äonen, wenn die evolutionäre Entwicklung uns auf unserem künftigen Bestimmungsweg ein gutes Stück vorangebracht hat, werden wir zu selbst-bewußter Herrschaft über die noch geheimnisvolleren und wunderbareren Energien, Kräfte und Fähigkeiten der spirituellen Teile unserer Konstitution gelangen. Gegenwärtig wirken diese in einer Art und Weise in und durch uns, die für unser gegenwärtiges niederes und begrenztes psychologisches Bewußtsein automatisch zu sein scheint. Dieses Bewußtsein, das sich jetzt als Gedanke und Wille zum Ausdruck bringt, ist die zusammengesetzte Fähigkeit und Kraft, die es uns ermöglicht, einen Arm oder ein anderes Glied zu erheben oder auch bewußt und mit bestimmten Absichten zu denken, und zwar mehr oder weniger so, wie wir es wollen.

Sir Oliver Lodge sagt in seinem "Ether of Space": "Könnte sich der Mensch die verfügbare Energie nur nutzbar machen, die in einem Kubikmillimeter ätherischer Materie liegt - in einem Partikel, das nicht größer ist als der Kopf einer gewöhnlichen Stecknadel -, so reicht sie aus, um eine Million Pferdestärken zu liefern, die ununterbrochen vierzig Millionen Jahre hindurch arbeiten!"

Derartiges berichtet die Naturwissenschaft von dem scheinbar leeren Raum, von der 'Leerheit', die in Wirklichkeit die ätherische Welt des nächsthöheren Planes ist, der über unserem physischen Plan liegt, mit anderen Worten der kosmische astrale Plan, wie er in der Esoterischen Philosophie genannt wird. Unsere Sinne berichten uns also nicht getreu, oder vielleicht besser gesagt, sie können uns nicht mehr berichten als das, was sie selbst aus dem Bereich ätherischer Schwingungen aufnehmen können, für die sie evolviert wurden oder die sie zu benutzen gelernt haben. Sie sind sehr unvollkommene Instrumente. Wenn wir bedenken, daß unsere grobe, physische Sphäre, die uns so materiell und dicht erscheint, schließlich nichts anderes ist als eine ungeheuer große Zusammenballung elektro-magnetischer Ladungen, die in den Körpern der verschiedenen Atome wohnen, aus denen die physische Materie zusammengesetzt ist, und daß diese elektronischen 'Sub-Atome' mehr oder weniger ebenso weit voneinander getrennt sind wie die Himmelskörper in unserer physischen Sphäre - wenn wir dies alles bedenken, dann besteht keine große Schwierigkeit, die Tatsache zu erkennen, daß Wesen mit einem von dem unseren abweichenden Sinnesapparat sehr leicht durch die physischen Körper von uns Menschen und durch den physischen Körper unserer Erde hindurchsehen können, als wären sie - 'leerer Raum'.

Alle Teile der Natur und ihre Funktionen sind so eng aneinandergekettet wie ein ineinander gewirktes Gewebe, und zwar ein Gewebe nicht nur aus 'Raum-Zeit', sondern auch aus 'Kraft-Stoff', wie wir es nennen könnten. So beginnt man jetzt zu mutmaßen, daß nichts im Universum von dieser allgemeinen Regel ausgenommen werden kann - und das ist eines der fundamentalen Postulate der Esoterischen Philosophie.

Die menschlichen fünf Sinne zum Beispiel, wie sie in ihren entsprechenden Organen zum Ausdruck kommen, sind selbst die Ergebnisse nicht nur der Evolution im landläufigen Sinn dieses Ausdrucks, in seiner Bedeutung als Entfaltung oder Entwicklung, sondern sie sind ebenfalls die Ergebnisse ineinanderwirkender und miteinander verwobener Kräfte, die in den verschiedenen Stoffen tätig sind, die das Universum zusammensetzen.

Ferner ist es die Lehre der Esoterischen Tradition, daß selbst die Sinne des Menschen mit ihren entsprechenden Sinnesorganen - gegenwärtig sind es fünf, in ferner Zukunft werden es aber sieben, wenn nicht gar zehn sein - nicht gleichzeitig miteinander evolviert oder entfaltet wurden. Sie erschienen vielmehr einer nach dem anderen in reihenmäßiger Ordnung, obgleich in jedem Sinn die sensorischen Andeutungen der anderen Sinne oder Sinnesorgane immer vorhanden waren, bevor sie in der relativen Vollkommenheit erschienen, die sie später erreichten.

So erschienen die gegenwärtigen fünf Sinne des Menschen mit ihren entsprechenden Organen in bezug auf Zeit und Aufeinanderfolge in der folgenden Ordnung: das Gehör war der erste Sinn, der entwickelt wurde; ihm folgte der Tastsinn; dann kamen in regelmäßiger Reihenfolge der Gesichtssinn, der Geschmack und der Geruch. Es ist interessant, diese Reihenfolge der fünf Organe mit den Strahlungs-'Oktaven' zu vergleichen, die die moderne Naturwissenschaft jetzt entdeckt hat und mit viel Sorgfalt und Interesse studiert. Die Sinne sind samt und sonders Ausdrücke verschiedener Formen von "Strahlung", das heißt von Kräften, die in materieller Substanz wirksam sind, obgleich in diesen Fällen die Strahlung oder die Strahlungen ebensosehr von psycho-mentalem wie von physischem Charakter sind, wie aus den Organen, durch die sie wirken, hervorgeht.

Niemand kann bisher genau sagen, wieviel Strahlungs- oder Schwingungsoktaven existieren. Theoretisch, und so wird tatsächlich in der Esoterischen Philosophie gelehrt, erstrecken sich die Strahlungsoktaven unendlich nach beiden Richtungen der 'Frequenzskala'. (Technisch werden die Schwingungen heute nach der Anzahl pro Sekunde gerechnet. Eine Schwingung pro Sekunde ist ein Hertz; Zeichen: 'Hz', d. Ü.) Zur Veranschaulichung sei die übliche Skala herangezogen: Die sichtbare Strahlung des Lichtes mit der siebenfachen Varietät liegt im oberen Drittel dieser Skala, der ultraviolette Bereich befindet sich an der höheren Seite. Dieser folgen Oktaven noch kürzerer Wellenlänge bzw. höherer Frequenz, und wenn wir in der Richtung zum Niederen eine Reihe von Frequenzoktaven längerer Wellen nehmen, dann haben wir hier eine Skala, die einzigartig mit den fünf menschlichen Sinnen korrespondiert, die bisher in Verbindung mit ihren entsprechenden Organen entwickelt worden sind.

Die niederen Frequenzen von 16 - 20 000 Hz (Hertz) sind die Gehör-Wellen (Sprache, Musik). Dann kommen die sogenannten elektrischen Wellen oder Frequenzen von ca. 150 000 - ca. 300 Milliarden Hz (Radio, Fernsehen, Radar). Wenn wir in der Skala weiter, also zu fortschreitend kürzer werdenden Wellen gehen, so kommen wir zu jenen Wellen, die in uns die Empfindung von Wärme hervorrufen (Infrarot = ca. 300 Milliarden - ca. 390 Billionen Hz, d. Ü.). Gehen wir auf unserer Skala weiter, so kommen wir zu den Oktaven von Wellen mit stetig abnehmender Länge und erreichen die Stufe der sichtbaren Strahlung mit ihrem siebenfachen Spektrum (ca. 390 Billionen - ca. 780 Billionen Hz, d. Ü.). Unser Sehorgan reagiert auf die hier von diesen Wellen ausgeübten Anstöße, empfängt sie und kann sie dem Gehirn übermitteln. Bei der Fortsetzung unserer Reise durch die Skala kommen wir zu Wellen von ständig abnehmender Länge, das heißt zu kürzeren Wellen, und erreichen damit den ultravioletten Bereich der Skala (780 Billionen - ca. 20 Billiarden Hz, d. Ü.). Diese würden wir, könnten wir die Tatsachen erkennen, unserem Geschmackssinn entsprechend wahrnehmen, dessen organische Funktion im menschlichen Körper vertreten ist. Setzen wir unsere Reise in noch kürzer werdende Wellen fort, betreten wir die Stufe der Röntgenstrahlen, die mit unserem Geruchssinn korrespondieren.

Zwei weitere Sinne und ihre entsprechenden Organe werden im menschlichen Körper entwickelt werden, bevor unsere Zeitperiode auf diesem Globus in dieser vierten Runde zu Ende geht. Diese beiden bisher unentwickelten Sinne, von denen wir bisher nur Andeutungen haben, werden im Vergleich mit der Frequenzskala mit den Wellen übereinstimmen, die sich jenseits des äußersten Endes der bisher bekannten Frequenz- oder Strahlungsskala befinden, das heißt mit denen, die in das Ende der Röntgenstrahlen und in den Anfang der Gammastrahlen hineinreichen.

Durch Evolution werden in ferner Zukunft weitere drei Sinne hervorgebracht, evolviert oder entfaltet sein, bevor die Menschheit diese Planetenkette verläßt. Die Wissenschaftler jener fernen Zeit werden dann erkennen, daß sich diese drei Sinne, die im Menschen bis jetzt noch völlig inaktiv sind, in regelrechter Reihenfolge entfalten und mit den Wellen korrespondieren, die zu jener Zeit am äußersten Ende der Strahlungsskala repräsentiert sind. Sie werden mit noch kürzeren als denen der Gammastrahlen übereinstimmen, mit denen, die mit dem allgemeinen oder kollektiven Ausdruck "kosmische Strahlen" bezeichnet werden.

Dies bedeutet natürlich nicht, daß die Strahlungsskala der Natur hier endet. Es bedeutet lediglich, daß die vervollkommnete Menschheit jener fernen Zukunft auf Strahlung reagieren wird - und zwar selbstbewußt reagieren wird -, die bisher nur schwach verstanden und wenig erforscht ist.

Was die vielen Stufen verschiedener Strahlungen bzw. Frequenzen auf der Skala der Natur betrifft, so ist es interessant, sich zu vergegenwärtigen, daß diese Oktaven faktisch unendlich sind. Die Naturwissenschaft beginnt diese Tatsache zu ahnen. Sir James Jeans zeigt dies in seinem Buch "Trough Space and Time", S. 53 (1934; Zitat mit Erlaubnis des Verlages Macmillan Company): "Unsere Ohren können elf Ton-Oktaven hören, aber unsere Augen können nur eine Licht-Oktave sehen." Logischerweise könnte dies vielleicht bedeuten, daß unsere Ohren als Sinnesorgane viel älter und daher in ihrer Funktion leistungsfähiger sind als unsere Augen. Der Unterschied zwischen der Fähigkeit, elf Oktaven wahrzunehmen und zu interpretieren, wie beim Hören, und eine Oktave, wie beim Sehen, ist - wenn auch nicht gewaltig - so doch sicherlich bedeutsam, und er sollte bei Schlußfolgerungen nicht vergessen werden.

Es sollte ebenfalls beachtet werden, daß jeder einzelne der menschlichen Sinne - jetzt als psycho-mentale, vital-astrale organische Funktionen betrachtet - das Potential und die Fähigkeiten eines jeden der übrigen Sinne in sich enthält, auch wenn diese noch latent sind. So enthält der Gesichtssinn, und in geringem Grade auch das Organ, nicht nur seine eigene Fähigkeit und differenzierte Funktion, das Sehen, sondern, mehr oder weniger latent, ebenfalls die anderen vier Sinne des Hörens, Tastens, Schmeckens und Riechens. Ähnlich ist es auch mit den übrigen Sinnen, von denen jeder das Potential und die latente Funktionsfähigkeit der anderen vier enthält.

Jede der sieben großen Wurzelrassen der Menschheit, die in bestimmter Zeitfolge einander ablösen, bringt, und zwar ebenfalls in regelrechter Reihenfolge, einen der sieben Sinne zu voller aktiver Funktion und gleichzeitig jeden der bisher unentwickelten Sinne zu unvollkommener Manifestation oder Entfaltung. Das geschieht auf folgende Weise:

Die erste	Wurzelrasse hat gegen ihr Ende den Gehörsinn mit seinem ihm angepaßten Organ evolviert oder manifestiert, aber ebenfalls, wenn auch sehr unvollkommen, die anderen sechs Sinne.
Die zweite	Wurzelrasse hat gegen ihr Ende den Tastsinn mit seinem ihm angepaßten Organ evolviert oder

manifestiert, aber ebenfalls, wenn auch sehr unvollkommen, die anderen fünf Sinne.

Die dritte Wurzelrasse hat gegen ihr Ende den Gesichtssinn mit seinem ihm angepaßten Organ evolviert oder manifestiert, aber ebenfalls, wenn auch sehr unvollkommen, die anderen vier Sinne.

Die vierte Wurzelrasse hat gegen ihr Ende den Geschmackssinn mit seinem ihm angepaßten Organ evolviert oder manifestiert, aber ebenfalls, wenn auch sehr unvollkommen, die anderen drei Sinne.

Die fünfte Wurzelrasse wird gegen ihr Ende den Geruchssinn mit seinem ihm angepaßten Organ völlig evolviert oder manifestiert haben, aber ebenfalls, wenn auch sehr unvollkommen, die beiden anderen Sinne.

Die sechste und siebente Wurzelrasse werden gegen ihr Ende ihren eigenen, ihnen zugehörigen Sinn mit seinem ihm angepaßten Sinnesorgan evolvieren; und so wird die Reihe von sieben vollständig entwickelten Sinnen, jeder mit seinem ihm angepaßten Organ und seiner organischen Funktion, am Ende der siebenten Wurzelrasse auf unserem Globus in dieser vierten Runde voll in Tätigkeit sein.

1. Wurzelrasse: Hören
2. Wurzelrasse: Hören und Fühlen
3. Wurzelrasse: Hören, Fühlen und Sehen
4. Wurzelrasse: Hören, Fühlen, Sehen und Schmecken
5. Wurzelrasse: Hören, Fühlen, Sehen, Schmecken und Riechen

usw.

Jeder Sinn enthält also potentiell die Wurzeln oder Rudimente all der anderen Sinne, die zu gegebener Zeit folgen. Es ist eine den Schülern der Esoterischen Philosophie wohlbekannte Tatsache, daß alle diese Sinne nur Spezialisierungen dessen sind, was die innere und einheitliche Quelle von allem genannt werden könnte. Der Leser wird auf das fundamentale Werk des Autors, "Grundlagen der Esoterischen Philosophie", verwiesen. In diesem wird der Ursprung einer Planetenkette oder einer anderen evolvierenden Wesenheit erklärt, die in geordneter Reihenfolge aus sich selbst heraus die Kette manifestierter

"Ereignisse" entfaltet und entrollt sowie aus ihrem Aggregat die Gesamtheit eines manifestierten Wesens oder einer Wesenheit hervorbringt. Die Sache ist zu kompliziert, um sie in einem Einschub zu erklären; es wäre töricht, es auch nur zu versuchen.

Hätten wir das 'ätherische Auge', würden wir in der Tat den interatomaren Äther, in dem wir physisch leben, wahrnehmen; wir würden aber als physische Körper füreinander unsichtbar sein. Nur gelegentlich würde ein Elektron wie ein Lichtstreif durch unser Sehen blitzen, ein Elektron, das symbolisch ist für elektrische Energie. Im Menschen ist aber noch mehr als sein bloßer Sinnesapparat enthalten, mit dem er lernen und die universale und unsichtbare Natur erschauen kann: es sind die Fähigkeiten und Kräfte seines inneren Gottes. Dieser enthält eine praktisch unbegrenzte Kapazität und praktisch unendliche Möglichkeiten, weil er unlösbar mit der Gott-Natur des Universums verkettet ist, und daher ist er imstande, an die Wurzeln der Dinge, mit anderen Worten an die kosmische Realität selbst, heranzugehen und sie zu erreichen; denn dieser innere Gott ist ein individualisierter, aber identischer Teil dieser kosmischen Realität.

Wenn die Naturwissenschaft der Zukunft erkannt haben wird, daß physische Wesen nicht ohne einen inneren Energie-Brennpunkt existieren können - man mag diesen inneren Brennpunkt 'Seele' nennen oder ihm eine andere Bezeichnung geben -, dann wird die wahrhaft philosophische Naturwissenschaft der Zukunft mit jedem Jahr mehr dazu neigen, bestimmter und völliger mit der Esoterischen Philosophie, der Esoterischen Tradition, in Einklang zu kommen. Wenn die Naturwissenschaft der Zukunft dahin gelangt sein wird, zu verstehen und verstehend zu erkennen, daß die physische Welt nur der Ausdruck der Kräfte oder

Energien sowie der ätherischen Substanzen ist, die in sie einströmen und sie dadurch aufbauen - einströmen aus Sphären und Welten, die für unseren gegenwärtigen Sinnesapparat unsichtbar sind und die wir die 'Seele' der physischen Welt nennen können -, dann werden wir aller Wahrscheinlichkeit nach, ja notwendigerweise auch sehen, daß sich die Naturwissenschaft dieses zukünftigen Tages mit Ablauf eines jeden Jahres mehr und mehr der Esoterischen Philosophie nähern wird.

Schon jetzt bewegt sich die Naturwissenschaft sehr schnell in die soeben gekennzeichnete Richtung. Täglich werden die Anzeichen dafür zahlreicher, daß der glänzende Geist modernster wissenschaftlicher Denker unruhig wird angesichts der sich schnell mehrenden entdeckten Tatsachen, für die bisher noch kein vereinheitlichendes und befriedigendes philosophisches System entwickelt oder gefunden wurde, das sie alle in eine zusammenhängende und überzeugende logische Synthese bringen könnte.

Unglücklicherweise ist die Ehe zwischen der Naturwissenschaft und dem Vater allen menschlichen Wissens, der Esoterischen Philosophie, bisher noch nicht zustandegekommen, und im ganzen genommen ist ein zu großer Teil der modernsten Naturwissenschaft noch seelenlos. Dieses anschauliche Wort wird hier nicht mit der Absicht gebraucht, respektlos gegenüber den wirklich großartigen Arbeiten der Wissenschaftler in allen Ländern zu sein oder zu vergessen, daß sie alles in ihren Möglichkeiten Stehende tun, um die Geheimnisse der Natur zu entschleiern. Sie wenden ihr ganzes mentales und sonstiges Bemühen darauf, hinter die Schleier des äußeren physischen Scheins zu dringen. Die Wahrheit ist vielleicht das Heiligste, nach dem ein Mensch streben kann, und ohne Frage sind heute die besten Naturwissenschaftler Wahrheitssucher.

Wenn die soeben angedeutete Zukunft gekommen ist, wird die Naturwissenschaft deutlich religiös geworden sein - religiös in einem kosmischen Sinn und nicht in dem beschränkten Sinn, der dem Wort 'religiös' in den Ländern des Westens allgemein beigelegt wird. Dann, in jenen zukünftigen Zeiten, wird eine neue und sehr schöne Naturreligion wahrhaft spiritueller Art an die Stelle der jetzigen Periode agnostischer Ungewißheit treten. Es wird nicht e i n e Religion sein, sondern Religion an sich, die völlig auf dem Fundament und in allen ihren Teilen auf den Tatsachen des spirituellen Universums gegründet ist.

KAPITEL III

SCHICKSALSGEWEBE - I

Der Titel "Schicksalsgewebe" erläutert äußerst anschaulich, in welcher Weise bewußte und selbstbewußte Wesen sich in die Folgen, Resultate oder Wirkungen einweben, die aus den gehegten Gedanken, den empfundenen Gefühlen und den vollbrachten Handlungen aufgrund innerer Impulse hervorgehen.

Die heute im Abendland herrschende Ansicht, Zufall oder Schicksal - im großen oder kleinen - seien die Ursache für bestehende Verhältnisse, für die Umwelt oder für richtunggebende Impulse, denen Wesen unterworfen sind und denen sie folgen, während sie irgendwann in einer Umgebung leben, zu der sie gerade gehören, wird von der Esoterischen Philosophie als kindisch und philosophisch unannehmbar zurückgewiesen. Bei aufmerksamer Betrachtung und mit etwas Überlegung wird klar ersichtlich, daß ein Universum, das auch nur im kleinsten Ausmaß blinde Zufälligkeiten oder Glücksfälle zuließe, gesetzlos und anarchistisch wäre und weder auf Vernunft noch auf Verstand basierte. Werden die Dinge auf eine so treffende Weise dargestellt, ist wahrscheinlich unter hundert Millionen nicht einer bereit, die herrschende Ansicht als wahr zu akzeptieren.

Umgekehrt bildet aber das, was wir allgemein Zufall oder Schicksal nennen, nur ein Glied oder einige Glieder in der Kette universaler Verursachung, die Wissenschaft und Forschung noch nicht genügend ans Licht gebracht haben. Daher sind Ausdrücke dieser Art bloße Wörter, die von menschlicher Unwissenheit oder von noch nicht erlangten Kenntnissen zeugen.

Die Natur - im weitesten Sinne des Wortes verstanden, oder der universale Kosmos, wie auch gesagt werden kann -, ist organisch, ein Organismus, der aus und von buchstäblich unzähligen kleineren Wesen, Wesenheiten und Dingen aufgebaut ist, die jedes einzeln und individuell ihrerseits Organismen sind. Denn die Natur wiederholt sich überall in ihrem grenzenlosen Gefüge, so daß alles, was im kleinen vor sich geht, nur eine Reproduktion, Spiegelung oder Reflexion der kosmischen Realität ist, die in dem gewaltigen Ganzen überall vorherrscht, ob sie nun als kosmische Intelligenz, als Geist oder als Substanz betrachtet wird.

Die Konsequenz dieser vorausgegangenen Überlegung ist die, daß die All-Natur als ein ungeheures, unfaßbar großes kosmisches Gewebe angesehen werden kann, in das alles, was existiert, hineingewoben ist, da alles einen Bestandteil des kosmischen Ganzen bildet. Aufgrund dieses fundamentalen Begriffes oder dieser begrifflichen philosophischen Idee spricht die Esoterische Philosophie in ihrer anschaulichen, bildhaften Ausdrucksweise von den Beziehungen aller Wesen zueinander und zu dem sie umgebenden kosmischen Ganzen als von einem Gewebe, einem unlöslich miteinander verwobenen, untereinander verketteten, ineinandergreifenden und sich gegenseitig durchdringenden System von Leben (Plural).

So kommt es, daß der Mensch als ein individueller, kleinerer Organismus mit den ihn umgebenden kosmischen Fäden des großen Lebensgewebes auf ewig verwoben und verkettet ist. Notgedrungen wiederholt er daher bei allen Bildungen seiner Ideen oder in Gefühlen und deren entsprechenden Folgen konsequent das kosmische Muster, das heißt Gesetz und Substanz, die das Universum, in dem er lebt, sich bewegt und sein Dasein hat, formen. Jeder Gedanke, den er hegt, jedes Gefühl, das er empfindet, und jede Handlung als Folge der aus diesen Gedanken und Gefühlen aufsteigenden Impulse bilden ein äußerst verwickeltes und faszinierendes Schicksalsgewebe, das der Mensch ständig um sich webt und das von einem gewissen Standpunkt aus wahrhaftig e r s e l b s t ist.

Es darf aber keinesfalls angenommen werden, daß diese philosophischen Überlegungen die Idee des Fatalismus in sich schließen oder daß der Mensch nur eine Puppe sei, das blinde, willenlose Opfer eines unerforschlichen Schicksals, das ihn hin- und herstößt, ob er es will oder nicht. Eine Auffassung wie diese ist gänzlich verkehrt und entspricht nicht der Lehre der Esoterischen Philosophie. Daher sollte nichts, was in diesem Kapitel oder anderswo gesagt wurde, dahingehend mißverstanden werden. Im Gegenteil, die Esoterische Philosophie, die Esoterische Tradition, lehrt, daß der Mensch auf seinem anfang- und endlosen Schicksalsweg eine mit W i l l e n begabte wirkende Kraft ist, mit anderen Worten, daß er ständig von seinem relativ geringen freien Willen Gebrauch macht. Seine Willensfreiheit entspricht dem Grad, den er beim Aufstieg zur selbst-bewußten Wiedervereinigung mit der spirituellen Göttlichkeit, seiner individuellen innersten Essenz, erreicht hat, das heißt mit seiner Monade, dem SELBST seiner vielen menschlichen Selbste, die sich als Reinkarnationen oder Wiederverkörperungen in den Sphären, die er durchschreitet, manifestieren.

Die allgemeine Lehre über das Weben solcher Schicksalsgewebe, in die sich der Mensch durch den Gebrauch seines freien Willens ununterbrochen einhüllt, wird in der Esoterischen Philosophie mit dem Sanskritwort "Karman" bezeichnet. Diese Lehre besagt, daß alles, jeder Gedanke, jede Gemütserregung oder jeder innere Impuls, unentrinnbare Folgen, Resultate oder Wirkungen nach sich zieht, in die sich der Mensch auf diese Weise verwickelt und wodurch er die

Fäden des Schicksalsgewebes webt, in dem er sich in jedem Augenblick befindet. Wahrscheinlich wurde die allgemeine Lehre niemals anschaulicher dargestellt als von der großen Theosophin H. P. Blavatsky, die folgendes schreibt:

"Jene, welche an Karma glauben, müssen an das Schicksal glauben, welches von der Geburt bis zum Tode ein jeder Mensch Faden um Faden um sich selbst webt, wie eine Spinne ihr Gewebe; und dieses Schicksal ist gelenkt entweder von der himmlischen Stimme des unsichtbaren Vorbildes außerhalb von uns oder von unserem mehr vertrauten *astralen* oder inneren Menschen, welcher nur zu oft der böse Genius der verkörperten Wesenheit, genannt Mensch, ist. Diese beiden locken den äußeren Menschen, aber einer von ihnen muß vorherrschen; und von dem ersten Anfange des unsichtbaren Aufruhrs an setzt das strenge und unerbittliche *Gesetz der Wiedervergeltung* ein und nimmt seinen Lauf, getreulich verfolgend das Hinundherwogen des Kampfes. Wenn der letzte Faden gesponnen und der Mensch anscheinend in das Netzwerk seiner eigenen Tat verwickelt ist, dann findet er sich vollständig unter der Herrschaft seines *selbstgemachten* Geschickes. Dasselbe heftet ihn dann entweder wie die schwerfällige Muschel an den unbeweglichen Felsen, oder es trägt ihn wie eine Feder hinweg in dem durch seine eigenen Handlungen erregten Wirbelwind, und dies ist - KARMA."

"Die Geheimlehre", Bd. I, S. 700f.

Weiter schreibt sie:

"... je enger die Vereinigung zwischen dem sterblichen Widerschein Mensch und seinem himmlischen Vorbilde, desto weniger gefährlich sind die äußeren Bedingungen und folgenden Wiederverkörperungen - welchen weder Buddhas noch Christusse entgehen können. Dies ist kein Aberglaube, am allerwenigsten ist es *Fatalismus*. Der letztere schließt in sich ein blindes Ablaufen einer noch blinderen Kraft, aber der Mensch ist ein freier Handelnder während seines Verweilens auf Erden. Er kann seinem *herrschenden* Schicksal nicht entrinnen, aber er hat die Wahl zwischen zwei Pfaden, die ihn in dieser Richtung führen, ... denn es gibt *äußere* und *innere Bedingungen*, die die Bestimmung unseres Willens auf unsere Handlungen beeinflussen, und es liegt in unserer Macht, dem einen oder dem anderen von beiden zu folgen."

"Die Geheimlehre", Bd. I, S. 700

Aus diesen anschaulichen, der "Geheimlehre" entnommenen Darstellungen ist klar ersichtlich, daß der menschliche freie Wille im genauen Verhältnis zu der zunehmenden Vereinigung des Menschen mit seinem inneren göttlichen Prototyp steht, das heißt mit seinem eigenen innersten monadischen Selbst, das sozusagen ein spiritueller Tropfen im göttlichen Ozean der universalen Geist-Bewußtsein-Leben-Substanz ist. Jeder Mensch ist eine zusammengesetzte Wesenheit, die infolge der Übereinstimmung verschiedener monadischer Wesenheiten zu einem einheitlichen Wesen aufgebaut wird. Diese Wesenheiten setzen somit seine Konstitution zusammen und machen ihn durch ihre ununterbrochene, unaufhörliche Wechselwirkung und Zusammenarbeit zu dem komplexen Wesen, das er offensichtlich ist. Dies erklärt, wie aus den oben zitierten Worten von H.P. Blavatsky deutlich hervorgeht, daß das normale menschliche Wesen oder der physisch-astrale Mensch als Vehikel oft das unbewußte, quasibewußte Opfer oder der Sklave karmischer Ursachen ist, die früher, in anderen Leben, in Bewegung gesetzt wurden und derer sich der jetzige physische Mensch in keiner Weise bewußt ist, die er nicht gewollt hat und deren "Opfer" er daher ist.

So kommt es, daß menschliches Schicksal "unverdientes Leid" enthält, wie es oberflächlich mit Recht genannt werden kann, denn die Gedanken und Handlungen anderer sind ununterbrochen an der Arbeit, das Schicksalsgewebe, in das sich der Mensch selbst eingehüllt hat, gestalten zu helfen. Wir geben und nehmen ununterbrochen voneinander, wodurch unsere individuellen Schicksalsgewebe so kompliziert und unzertrennlich miteinander verwoben sind. Selbst wenn wir dies einräumen, was ja für jeden wahrnehmenden und nachdenklichen Menschen so einleuchtend ist, würden wir trotzdem, wären wir dazu imstande, die Gründe für dieses oder jenes Unglück, Mißgeschick oder Leid, das uns zufällt, bis zu seinen letzten kausalen Quellen zurückzuverfolgen, sehr deutlich sehen, daß die Gesamtheit all dieses sogenannten "unverdienten Leides" seinem Ursprung nach unseren eigenen Gedanken, Gemütserregungen oder Taten zuzuschreiben ist. Sie sind zwar längst vergessen und unserem Bewußtsein entfallen, aber dennoch sind sie ebenso wirkungsvoll tätig, als würden wir uns ihrer erinnern. Auch hier schreibt H. P. Blavatsky wieder so treffend:

> "Auch wären die Wege Karmas nicht unerforschlich, wenn die Menschen in Einigkeit und Harmonie wirken würden, anstatt in Uneinigkeit und Streit. Denn unsere Unkenntnis dieser Wege - welche ein Teil der Menschheit die Wege der Vorsehung nennt, dunkel und verworren, während ein anderer in ihnen die Wirkung des blinden Fatalismus sieht und ein dritter einfachen Zufall, ohne Götter und ohne Teufel zu ihrer Leitung - würde sicherlich verschwinden,

wenn wir nur alle von ihnen ihrer richtigen Ursache zuschreiben würden. Mit der richtigen Erkenntnis, oder zum mindesten mit einer vertrauensvollen Überzeugung, daß unsere Nachbarn nicht mehr daran arbeiten würden, uns zu schädigen, als wir daran denken würden, sie zu kränken, würden zwei Dritteile des Weltübels in leere Luft vergehen. Wäre kein Mensch dazu bereit, seinen Bruder zu verletzen, so hätte Karma-Nemesis weder Ursache, deshalb zu wirken, noch Waffen, um durch dieselben zu handeln. Die beständige Anwesenheit in unserem Gemüte von jedem Bestandteile von Streit und Widerstand, und die Einteilung der Rassen, Völker, Stämme, Gesellschaften und Einzelwesen in Kaine und Abel, Wölfe und Lämmer, ist die Hauptursache der 'Wege der Vorsehung'. Wir schneiden diese zahlreichen Windungen in unsere Schicksale täglich mit unseren eigenen Händen, indes wir uns einbilden, daß wir eine Spur auf der königlichen Hochstraße der Ehrbarkeit und Pflicht verfolgen, und dann uns beklagen, daß diese Windungen so verworren und so dunkel sind. Wir stehen verwirrt vor dem Geheimnisse, das wir selbst geschaffen, und vor den Rätseln des Lebens, die wir *nicht* lösen *wollen*, und dann klagen wir die große Sphinx an, daß sie uns verschlingt. Aber fürwahr, es ist kein Zufall in unseren Leben, kein mißratener Tag und kein Mißgeschick, die nicht auf unsere eigenen Taten in diesem oder in einem anderen Leben zurückgeführt werden könnten ...

... Karma-Nemesis ist nichts mehr als die geistige, dynamische Wirkung von Ursachen, hervorgebracht durch unsere eigenen Handlungen, und von Kräften, die von eben denselben zur Tätigkeit erweckt wurden."

"Die Geheimlehre", Bd. I, S. 705

An anderer Stelle schreibt dieselbe Verfasserin mit gleicher Treffsicherheit und unbeugsamer Logik:

"Ein Okkultist oder ein Philosoph wird nicht von der Güte oder Grausamkeit der Vorsehung sprechen; aber sie mit Karma-Nemesis identifizierend, wird er nichtsdestoweniger lehren, daß sie die Guten schützt und über sie in diesem sowie im zukünftigen Leben wacht; und daß sie den Übeltäter bestraft - ja bis zu seiner siebenten Wiedergeburt -, so lange in der Tat, als nicht die Wirkung davon, daß er auch nur das kleinste Atom in der unendlichen Welt der Harmonie in Störung versetzt hat, schließlich wieder in Ordnung gebracht ist. Denn das einzige Gesetz des Karma - ein ewiges und unveränderliches Gesetz - ist unbedingte Harmonie in der Welt des Stoffes, so wie sie es ist in der Welt des Geistes. Nicht Karma ist es daher, welches belohnt oder bestraft, sondern wir belohnen oder bestrafen uns selbst, je nachdem wir entweder mit, mittelst und gemäß der Natur wirken, indem wir den Gesetzen, von denen diese Harmonie abhängt, gehorchen oder sie brechen."

"Die Geheimlehre", Bd. I, S. 704f.

Strengste und unparteiischste Gerechtigkeit regiert die Welt, denn sie ist das Resultat der alles durchdringenden kosmischen Harmonie, die nur durch die Ausübung des freien Willens der Wesen gebrochen wird, die törichterweise und vergebens versuchen, das kosmische Gleichgewicht ins Schwanken zu bringen. Das wahre Herz der universalen Natur ist Mitleid oder das, was viele unendliche Liebe nennen, was unendliche Harmonie bedeutet.

Es ist tatsächlich das Nicht-Verstehen des fundamentalen Prinzips dieser kosmischen Harmonie, der Fels, an dem sich die zwei Hauptströme philosophischen menschlichen Denkens in bezug auf Charakter und Natur des freien Willens im Menschen in zwei Strömungen gespalten haben. Die Schule der Fatalisten leugnet es fast oder ganz, gleich ob die Mitglieder dieser Schule nun zu der Klasse gehören, die einen allmächtigen Autokraten anruft, der dem Menschen sein Los im Leben zuweist und dem dieser nicht entfliehen kann, oder ob es die Klasse der absoluten Materialisten ist, für die der Mensch keinen freien Willen hat, sondern lediglich ein Spielzeug oder ein Stückchen Strandgut ist, das dem starren Determinismus ihrer Schule gänzlich unterworfen ist, das heißt dem Ergebnis blinden Zufalls oder Glücks.

Eine andere Schule ist die der Autonomisten oder die Schule der den absoluten freien Willen Bejahenden (the Free-Willists), um ein neues Wort zu prägen. Diese scheinen zu glauben, der Mensch sei ein ganz oder zum großen Teil völlig unabhängig Handelnder, der sich, soweit es seinen Willen betrifft, von dem Universum unterscheidet und der daher uneingeschränkte Willensbetätigung besitzt.

Die Esoterische Philosophie lehnt beide Ansichten ab, da keine von ihnen auf Tatsachen beruht; sie schlägt den folgenden Mittelweg ein: Der Wille des Menschen ist zum Teil frei und zum Teil durch die karmischen Folgen seiner vergangenen Handlungen zu seinem Wohl oder Wehe gebunden oder eingeschränkt. Er kann aber durch seinen Willen ein ständig wachsendes Maß an Freiheit erreichen, das im Verhältnis zu der ständig zunehmenden göttlichen Kraft steht, die er entfaltet oder evolviert. Diese befindet sich an der spirituellen Wurzel seines Wesens, durch die er mit dem kosmischen Bewußtsein, dem kosmischen Willen, verbunden ist.

Dies wird in der Tat deutlich, wenn wir die weiten Bereiche oder besser die evolutionären Unterschiede bedenken, die die verschiedenen Naturreiche trennen. So streben die monadischen Strahlen, die sich in ungeheurer Zahl in einfacher Gleichartigkeit zu Gestein aggregieren oder gruppieren und die folglich im Denken und Handeln gebunden und begrenzt sind, dennoch höheren Dingen zu, und sie versuchen, aus dem Mineralreich heraus in die ausgedehntere Weite von Intelligenz und Willen im Pflanzenreich hineinzuwachsen. Mit der Zeit klimmen sie langsam auch aus diesen beschränkten Gefilden der Intelligenz und des Willens hervor und treten in weitere Bereiche der Freiheit und Tätigkeit ein, die ihnen das Tierreich bietet. Da in den Angehörigen des Tierreiches das Gemüt aufdämmert und sie beginnen, freie Wahl zu treffen, streben sie ihrerseits in der gleichen Weise danach, ihre in dieser Hinsicht relativ begrenzten Gefilde zu verlassen und in das Menschenreich emporzuklimmen, in dem selbstbewußte Willensbetätigung von der Ausübung einer relativ freien Intelligenz begleitet ist.

Nur ein oberflächliches Studium Karmans, dieser schwierigsten aller Lehren der Esoterischen Philosophie, könnte zu dem Glauben veranlassen, daß die zuvor gegebene Erklärung jemals ein selbstsüchtiges oder grausames Übersehen der Ansprüche zuwege bringen könnte, die unsere Mitmenschen beständig an uns haben. Da wir alle zusammen in komplizierte und verwikkelte Schicksalsgewebe verwoben sind, und zwar Mensch zu Mensch und darüberhinaus mit allen anderen Wesen und Dingen im Universum, wird eine gemeinsame Unterstützung, gegenseitige Hilfe und das Tragen der Lasten anderer zu einer klaren philosophischen und religiösen Forderung erster Ordnung. Das Unterlassen üblen Tuns jeglicher Art - gleich unter welcher Maske - ist das oberste Gesetz unseres eigenen Schicksals.

Gerade auf diesem unfaßbar komplizierten Gewebe aus miteinander verwobenen Schicksalen beruht die Auffassung, daß Ethik oder Moral keine bloßen menschlichen Konventionen sind, sondern daß sie sich auf die uranfänglichen Gesetze des Universums gründen.

H. P. Blavatsky drückt dies so vortrefflich in der Wiedergabe einer Stelle aus den Heiligen Büchern des Ostens aus, indem sie folgendes anführt: "Untätigkeit, wo Mitleid Tat erfordert, wird zu einer Handlung tödlicher Sünde." (Die Stimme der Stille", Fragment II, "Die zwei Pfade", S. 31, Originalausgabe)

Ob wir wollen oder nicht, wir können nicht vermeiden, auf andere zu ihrem Wohl oder Wehe einzuwirken. Wenn wir durch die Ausübung unserer eigenen Entscheidung, das heißt unseres freien Willens, auf andere zu ihrem Verderb oder zu ihrem Schaden einwirken, tritt sofort das majestätische, unerforschliche und untrügliche Gesetz kosmischer Gerechtigkeit und kosmischen Mitleids in Kraft, und wir bekommen die unvermeidlichen strafenden Folgen in diesem oder einem späteren Leben zu spüren. Das ist Karman.

Es gibt somit im Leben jedes einzelnen Menschen "weder einen Zufall noch einen schlechten Tag, noch ein Unglück", wie H. P. Blavatsky im vorhergehenden Text sagt, die nicht durch unsere eigenen Gedanken, Gefühle und Handlungen in diesem oder einem früheren Leben auf uns kommen. Es gibt weder Zufall noch Glück im Universum; denn wenn uns irgend etwas geschehen könnte, mit dem wir nicht auf irgendeine Weise, ob nah oder fern, in Beziehung stehen oder was wir nicht selbst hervorgebracht haben, dann gäbe es grobe Ungerechtigkeit, zufällige Grausamkeit und Grund zur echten Verzweiflung. Durch das, was wir denken, fühlen, wollen und daher auch tun, machen wir unser Leben wertvoll und erhaben oder gemein und niedrig oder zu dem, was dazwischen liegt. Nur der physische Mensch mit seiner menschlichen Seele erleidet oft "unverdiente" karmische Vergeltung für das, was das reinkarnierende Ego in anderen Leben beging. Für dieses "unverdiente Leiden" sorgt die Natur aber für reichliche Entschädigung und Belohnung in den devachanischen Unterbrechungen zwischen den einzelnen Leben, wie H.P. Blavatsky in ihrem "Schlüssel zur Theosophie" (Teil IX, "Über das Bewußtsein nach dem Tode") so wahr aussagt.

Weigert sich ein Mensch, eine hilfreiche Hand auszustrecken oder die Tränen des Leidens zu stillen, oder weigert er sich, jenen zu helfen, deren Mitleid erregender Ruf ihn erreicht, ist er nur ein Teufel in Menschengestalt. Die von unendlichem Geist und von Weisheit geleitete Vergeltung der Natur wird ihn im Verlauf der Zeitalter ausfindig machen und eines Tages erreichen, dann aber wird er sagen: "Warum hat mich dies getroffen? Es ist unverdient. Ich habe nichts getan, womit ich dieses Leid verdient habe."

Und abschließend sagt die große Theosophin noch im Zusammenhang mit dem Charakter oder dem Wesen dieses universalen und ewig aktiven Verfahrens oder dieser G e w o h n h e i t der universalen Natur, die Karman genannt wird, als Antwort auf die Frage: "Aber was ist Karma?":

> "Wie ich schon sagte, betrachten wir es als das fundamentalste *Gesetz* des Universums, als Quelle, Ursprung und Grundlage aller anderen Gesetze, die überall in der Natur existieren. Karma ist das unfehlbare Gesetz, das auf dem physischen und mentalen Plan sowie auf den spirituellen Plänen des Seins Ursache und Wirkung miteinander ausgleicht. Da keine Ursache ohne Wirkung bleibt, von der

größten bis zur kleinsten, von einer kosmischen Störung bis hinunter zu der Bewegung eurer Hand, und da Gleiches Gleiches hervorbringt, ist *Karma* jenes unsichtbare und unerkennbare Gesetz, das jede Wirkung *weise, klug und unparteiisch* ihrer Ursache *anpaßt*, indem es letztere bis zu ihrem Erzeuger zurückverfolgt. Obgleich selbst *unerkennbar*, ist seine Tätigkeit wahrnehmbar.

... Denn wenn wir auch nicht wissen, was Karma *an sich* ist, und es seiner Essenz nach nicht kennen, so *wissen* wir *doch, wie* es wirkt, und wir können seine Wirkungsweise genau definieren und beschreiben. Nur seine letzte *Ursache* kennen wir *nicht*, wie auch die moderne Philosophie, universal angewandt, zugibt, daß die *letzte* Ursache von allem 'unerkennbar' ist."

"Der Schlüssel zur Theosophie", Kap. XI,
"Was ist Karma?"

I

Schicksalsgewebe! Wir haben etwas über den Charakter und die Bedeutung dieses großartigen anschaulichen Ausdrucks erfahren. Ein solches Schicksalsgewebe im Leben des Menschen ist tatsächlich nicht nur der Mensch selbst, sondern es bildet auch das verwikkelte Gewirr von Umständen, in die er sich verstrickt hat. Das Leben selbst ist das große Gewebe aus unsichtbaren, aber ungeheuer starken Fäden des Denkens, Fühlens und Wollens, die zu Handlungen werden, gewoben aus Lebewesen, von denen jedes in seiner Sphäre ein "Schöpfer" jener besonderen Fäden ist, die jeder beim Weben des Lebensgewebes als seinen Tribut dem allgemeinen Ganzen hinzufügt. Gerade diese Heerscharen von Lebewesen, Geschöpfen und Dingen aller Arten und Typen machen das Leben so verwikkelt und spielen in dem Schicksalsgewebe, das jeder Mensch um sich herum webt, eine so große Rolle.

Zu diesen Heerscharen von Wesen und Kreaturen gehören nicht nur diejenigen, die auf unserer kleinen Erde existieren, sondern sie umfassen in ihrer Zahl wahrhaftig auch die fast unzähligen Reihen von großen und kleinen, sichtbaren und unsichtbaren Hierarchien, die im großen das kosmische Gewebe weben. Denn das Universum ist tatsächlich mit spirituellen Wesen und Wesenheiten angefüllt, ob sie nun, wie in der Esoterischen Philosophie oder anderweitig, "Götter" oder "spirituelle Wesen" genannt werden, "Engel" und "Erzengel" bei den Juden und Christen, "Rishis" und "Devas" bei den Hindus, "Dhyân-Chohans" und "Devas" bei den Buddhisten oder "Theoi" und "Dii" bei den alten Griechen und Römern. Es kommt durchaus nicht darauf an, welche Namen diesen verschiedenen Hierarchien von Wesen in den einzelnen Ländern und Völkern gegeben werden, solange die fundamentale Vorstellung erhalten bleibt, daß diese Energie spendenden Wesen und Wesenheiten, diese kausalen intelligenten und quasi-intelligenten Kräfte, die wahren Wurzeln und die hierarchische Struktur sowohl des noumenalen als auch des phänomenalen Universums bilden, in dem wir leben, in ihm verkehren und es bewegen und somit für dieses Universum die Gesamtheit kausaler Kräfte und Energien liefern, die es anfüllen. "Mens agitat molem" ("Das Gemüt beherrscht die Materie"), wie es Vergil, der lateinische Dichter, in seiner "Aeneide" so wahr ausdrückte.

Diese kausalen Kräfte bringen sich auf die verschiedenartigste Weise in und durch das phänomenale Universum zum Ausdruck, denn sie sind die noumenalen oder produktiv wirkenden Kräfte der sogenannten Natur, über die so oft gesprochen wird und über die man so wenig wirklich weiß. Elektrizität und Gravitation zum Beispiel sind aufgrund neuester wahrhaft okkulter Entdeckungen auch in unserer modernen Wissenschaft wirklich mystisch und geheimnisvoll geworden, es sind Ausdrucksformen noumenaler Kräfte auf unserem Plan, bei denen sich diese Kräfte als phänomenale Erscheinungen auf dem niedrigsten Plan ihrer betreffenden hierarchischen Tätigkeit manifestieren. Wir können tatsächlich in bezug auf beide einerseits von Kraft oder Energie sprechen oder andererseits von der Substanz unsichtbarer Wesen, denn sie sind beides.

In Wahrheit sind wir Menschen, wie die Alten sagten, Kinder oder Nachkommen dieser inneren Energie spendenden Kräfte, dieser noumenalen Götter, dieser spirituellen Wesen, die in den unterschiedlichsten Graden evolutionärer Entwicklung in hierarchischen Graden oder Graden einer Skala oder in Stufen existieren. Daher sind auch wir in unseren höchsten Teilen Götter, aber, wie wir sagen können, "gefallene Götter", hinabgefallen in die materiellen Welten, aus denen und durch die wir uns langsam unseren Weg zu unserer göttlichen kosmischen Quelle zurück bahnen, wie es die universale Weisheit der alten Zeiten lehrte.

Alle diese mannigfaltigen Hierarchien, die aus göttlichen, spirituellen, ätherischen und physischen Wesen zusammengesetzt sind, verrichten fortwährend ihr Werk unter der nie-irrenden Herrschaft jener unfaßbaren geheimnisvollen und okkulten Gewohnheit der Natur oder KRAFT, die Karman genannt wird. Dieses Wort selbst ist ein Sanskritausdruck und bedeutet als Wort nur "Handlung" oder "Wirken". Das ist die Bedeutung des bloßen Wortes als Vokabel. Aber in der Esoterischen Philosophie ist es ein wichtiges technisches Wort, und es hat als solches eine verborgene und wunderbare Bedeutung. Was ist nun diese technische Bedeutung? Sie kann kurz durch vier englische

Worte (fünf deutsche) ausgedrückt werden: "the doctrine of consequences" ("Die Lehre von den Folgen") - oder anders und volkstümlicher: "Das universale Gesetz von Ursache und Wirkung".

Die Esoterische Tradition verwirft aufgrund unerschütterlicher Logik jegliche Idee von "Chance" oder "Zufall" in dem grenzenlosen Universum, was immer auch diese Worte in Wirklichkeit bedeuten mögen. Sicherlich kann niemand eine zufriedenstellende Definition von "Chance" oder "Zufall" als ein existierendes fundamentales Attribut oder als eine fundamentale Eigenschaft in der Natur geben. Wird diese Vorstellung sorgfältig überprüft, erkennt man, daß sie tatsächlich nur Phantasie ist. Auch im Abendland haben große Menschen gesagt: "Wir gebrauchen das Wort 'Zufall', um unsere Unwissenheit über Dinge, die wir noch nicht ursächlich verstehen, auszudrücken." Es ereignen sich Dinge, deren Ursprung unbekannt ist oder nicht verstanden wird. Da wir sie nicht verstehen, schreiben wir sie der "Chance" oder dem "Zufall" zu oder sagen: "Es geschah." Dennoch ist unser Geist in seiner Tätigkeit logisch, und wenn die Kräfte und Energien, die in das physische Universum einströmen, hier erscheinen, erkennen wir in ihnen überall Folgerichtigkeit und Zusammenhang. Wir sehen, daß sie immer in derselben logischen zusammenhängenden Aufeinanderfolge auftreten, wenn Umstände und Bedingungen dieselben sind, und wir sprechen dann von "einem Gesetz der Natur".

Aber wo, bitte, ist der Gesetzgeber? Ein Gesetz setzt einen Gesetzgeber voraus. An diesem Ausdruck kann der Einfluß der alten abendländischen Theologie geradeso erkannt werden, wie an den Ausdrücken "Chance" oder "Zufall" der noch lebendige Einfluß des bereits sterbenden, wenn nicht toten wissenschaftlichen Materialismus früherer Generationen entdeckt werden kann. Wir ziehen es vor, statt dessen den Ausdruck "die Tätigkeiten der Natur" zu benützen. Moderne Wissenschaftler nähern sich unbewußt den Lehren der Esoterischen Philosophie und sprechen von "dem Gesetz von Ursache und Wirkung", wobei sie sich nicht bewußt sind, daß sie ein fundamentales Postulat der Esoterischen Philosophie verkünden.

Wahrhaftig, die Natur existiert in all ihren Tätigkeiten, und alle Wesen in der Natur existieren. Wenn wir aber von "Naturgesetzen" sprechen, meinen wir dann gewisse Tätigkeiten natürlicher Kräfte, die immer denselben Verlauf nehmen, und daß diese Kräfte von irgendeinem großen, erhabenen Individuum in Bewegung gesetzt wurden, das die Menschen "Gott" nennen? Offensichtlich ist es eine Tatsache, daß dieses große, erhabene Individuum, ein Titan oder ein kosmischer Mensch, durch die Imagination des Menschen, nach der eigenen inneren und äußeren Struktur des Menschen gestaltet, de facto verantwortlich wäre für alles, was in dem vermeintlicherweise von einem solchen Wesen erschaffenen Universum stattfindet und das den Gesetzen gemäß wirkt, die von einem Wesen dieser Art als dem vermeintlichen erhabenen Gesetzgeber vorgeschrieben und in Tätigkeit gesetzt wurden. Das würde den Menschen und alle anderen bewußten und quasi-bewußten Wesenheiten sowie alle Dinge zu der Beschaffenheit bloßer Automaten herabsetzen. Derart geschaffenen Automaten aber den Besitz eines freien Willens zuzuschreiben, den sie weder ihrem Ursprung noch ihrer Natur nach haben würden und infolgedessen nicht gebrauchen könnten, ist ein bloßes Petitio principii (die Verwendung eines unbewiesenen, erst noch zu beweisenden Satzes als Beweisgrund für einen anderen Satz, d. Ü.) - das heißt, die Sache wird von vornherein als bewiesen angesehen.

Eine derartige Vorstellung ist eine "leichte Art",

die spirituelle, intellektuelle und ethische Verantwortung für das, was wir an Gutem oder Bösem zu unserem oder anderer Wohl oder Wehe tun oder getan haben, jemand anderem oder etwas anderem aufzubürden. Aber die unbeugsame universale Logik der Esoterischen Philosophie erlaubt es uns nicht, dies zu tun. Der Mensch ist nur eine der unzähligen Scharen von Wesen, von verkörperten Bewußtheiten, die das Universum anfüllen. Nirgends finden wir etwas anderes als diese Hierarchien von Wesen, diesen während des kosmischen Manvantaras aktiven Bewußtheiten. Jede einzelne dieser Scharen webt ihr eigenes Schicksalsgewebe, indem sie ihre Energien aus ihrem eigenen inneren Wesen ausgießen und mit Intelligenz leiten, die ihrem eigenen spirituellen und mentalen Brennpunkt entströmt. Dieser Verknüpfung, dem unaufhörlichen Zusammenspiel und dem Untereinander-Verwobensein aller Intelligenzen und Willen und ihren daraus folgenden Tätigkeiten, die im Universum unaufhörlich vor sich gehen, sind die Ungleichheiten zuzuschreiben, die wir um uns herum sehen, ebenso auch die Unvollkommenheiten, die wir erkennen oder mehr oder weniger empfinden und deren wir uns ebenfalls bewußt sind, wie Schönheit und Pracht, Ordnung und Gesetzmäßigkeit.

II

Diese Wechselwirkung und der sich in weniger bedeutenden Fällen ergebende Konflikt zwischen den Willen (Plural) ist der Ursprung allen Übels in der Welt - nicht nur unter den Menschen, sondern unter all den Wesen, die, von den Übergöttern abwärts durch alle Zwischenstufen bis zum Menschen, auf den Sprossen der kosmischen Lebensleiter miteinander verknüpft sind; und weiter abwärts ist er ebenfalls die Ursache des Bösen oder der Disharmonie unter den Tieren und in geringerem Grade in den Pflanzen und Mineralien. Ohne diesen Konflikt menschlicher Willen (Plural), oder anders ausgedrückt, ohne den falschen Gebrauch jener göttlichen Fähigkeit - einer gottähnlichen Kraft, die in uns wirkt -, unseres relativ freien Willens, gäbe es auf Erden kein Übel, keine Disharmonie, soweit es Menschen betrifft.

In Beantwortung der allgemeinen Frage, was wandernde Seelen dazu gebracht hat, ihren göttlichen Ursprung zu vergessen, wodurch sie sich ihrer innewohnenden Spiritualität nicht mehr bewußt sind und daher Verwirrung und Böses verursachen, bemerkt Plotin:

> "Das Böse in den Seelen (das gleicherweise im großen das Böse in der Welt bedeutet) hat seine Quelle in dem Eigenwillen der Seelen und ihrem Verlangen nach Selbstausdruck, der die Verkörperung herbeiführt. Sie fanden Gefallen an dieser falschen Freiheit, was sie dazu führte, nach eigenen Antrieben und Handlungsweisen Verlangen zu haben, so daß sie auf diese Weise, während sie immer müßig weitertrieben, die Pfade des Üblen und des Unrechts entlanggefegt wurden, bis sie schließlich sogar alle Erinnerung an ihre ursprüngliche Heimat als Strahlen des Göttlichen verloren, ... ebenso vergessen die wandernden Seelen auch das Göttliche und ihren eigenen wahren spirituellen Charakter."
>
> "Enneaden", "Die drei primordialen Essenzen", V, I, 1

Von abendländischen Schriftstellern, die in falscher Weise dahingehend geschult wurden, gewisse Dinge zu glauben, die außerhalb pädagogischer, religiöser, philosophischer und wissenschaftlicher Steckenpferde der abendländischen Welt keine wirkliche Existenz besitzen, wurde gesagt, daß der Ursprung des Bösen in der Welt und sein Fortbestehen ein unlösbares Geheimnis bilden. In Wirklichkeit ist dies nicht der Fall. Was ist denn das Böse? Was ist denn das Gute? Sind es Dinge an sich, oder sind es, was vollkommen offensichtlich ist, lediglich Bedingungen, Zustände, durch die Wesen und Wesenheiten hindurchgehen? Das Böse ist Disharmonie, weil es Unvollkommenheit ist, und das Gute ist Harmonie, weil es relative Vollkommenheit ist. Auch sind diese beiden - das menschliche Gute und das menschliche Böse - fast ausschließlich mit der besonderen Hierarchie, in der wir Menschen uns bewegen, leben und unser Dasein haben, in Verbindung zu bringen. Das Böse ist keine Wesenheit; es ist keine Kraft, Energie oder Macht, die aus dem Herzen von irgend etwas oder von irgendeinem Wesen hervorströmt, wenn wir es nicht auf menschliches Bösetun beschränken, denn dann freilich ist es gerade das. Abstrakt gesagt, ist es der Zustand oder die Bedingung eines evolvierenden Wesens oder einer Wesenheit, die sich noch nicht völlig in Übereinstimmung und Einklang mit den fundamentalen Gesetzen der Natur gebracht hat. Es ist die Bedingung oder der Zustand eines Wesens, einer Wesenheit oder einer Gruppe von Wesen oder Wesenheiten, die dem vorwärtsstrebenden evolutionären Lebensstrom in stärkerem oder geringerem Grade entgegenwirken. Das Böse kann auch jener Tätigkeitsablauf genannt werden, der von Individuen zuwege gebracht wird, die die innere latente Göttlichkeit noch nicht entwickelt haben. Es ist daher immer auf seinen Ursprung zurückzuverfolgen, dem Mißbrauch des Willens und der Intelligenz von seiten eines Wesens oder von Wesenheiten, die sich aufgrund ihrer eigenen Unvollkommenheit in einem vorübergehenden disharmonischen Zustand mit ihrer Umwelt befinden.

Die Tatsache, daß in der Welt das menschliche Böse und aufgrund von Analogie auch das Böse anderer Art der Entartung des Willens der Individuen entspringt, Böses zu tun, was soviel heißt, wie den fundamentalen spirituellen Strömungen des Universums entgegen zu handeln oder ihnen mehr oder weniger entgegenzuwirken, ist als Theorie auch im Christentum zu finden, und zwar in den Werken eines seiner geachtetsten und hervorragendsten Schriftsteller, des Ex-Machinärs und Ex-Neuplatonikers Augustinus. Dieser alte Schriftsteller, dessen Einfluß auf die christliche Kirche immer sehr wirksam war, sagte in seinem "De civitate Dei" (Der Gottesstaat), Buch XII, Kap. VI, folgendes:

> "Der Wille wird nicht durch niedere Einflüsse (oder Dinge) verschlechtert, sondern der Wille ist es, der sich durch sein zügelloses Verlangen, niedrigen Dingen zu folgen, selbst verschlechtert."

Wie schon gesagt, ist das Gute relative Harmonie und daher relative Vollkommenheit, und das Böse ist folglich relative Disharmonie, aus relativer Unvollkommenheit geboren. Weder das Gute noch das Böse existieren als Zustände getrennt voneinander. Es könnte nicht "Gutes" im Universum geben, wenn es nicht "Böses" gäbe, das durch den Gegensatz ersteres hervorhebt. Umgekehrt könnte es im Universum, in unserem Heimatuniversum, nicht "Böses geben, wenn es nicht "Gutes" gäbe, wodurch allein das letztere als Gegensatz erscheint. Das Böse wird nicht aus nichts erschaffen; das Gute wird nicht aus nichts erschaffen. Das erste ist Disharmonie, das letztere Harmonie. Folglich sind sie zwei Pole desselben kausalen Ursprungs. So etwas wie das Böse kann nicht von unvollkommenen oder disharmonischen Dingen oder Wesenheiten getrennt existieren; es gibt keine Wesenheit "das Böse" an sich, die von Wesenheiten oder Dingen, die relativ "böse" sind, getrennt existiert. Die gleiche Beobachtung kann, mutatis mutandis (sinngemäß abgeändert), in bezug auf das Gute gemacht werden.

Paradox gesprochen ist das Böse ein Zustand, durch den wir Menschen bei unserem Wachstum hindurchgehen, um besser zu werden. Dieses "besser" ist jedoch einem größeren und höheren Besseren gegenüber "böse", und dieses höhere und größere Bessere ist wiederum unvollkommen und disharmonisch und daher relativ "böse" gegenüber einem noch Edleren, und so geht es weiter ad infinitum. Das Gute ist nicht Geist (spirit). Das Böse ist nicht der niedere Pol des Geistes, den wir Materie nennen, denn das hieße, die Materie wäre essentiell böse, was nicht wahr ist. Das Böse ist Unvollkommenheit, ob spirituell oder materiell, und alles das, was unvollkommen ist und durch die Stufe oder Phase des Wachstums zu etwas Besserem hindurchgeht. Ist eine Stufe oder Phase des Wachstums sehr niedrig, können wir mit Fug und Recht von "boshaftem Bösen" sprechen. Wenn sich diese Stufe oder Phase der Unvollkommenheit aber nur um ein geringes unterhalb der Menschheitsstufe befindet, auf der wir als Menschen gegenwärtig stehen sollten, so sprechen wir mit Recht von unbedeutendem oder geringfügigem Bösen.

Eine Einschränkung sollte hier gemacht werden, damit jene empfindlichen Seelen nicht beunruhigt werden, die lieber glauben, es gebe positives und individuelles Böses in der Welt, das als Wesenheit existiert. Es sollte verstanden werden, daß das Böse, wie abscheulich, unwürdig und ruchlos es menschlich auch sein mag, dennoch das Ergebnis des Mißbrauchs des relativ freien Willens des Menschen ist, der etwas Göttliches ist. Warum von manchen Menschen vorgezogen wird, an einen Teufel zu glauben, der beständig auf der Lauer liegt, um den unbedachten Schritten Fallen zu stellen, als lieber zu glauben, daß der Mensch, wenn er dem Göttlichen in sich zustrebt, vom Bösetun ablassen kann, ist eines jener seltsamen psychologischen Probleme, die auf das verirrte und unstete Denken des niederen Menschen zurückgeführt werden können.

Außerdem soll hier ein für allemal dargelegt werden, daß die Esoterische Philosophie n i c h t lehrt, daß Menschen nur dadurch gut werden, daß sie freiwillig das Böse als Tätigkeitsablauf wählen, um daraus zu lernen - wie manche vielleicht die Bedeutung der Worte absichtlich mißverstehen. Das hieße eine teuflische Art zu lehren, die allen Regeln der Philosophie direkt entgegenliefe. Sich selbst freiwillig dem Bösen zu verschreiben ist der unfehlbare und sichere Weg zu spiritueller, intellektueller und ethischer Degeneration, was in der Esoterischen Tradition mit "dem Mond-Pfad folgen" bezeichnet wird. Es kann nur auf spirituelle Bosheit schlimmster Art hinauslaufen und führt den "Verlust der Seele" herbei.

Diese Worte sind also nicht nur beweiskräftig, sie sind auch außerordentlich anschaulich und die nachdrücklichste Warnung für diejenigen, deren verirrter Geist sie vielleicht dahin führt, die einfache, aber einleuchtende philosophische Lehre zu mißdeuten und daher zu entstellen. Diese kann - wenn einmal richtig verstanden - das menschliche Leben mit Hoffnung und glänzender Aussicht erfüllen, denn sie zeigt, wie der Mensch aus dem Schlamm des Schlechten zu Besserem und dann zu dem Besten emporsteigen kann, um so einen Gottmenschen auf Erden aus sich zu machen.

Es gibt keinen "Teufel" im Universum, der fälschlicherweise für den immertätigen Anstifter des Bösen und für den Gebieter seiner krummen Wege gehalten wird. Gleichfalls gibt es auch keinen Gott als Gegenpol im Universum, der ähnlich und ebenfalls fälschlicherweise für den Schöpfer und Stifter des Guten und Herrn über sein Tun gehalten wird. Beides schließt evolutionäres Wachstum, entfaltenden Fortschritt und den Übergang von Unvollkommenheit zu einer weniger unvollkommenen Stufe, Phase oder einem solchen Zustand in sich, und zwar ununterbrochen. Materie ist nicht böse an sich, wie einige Schulen in der Vergangenheit falsch gelehrt haben, und aus demselben Grunde ist Geist nicht gut an sich. Das heißt, weder das eine noch das andere besitzt diesen oder jenen Zustand oder jene Stufe a b s o l u t und für alle Ewigkeit. Eine spirituelle Wesenheit wächst, evolviert oder entfaltet sich ebenso wie ein materielles Wesen oder eine materielle Wesenheit, die sich im Wachstum befindet oder dabei ist, die innere latente Fähigkeit und Kraft zu entfalten. Weil aber Geist und die Hierarchien spiritueller Wesen, die den Geist in umfassenderem Maße manifestieren, dem göttlichen Herzen der Natur näher sind - das heißt seiner fundamentalen Essenz und seinen fundamentalen Gesetzen -, sind Geist und spirituelle Wesenheiten, im ganzen genommen, vollkommener und daher offensichtlich besser und ebenso offensichtlich weniger "böse" als Materie und materielle Wesenheiten. Denn die letzteren sind wesentlich weiter von dem göttlichen Herzen der Natur entfernt, das heißt von der fundamentalen Essenz der Natur und den ihr innewohnenden Gesetzen der Harmonie.

Auch wird das Böse an sich nicht zum Guten an sich, das wäre eine Sinnwidrigkeit. Es wäre dasselbe, als würde man sagen, ein Zustand werde durch Wachstum zu einem anderen Zustand, was absurd ist. Wäre dies so, hätten wir eine Individualität, die - um als dasselbe Wesen fortzubestehen - doch zu einer anderen entgegengesetzten Individualität werden müßte; das ist ebenfalls absurd. Das Böse an sich ist keine Wesenheit, die wachsen oder gut an sich werden könnte, das heißt, sich zu einer anderen angenommenen Wesenheit entwickeln könnte. Ebenso ist die Länge keine Wesenheit, die existiert, obgleich es Dinge gibt, die lang sind; gleichfalls gibt es kein Ding an sich wie Tiefe, obgleich es Dinge gibt, die tief sind. Länge und Tiefe existieren nicht als Wesenheit. Sie sind abstrakte Zustände oder Stufen von Wesenheiten.

Wie kann das "Böse" göttlich werden? Wie kann Unvollkommenheit vollkommen w e r d e n? Wie kann Disharmonie Harmonie w e r d e n? Wie kann Haß zu Liebe w e r d e n? Das Böse wird niemals göttlich, weil das Böse kein Ding ist, das wächst. Kindheit ist kein Ding. Sie ist eine Beschaffenheit, ein Zustand oder eine Phase, durch die eine wachsende Wesenheit hindurchgeht. Dummheit ist kein Ding, auch wird sie niemals zu Intelligenz. Sie ist eine Phase, eine Beschaffenheit, ein unvollkommener Zustand in der Evolution oder dem Wachstum der Wesen. Daher ist es ganz falsch zu sagen, daß das Böse zum Guten wird. Nur Wesen oder Wesenheiten "werden".

Der Trugschluß, das Böse werde mit der Zeit zum Guten, ging aus der Vorstellung hervor, daß der Ursprung von allem gut ist und das Böse daher wieder so wird, wie es einmal war. Aber ist es nicht sehr gewagt zu glauben, daß der Ursprung von allem gut ist? Gut und Böse sind rein menschliche Ausdrücke, und da sie menschliche Ausdrücke sind, haben sie menschliche Merkmale. Es verhält sich wie mit der Ethik. Die Ethik eines Südseeinsulaners ist nicht die Ethik eines Europäers oder eines Amerikaners - und zwar, wir wollen es hoffen, in allen Einzelheiten! In gewissem Sinne oder grundlegend in gewisser Beziehung kann man das vielleicht auch bejahen. Die Ethik eines Teufelsanbeters unterscheidet sich wirklich sehr von meiner Ethik; dennoch ist sie in jedem Fall "Ethik" für das Wesen, das sie befolgt und ausübt. Gut und Böse sind menschliche Ausdrücke, und wir nennen gut, was wir als harmonisch empfinden: harmonische Beziehungen zu anderen Wesen und Dingen. Was manche Menschen vielleicht böse nennen würden, halten andere tatsächlich für relativ gut. Die Schlußfolgerung hieraus ist die: Wenn wir von Göttlichkeit sprechen, wagen wir dann jenes Unfaßbare zu benennen? Wie sollen wir es benennen? Ein Wesen? Nein, Essenz ist vielleicht ein besseres Wort. Sollen wir das, was für uns in seiner Fülle und in seinen überaus schönen und oft verwirrenden Tätigkeiten und Merkmalen unfaßbares Leben ist, mit den Attributen gut und böse ausstatten, so wie wir sie verstehen? Wer würde wagen, das grenzenlose Leben so zu begrenzen, es so einzuengen? Alles, was in dieser Hinsicht gesagt werden kann, ist, daß das Herz des unfaßbaren kosmischen SEINS Gesetz und Ordnung, unpersönliche Liebe und unpersönliche Harmonie ist; daß aus diesem unfaßbaren Herzen des SEINS der ursprüngliche Same von allem, was ist, fließt - einschließlich der zahllosen Scharen monadischer Individuen -; daß diese monadischen Individuen am Anfang ihrer evolutionären Reise durch kosmischen Zeit-Raum lernende Monaden sind, daß sie, wenn die Embryo-Wesenheiten ihre Reise durch Zeit-Raum fortsetzen, oft durch "böse Schatten" hindurchgehen, weil sie ihren Willen und ihre Intelligenz falsch anwenden.

Es sagt sich so leicht, "Gott ist die Liebe"; aber wenn wir sagen: "Gott ist die Liebe", merken wir dann nicht sofort, daß unendliche Liebe auch das in sich schließen muß, was wir das Böse nennen? Kann unendliche Liebe, die in Raum und Zeit grenzenlos ist, aus ihrer umfassenden Unendlichkeit das am meisten irrende Geschöpf ausschließen, das ursprünglich aus ihrem Herzen hervorging? Unendliche Liebe ist unendliches Mitleid, und sie umfaßt überall auch die Irrenden und die Tunichtgute. Das "Herz" des Universums ist unaussprechliche Harmonie, aber nicht alle Wesen irgendwo und überall sind harmonisch. Das Universum ist erfüllt mit jederart Geschöpfen, mit allen Arten, Graden und Stufen evolvierender Wesen und Wesenheiten; aber das "Herz" der Göttlichkeit umschließt sie alle, denn es ist ihr Elter und ihre Quelle. Sie ist das letzte Ziel, zu dem hin sich alle und alles durch unzählige Zeitalter hindurch auf der Pilgerfahrt zurück entwickeln.

Sollen wir das Herz der Göttlichkeit verantwortlich machen für das, was ein irrendes Kind begeht? Kann und darf man sagen, daß es so etwas wie ein unendliches und ewiges Verbrechen gibt? Diese Vorstellung ist widernatürlich, denn sie ist unglaubwürdig und unzulässig auf jeglicher Grundlage des Beweises oder Denkens. Was wir wirklich wissen ist, daß die schwachen und irrenden Scharen unvollkommen entwickelter Wesen und Wesenheiten, die auf ihrer Pilgerfahrt durch viele Täler des Schattens hindurchgehen, die manche Sünde nennen, unvollkommen entwickelte Wesen und Wesenheiten sind, die aber dennoch alle Kinder des kosmischen Lebens sind. Das kosmische Leben, das kosmische Herz, für das, was diese unzähligen Heerscharen und Mengen evolvierender Wesen und Wesenheiten tun, verantwortlich zu machen, ist unglaublich absurd.

Was ist Göttlichkeit? Ist sie "ein großer Mann dort oben", wie der ungebildete Wilde glaubt? Ein großer Mann "dort oben", der das Gute schafft und das Böse duldet, der gute Geschöpfe erschafft und böse Geschöpfe erschafft? Wenn man sagt, "Gott" sei verantwortlich für jeden bösen und irrenden Teil der Unendlichkeit, wie klein dieser Teil auch sein mag, und "Gott" habe eine solche Wesenheit "erschaffen", so heißt das, diesen vermeintlichen "Gott" individuell und ewig für das verantwortlich zu machen, was auch immer das unglückliche und unverantwortliche Geschöpf bis in alle Zukunft tun mag, denn, ex hypothesi, ewige und unendliche Weisheit sah die Unendlichkeit der Zukunft voraus und "erschuf" das Geschöpf für den Pfad, dem zu folgen es bestimmt ist. Ist nicht in einem solchen Fall sowohl nach logischer als auch nach menschlicher Gerechtigkeit - nicht zu sprechen von unendlicher Liebe und Weisheit - der wahre Bösewicht der vermeintliche "Gott" selbst?

Der Kirchenvater Lactantius zitiert in seiner Schrift: "Über den Zorn Gottes", Kap. XIII, Epikur und stellt das Problem des Bösen auf folgende kuriose bezeichnende Weise dar:

"Entweder möchte Gott das Böse aus dieser Welt beseitigen und kann es nicht, oder er kann es und will es nicht, oder er kann es nicht und will es nicht. Wenn er es will und nicht kann, ist es Unfähigkeit, was der Natur Gottes widerspricht; wenn er es kann und nicht will, ist es Schlechtigkeit, und das widerspricht seiner Natur nicht weniger; wenn er es weder will noch kann, ist es Schlechtigkeit und Unfähigkeit zugleich; wenn er es kann und auch will (was von diesen Bedingungen allein zu Gott paßt), woher kommt dann das Böse, das in der Welt existiert?"

Der fromme Kirchenvater stimmt natürlich mit dem obigen nicht überein. Das Argument jedoch, das er gegen Epikur vorbringt, ist nicht nur schwach, sondern umgeht die Hauptfrage: Was ist der Ursprung des Bösen?

Der große St. Augustinus behauptet in einem seiner Briefe an St. Hieronimus nachdrücklich, daß nicht einmal neugeborene Kinder der ewigen Verdammnis entkommen können, es sei denn durch die Taufe. Die jüdischen Rabbiner behaupteten kühn, Gott allein sei der Urheber des Bösen, und sie wiesen auf dieselbe Lehre hin, die in der Bibel an Stellen gelehrt wird (wie man sie in "Jesaja" 35, 7 findet), in denen der hebräische Prophet schreibt: "Der ich das Licht mache und schaffe die Finsternis; der ich Frieden gebe und schaffe das Übel."

Andererseits sagt die gesamte zivilisierte Welt, ausgenommen jüdische und christliche Quellen, daß das Böse aus unvollkommenen Wesen selbst hervorgeht, die sich weigern, ihr Wollen und Handeln den göttlichen Gesetzen anzupassen, die das Universum regieren. Hermes zum Beispiel sagt in der Abhandlung des "Krater": "Das Böse kommt nicht von Gott, sondern von uns, die wir es dem Guten vorziehen."

Den üblen Gedanken, Gott habe das Böse erschaffen, verwirft der Schüler kurz und bündig, denn für ihn ist er gotteslästerlich und schlecht. Für ihn ist das Herz des Seins absolutes Mitleid, absolute Harmonie, unendliche Weisheit. Aber was ist denn dieses "Herz des Seins"? Mit der nötigen Rücksicht auf die Schwächen des menschlichen Verstehens und die Unvollkommenheiten menschlicher Sprache, die die relativ schwachen Anstrengungen jenes Verstehens wiedergibt, sind wir letzten Endes gezwungen zuzugeben, daß dieses Herz des Seins nicht die grenzenlose, anfanglose und endlose Unendlichkeit und Ewigkeit ist. Vielmehr ist der Hierarch, der oberste hierarchische Hüter unserer eigenen kosmischen Galaxie, unseres Heimatuniversums, das göttlich-spirituelle Wesen oder die göttlich-spirituelle Wesenheit jenseits aller Möglichkeit menschlicher Forschung oder Beschreibung, die aber im Vergleich mit noch mächtigeren, noch unfaßlich erhabeneren kosmischen Wesenheiten nur ein relativ winziges Göttlein ist.

Wir verwerfen daher die Vorstellung, daß "Gott" zahlreiche Scharen von Menschen für das Böse erschafft; diese Idee entspricht zumindest der Logik einer alten Theorie. Die Umkehrung davon ist, daß "Gott" gewisse andere Heerscharen von Menschen für das ewig Gute erschafft, was ebenfalls exakt der Lehre einer anderen und entgegengesetzten alten Theorie des Abendlandes entspricht - wenn wir diesem Glauben den Namen "Theorie" verleihen dürfen. Für uns sind sowohl die Idee als auch die Lehre tatsächlich gotteslästerlich, da sie den vermeintlich erschaffenden "Gott" vollkommen und für immer verantwortlich machen und damit auch zum ersten Handelnden, weil "Schöpfer". Gemäß dieser Theorie wußte ein solcher "Gott", da er unendlich weise und unendlich mächtig ist, im Augenblick der Schöpfung alles, was seine Geschöpfe bis in alle Ewigkeit tun würden und werden. Somit erschuf "Gott" gemäß dieser alten Lehre absichtlich bestimmte Menschen zur ewigen Verdammnis oder umgekehrt.

Damit diese Worte nicht als unfair angesehen werden, wagen wir es, mit der schuldigen Achtung vor den vielen guten Männern und Frauen, die diesen Artikel vielleicht dennoch akzeptieren, Artikel XVII der neununddreißig Artikel der Kirche von England hier anzuführen, und zwar so, wie diese Artikel auf dem im Jahre 1562-63 abgehaltenen Konvent niedergelegt wurden:

> "Prädestination für das Leben ist der ewige Zweck Gottes, durch den er (noch bevor die Fundamente der Welt gelegt wurden) seinen uns geheimen Ratschluß auf ewig verfügt hat, diejenigen, die er in Christo aus der Menschheit erwählte, von Fluch und Verdammnis zu befreien und sie, als Gefäße der Ehre erschaffen, durch Christus ewigem Heil zuzuführen."

Dieser siebzehnte Artikel ist in Ton und Lehre mild, wird er mit der Lehre von der Reprobation (Ausschluß von der ewigen Seligkeit, d.Ü.) im Glaubensbekenntnis von Westminster verglichen, das auch in Westminster von einer Synode englischer Theologen in der Zeit zwischen 1643-1649 formuliert wurde. Es sollte daran gedacht werden, daß Reprobation in der christlichen Theologie ein Fachausdruck ist. Die Lehre bedeutet, daß "Gott einige zu ewigem Tode vorherbestimmt hat". Dieses Westminster Glaubensbekenntnis wurde zum großen Teil von Geistlichen aufgestellt, die starke calvinistische Neigungen hatten. In Artikel III, Abs. 3 und 4, finden wir folgendes:

> "Nach dem Ratschluß Gottes sind zur Offenbarung seiner Herrlichkeit einige Menschen und Engel zu ewigem Leben vorherbestimmt und andere zu ewigem Tode. Diese so prädestinierten, vorherbestimmten Engel und Menschen sind besonders und unabänderlich bezeichnet; und ihre Anzahl ist so sicher bestimmt, daß sie weder vergrößert noch verkleinert werden kann."

Artikel III des Westminster Glaubensbekenntnisses ist ziemlich logisch, vorausgesetzt, man kann seiner Intuition soviel Gewalt antun, um den unverkennbaren Voraussetzungen zuzustimmen, auf denen er beruht: einem unendlichen und ewigen

Schöpfer der Welt und des Menschen, der sowohl unendliche Weisheit als auch unendliche Macht ist. Denn es ist offensichtlich, daß, könnte ein solches Wesen existieren, jede seiner Handlungen von immerwährender Weisheit und Voraussicht geleitet wäre. Daher würde auch jedes Wesen erschaffen worden sein, um exakt das zu tun, was die immerwährende Weisheit voraussah, daß es das tun würde, und sie erschuf es, damit es das tue.

Einem darart erschaffenen Automaten freien Willen zuzuschreiben, ist nur eine "Petitio principii", das heißt, die Sache wird von vornherein als bewiesen angesehen. Sie wäre nichts anderes als die hohlste und ruchloseste aller kosmischen Ironien von seiten eines Schöpfers, denn ein solcher Schöpfer erschuf, gemäß der Hypothese, in seiner unendlichen Weisheit Wesen, von denen er im voraus alles wußte, was sie als derart erschaffene Wesen sein und tun würden.

Der obige Artikel dieses Westminster Bekenntnisses erkennt dies also nicht nur an, sondern bestätigt es positiv, indem er aussagt, daß gewisse Menschen und Engel "zu ewigem Leben prädestiniert" und andere "zu ewigem Tode vorherbestimmt" sind. Ein solcher "Gott" ist lediglich ein Phantasiegebilde verdorbener und finsterer Gemüter, wie aufrichtig sie auch gewesen sein mögen.

Wird den obigen Voraussetzungen die andere und gleichfalls universell akzeptierte Voraussetzung hinzugefügt, die besagt, daß dieser Schöpfer das immerwährende und ewig Gute ist, schwindet sofort die erwähnte strenge Logik - sofern man nicht vorzieht, einen derartigen kosmischen "Gott" als kosmischen "Daimon" zu betrachten. Warum aber wird er dann für "unendlich gut" gehalten? Man fragt sich nur, wann die Lehren und unsterblichen Gebote des Christus-Menschen, dem die Christen als ihrem Meister folgen und dessen Leben ein ununterbrochenes Beispiel an Schönheit, Liebe und Weisheit war, verstanden und befolgt werden und die finsteren und oft schrecklichen - weil so unmenschlichen - Phantome der Phantasie von Menschen des Mittelalters ein für allemal aufgegeben werden.

Greuel dieser Art wurden in den alten Zeiten, als noch die großen Mysterien des Altertums mit ihrem mächtigen Einfluß auf menschliche Seelen vorherrschten, niemals gelehrt. Diese Mysterien lehrten die Menschen nicht nur, wie sie leben sollten, sie lehrten auch die Geheimnisse der universalen Natur und somit ebenfalls des Menschen innere Konstitution und sein Wesen, seinen Ursprung sowie sein Schicksal. Es könnte auch noch hinzugefügt werden, daß es weder die Lehre des Avatâra Jesus, genannt der Christus, ist noch die Lehre der Bruderschaft der Meister der Weisheit, des Mitleides und des Friedens. Es ist eine schwerverständliche, unedle Idee, die den verdunkelten Gemütern mittelalterlicher Theologen in der Frühzeit der christlichen Ära entwuchs.

Der Schüler der Esoterischen Philosophie akzeptiert keinen solchen Gott, denn ein Gott dieser Art ist wahrhaftig des Menschen eigene Schöpfung, erschaffen von dem schwachen, irrenden und unvollkommenen Geist des Menschen, der seine eigenen unvollkommenen Phantasien auf den Hintergrund der Unendlichkeit projizierte. Statt dessen ist für den Schüler das Herz des Universums die Quelle allen Lebens, die Quelle aller Intelligenz, aller Ordnung und aller Gesetzmäßigkeit. Es ist die Quelle von allem, dem der Mensch in seinem innersten Herzen und höchsten Geist zustrebt, um durch ein derartiges Streben sein eigenes Leben zu veredeln und sein Dasein zu erhöhen. Ja, es ist der erhabenste und höchste Teil der menschlichen Konstitution, denn seine innerste Essenz ist identisch mit der göttlich-spirituellen Essenz des kosmischen Universums.

Die vorhergegangenen Bemerkungen und Überlegungen bedeuten jedoch nicht, daß die Lehren der Esoterischen Philosophie, der Esoterischen Tradition, die Existenz aller unvollkommen entwickelten kosmischen Leben sowie deren räumliche und zeitliche Phasen im Universum ignorieren. Andererseits werden auch nicht die zahlreichen Scharen evolvierender, sich entfaltender oder wachsender Wesen übersehen, die noch in die niedrigeren Tiefen oder Dichtigkeiten der vielen Existenzphasen in der sogenannten materiellen Welt eingetaucht sind. In der Tat, die titanischen Intellekte der Menschenrasse haben seit langen Zeitaltern die Bereiche oder Wohnungen des Lebens dieser linken Hand ebenso sorgfältig erforscht wie die großen Wohnungen und Bereiche kosmischen Lebens, die dem aufsteigenden Bogen manifestierten Seins, wie er technisch genannt wird, angehören. Große Gemüter, die eine noch durchdringendere Kraft, unpersönlichere und durchschauendere Weisheit haben als die titanischen Intellekte der menschlichen Rasse, haben den letzteren weite und tiefe Bereiche kosmischer Wahrheiten übermittelt. Diese geben ihrerseits ihr Wissen an diejenigen weiter, die sie für würdig und gut vorbereitet erachten, es zu empfangen: kosmische Wahrheiten, von denen der Durchschnittsmensch keine Vorstellung hat, ja, von deren Existenz er sich noch nicht einmal träumen läßt.

Es gibt Hierarchien spiritueller, quasi-spiritueller und ätherischer Wesen und Wesenheiten, die in den materiellen Hierarchien existieren und sie bewohnen. Auf ihre Weise sind sie von ebenso vielfältiger Art wie die Hierarchien am anderen oder spirituellen Ende der Skala. Es gibt tatsächlich Wesen, die als Wesenheiten von "spiritueller Schlechtigkeit" qualifiziert werden können, wie es auch der christliche Paulus lehrte (Epheser VI, 12). Was ist nun mit dem Ausdruck "Wesenheiten, die in einem Zustand spiritueller Schlechtigkeit existieren", gemeint? Offensichtlich und allgemein gesprochen bezieht sich dieser Ausdruck auf Wesenheiten, die aufgrund ihrer Unvollkommenheit und ihres bißchen freien Willens - obwohl sie den spirituellen Reichen angehören - eine gewisse Disharmonie verursachen; folglich sind sie in jenem Zustand schlecht.

Ferner bezieht sich dieser schwierige Ausdruck einerseits auch, und zwar viel bestimmter, auf Wesen, die eine gewisse intellektuelle und psychische Entwicklung besitzen, es aber freiwillig vorziehen, dem "Pfad der Materie" zu folgen. Andererseits bezieht sich der Ausdruck auch auf die sogenannten Mâmo-Chohans, wie sie in Tibet genannt werden. Das sind jene finsteren, mysteriösen Wesenheiten, die in ihrer Gesamtheit die karmischen Agenten, Kontrolleure oder Wächter der materiellen Seite des Universums sind. Die Herren der Finsternis, die Dunkelmänner, die Mâmo-Chohans, sind individuell gesehen sozusagen Monaden, die materiell bereits v o r der Zeit etwas entwickelter waren, als sie ihre Pilgerfahrt in d i e s e m kosmischen Manvantara durch die niederen Sphären begannen, um in ferner Zukunft Menschen und später selbstbewußte Götter des Lichts zu werden. Sie sind um uns herum an der Arbeit oder in Tätigkeit, und zwar ununterbrochen. Sie sind es, die die materiellen Welten tatsächlich in hierarchischem Zusammenhang halten. Nichtsdestoweniger wirken die Herren des Lichts durch diese materiellen Welten, indem sie sich in den materiellen Welten mit oder in Körper einkleiden. Das Wort "materiell", wie es hier angewandt wird, beschränkt sich in seiner Bedeutung nicht nur auf unsere physischen Sphären. Der Ausdruck umfaßt die vehikulare Seite des Universums, die substantielle Seite im Gegensatz zu der Energie-Seite, der Geist-Seite, den gewaltigen, zusammenwirkenden Hierarchien des Lichts.

Nun sind diese verschiedenen Klassen der "spirituell bösen" Wesen keineswegs alle Mâmo-Chohans. Ihre Zahl umfaßt auch Wesen, die auf dem evolutionären Pfad wesentlich weiter vorangeschritten sind als sogar die Menschen, auch wenn die meisten von ihnen aus der Menschenfamilie zu ihrem gegenwärtigen Zustand aufgestiegen sind. In den meisten Fällen, vielleicht in allen, vereinigen sich diese Wesen in der Schlechtigkeit ihrer

Spiritualität freiwillig mit den Mâmo-Chohans und werden somit zu den "Kräften des Bösen", die die Menschheit intuitiv immer unbestimmt erkannt hat. Sie sind tatsächlich spirituelle Zauberer, die auf Erden und in anderen materiellen Sphären die aktiven Werkzeuge für den nicht-evolvierten materiellen Teil des Lebens sind oder sich dazu gemacht haben. Daher sind sie das, was die "bösen Einflüsse" genannt wird, die von der "dunklen Seite" der Natur kommen. Es ist eine Tatsache, daß jeder Mensch, der freiwillig und aus e i g e n e m E r m e s s e n eine böse Tat begeht, weil er sie um ihrer selbst willen liebt, ein Werkzeug der spirituellen Schlechtigkeit ist, da er spirituelle und intellektuelle Kräfte für unheilige sowie ruchlose Zwecke und Ziele gebraucht. Dies ist wiederum aus dem Grunde möglich, weil der Mensch in seiner Essenz ein Gott ist und in seiner höheren Natur der Wille höchste Gewalt hat - wenn er nur wüßte, wie er ihn hier in unserer Welt anwenden könnte. So kommt es, daß er spirituelle Energien mittels seines Willens für üble, ruchlose Zwecke anwenden kann.

Jedes Individuum, ob Mensch oder anderes Wesen, folgt überall seinem eigenen Schicksalswege und webt sein eigenes Gewebe, aber nicht nur um sich selbst: e r s e l b s t ist jenes Schicksalsgewebe, denn es ist ein Charaktergewebe, und dieses besteht aus einem Gemisch von Kräften und Substanzen, die zu seiner siebenfältigen (oder zehnfältigen) Konstitution gehören. Hierin finden wir also die einfache Erklärung dafür, wie das Böse oder die Schlechtigkeit in der Welt entsteht: durch die verwickelte und eigensinnige Handlung der zahlreichen Scharen von Individuen, die ihren relativ freien Willen und ihre relativ unentfaltete Intelligenz gebrauchen. Da sich diese unvollkommenen Wesenheiten aufgrund von Unwissenheit und Leidenschaft oft falsch und zum Schaden und Verderb anderer ähnlicher Individuen, die sie umgeben, entscheiden, bringt dieser Konflikt der Willen (Plural) das verwickelte Geflecht der Fäden der vielen Schicksalsgewebe zustande. Dies ist die große Ursache für Leid und Elend, zumindest in bezug auf die Menschen, dessen wir uns alle so schmerzlich bewußt sind.

Diese Erklärung stimmt mit der gesamten Natur, die wir kennen, überein. Sie entspricht vollständig dem intuitiven Sinn für Gerechtigkeit, daß alles, was auch immer mit unserem Leben in Berührung kommt, in uns selbst seinen Ursprung hat und daß wir sozusagen unsere eigenen Eltern und unsere eigenen Kinder sind; denn das, was wir jetzt säen, werden wir ernten, und wir ernten das, was wir in diesem oder in einem anderen Leben gesät haben, und nichts anderes. Weder erschafft ein außenstehender Gott Elend, Unglück und Zerstörung, damit es über uns komme, noch umgibt uns ein außenstehender Gott mit unverdienter Freude, den glücklichen Folgen der Handlungen, die wir ausführen. Für keinen der beiden Fälle oder Zustände wären wir selbst verantwortlich. Doch wir selbst formen uns, und dadurch tragen wir mit anderen Hierarchien gemeinsam dazu bei, das Universum zu erbauen, jenen besonderen Teil des Universums, in dem wir uns befinden.

III

So sind also alle Wesen und Dinge, die wir überall erkennen, in Wirklichkeit individuelle Schicksalsgewebe. Auch das Universum selbst ist ein solches Schicksalsgewebe, das durch die Willen und durch Bewußtsein der Wesen, Wesenheiten und Dinge, die es erfüllen, die es tatsächlich zusammensetzen, geformt ist. Sie alle sind tätig, oder besser gesagt, sie wirken gemeinsam am Aufbau seiner unsichtbaren und unermeßlich wundervollen Welten und der äußeren Manifestationen, die die herrlichen natürlichen Erscheinungen, die wir sehen, wie auch die Unvollkommenheiten, die wir ebenfalls wahrnehmen, umfassen.

Jeder Punkt im Raum kann daher als Heimstätte einer monadischen Wesenheit betrachtet werden, und dieser Punkt wird von seiner eigenen todlosen und unbefleckten monadischen Essenz beseelt und belebt, von seinem eigenen Bewußtseinszentrum, das sich durch einen solchen infinitesimalen "Punkt", so gut es dies vermag, zum Ausdruck bringt und so durch das Weben seines Schicksalsgewebes auf seiner Reise aufwärts und zurück zu den Sphären unaussprechlichen Lichtes vorwärtsschreitet. Die Welten über uns, die Sterne und Planeten, sind lebende, wachsende, evolvierende Wesen, die ihrerseits ohne Ausnahme mit anderen untergeordneten Wesen und Wesenheiten angefüllt sind. Diese beschäftigen sich in ähnlicher Weise mit dem Weben ihres eigenen individuellen Schicksalsgewebes, das sie selbst sind. Durch dieses Weben aus sich selbst heraus ergießen sich immer größere Teile, Ströme oder Fluten der sie leitenden bewußten spirituellen Essenz, wodurch es lernt, dies immer besser zu tun. Ferner sind die natürlichen Phänomene, die wir in unserem physischen Universum sehen, nur die Wirkungen oder Resultate der Tätigkeit von zahlreichen Scharen intelligenter Wesenheiten in den unsichtbaren Bereichen, deren Macht und Eigenschaften, Attribute und Kräfte wir unbestimmt durch Intuition erkennen, fühlen oder empfinden, wenn sie in unsere Lebenssphäre einströmen.

Bei dieser ununterbrochenen Tätigkeit, die während des gesamten Verlaufs des ungeheuer langen kosmischen Manvantaras fortbesteht, handelt jedes Wesen oder jede Wesenheit gemeinsam mit zahlreichen Scharen anderer Wesen, die ihm mehr oder weniger gleich sind. Sie wirken gegenseitig aufeinander ein, so daß aufgrund dieser verwobenen hierarchischen Struktur des Universums jede Wesenheit überall - gleich welche Größe sie hat - nur eine der Wesenheiten in dem "Lebensstrom" irgendeines noch größeren Wesens ist. Wie in vorhergehenden Kapiteln schon ausführlicher erklärt wurde, ist die Struktur der Natur durchweg hierarchisch. Jeder ihrer zahlreichen kosmischen Pläne, die ihr eigenes Wesen zusammensetzen, wiederholt daher jeden Plan, der höher ist als er selbst. So kommt es, daß jede individuelle Einheit in dem Lebensstrom, der Konstitution und der Substanz einer anderen kosmischen individuellen Einheit von weit größerem Ausmaß eingeschlossen ist.

Dieser Gedanke mag auf den ersten Blick sehr mysteriös und schwer verständlich erscheinen, doch die Zusammensetzung des menschlichen Körpers liefert ein einfaches Beispiel für die sich wiederholende Struktur der Natur. Der Gehirnverstand eines Menschen leitet die bewußten Bewegungen seines Körpers, sein sogenanntes "Unterbewußtsein" leitet in gleicher Weise die sogenannten unwillkürlichen Handlungen, die unwillkürlichen Bewegungen und die Reflexbewegungen, welcher Art sie auch sein mögen. Entfernt man den Verstand oder das Bewußtsein, so tritt der Tod ein, der, wie wir sagen, einen "toten" Körper zurückläßt. Was geht in den "toten" Körpern vor? Verfall, Auflösung, ein Auseinanderfallen der organischen Zusammensetzung in ihre sie bildenden molekularen und atomaren Bestandteile. Die leitende, führende und energiespendende Kraft hat den Körper verlassen, der dadurch "tot" bleibt. Die inneren Kräfte fließen oder strömen nun nicht mehr in den physischen Körper ein, bewegen ihn nicht mehr, um ihn zu erregen oder ihm Frieden zu geben - je nachdem wie der Fall liegt, ob diese einströmenden Kräfte nun aus dem niederen oder dem höheren Teil der inneren Konstitution des Menschen hervorgehen. Doch unser Körper, als physisches Vehikel betrachtet, ist aus nichts anderem zusammengesetzt als aus ungeheuren Scharen infinitesimaler Wesenheiten. Jede dieser Wesenheiten hat dasselbe Recht und denselben Anspruch, eine "lernende Wesenheit", ein "Bewußtseinszentrum" auf seinem aufwärtsführenden Weg genannt zu werden, wie der Mensch selbst mit seinem dominierenden, umfassenden Bewußtsein und Willen. Während des Lebens ist der menschliche Geist, das menschliche Bewußtsein, der menschliche Verstand der vereinigende Oberherr über die zahllosen Scharen und Wesenheiten im menschlichen Körper - und es sind tatsächlich unzählige, so groß ist ihre Zahl -, und er hat sie alle unter seiner einschließenden und führenden Beherrschung.

Ebenso verhält es sich mit Universen im makrokosmischen Maßstab. Es gibt unzählige Scharen solcher Universen, wie moderne Wissenschaftler zu erkennen beginnen, indem sie von "Insel-Universen" außerhalb unseres Heimatuniversums sprechen, das in der umfassenden Zone der Milchstraße eingeschlossen ist.

Wir sehen somit, daß wir durch die untrennbaren und unentrinnbaren Bande eines kosmischen Bewußtseins miteinander verkettet und verbunden sind, und diese Bande bringen sich als alles durchdringender Wille und Intelligenz zum Ausdruck. Ja, jede Kraft im Universum durchdringt unser Wesen, und jede Substanz im Universum hat ihren angemessenen Teil zu unserem Aufbau beigetragen, wodurch sie uns von sich selbst etwas gegeben hat. So kommt es, daß in allen alten mystischen Schulen der Mensch als ein Mikrokosmos oder als eine "kleine Welt" angesehen wurde, die in sich alle die Teile enthält, die der universale

Elter enthält und ist. Da wir also Teile eines allumfassenden kosmischen Bewußtseins und seines vehikularen Ausdrucks, des uns umgebenden Universums, sind, finden wir uns nun hier zusammen und fühlen die Taten anderer ebenso, wie auch diese fühlen, was wir ihnen tun. Daher wird auch von seiten jeder Wesenheit die Ausströmung einer gewissen Menge der eingeborenen Energie unmittelbar auf die sie umgebende Natur einwirken, die ihrerseits automatisch darauf reagiert. Diese Reaktion kann sofort eintreten oder aber lange Zeit auf sich warten lassen; in manchen Fällen kann sie sich sogar um Äonen verzögern. Aber bei allen Vorkommnissen und in allen Fällen wird diese Reaktion bestimmt irgendwann einmal eintreten, denn sie ist durch die in der Gleichung enthaltenen Faktoren unentrinnbar festgelegt.

Diese Lehre, die die Tatsache zum Ausdruck bringt, daß wir nur Teile eines größeren Wesens sind, sollte nicht dahingehend mißverstanden werden, als bedeute sie die Lehre des Fatalismus, die bereits erörtert wurde. Fatalismus ist die Idee - er kann kaum als Lehre bezeichnet werden und dürfte eher eine Meinung oder eine Spekulation sein -, daß der Mensch und alle anderen Wesenheiten, bewußte und unbewußte, nicht-selbstbewußte und selbstbewußte, ganz gleich wo, die blind umhergetriebenen Stäubchen eines seelenlosen kosmischen Mechanismus sind, der von einer übermächtigen, beherrschenden Kraft gelenkt wird. Von dieser wird von manchem angenommen, sie wirke gänzlich als Schicksal und insgesamt als Zufall - blind, seelenlos, gefühllos als unerwartetes Geschehen, das auch zielloses Umherwandern einschließt, das zwecklos ist, ohne Herkunft, und daß alles ohne irgendein bestimmtes Ziel geschieht.

Dies ist die Ansicht einer Form des Fatalismus - der alten materialistischen Schule, die jetzt glücklicherweise ein überholter und im Prinzip aufgegebener Glaube ist. Die andere fatalistische Ansicht ist schwerer zu beschreiben, da es mehrere Meinungsverschiedenheiten und Schattierungen gibt oder gegeben hat. Sie besagt, daß die Menschen und alle anderen Wesen im Universum nur die Marionetten einer unerforschlichen kosmischen Kraft sind, die wahrscheinlich Intelligenz und Willen besitzt und diese Attribute sozusagen gebraucht, um das kosmische Trugbild der Schöpfung hervorzubringen, in der wirklich nichts außer ihr die Kraft der Selbstbestimmung besitzt.

Es gibt nur wenig Unterschied zwischen diesen beiden Schulen, denn sie sind sich so gleich wie zwei Erbsen in einem Topf. Der einen werden lediglich Begriffe zugeschrieben, die in der anderen nicht benutzt werden, es sind gewisse erdichtete Eigenschaften, die letzten Endes nur Bezeichnungen sind, weil sie leer und allen Gehaltes bar sind.

Europäische Wissenschaftler haben schon lange die Existenz einer Kausalkette im gesamten Universum beobachtet. Sie wurde und wird auch heute noch das "Gesetz von Ursache und Wirkung" genannt. Denn ihre Existenz ist in der Struktur der Natur und in ihrem Verfahren so klar ersichtlich, daß ihr Vorhandensein sowie ihre Prozesse, selbst wenn man den Ursprung und die Bedeutung dieses scheinbar dunklen und geheimnisvollen Gesetzes nicht verstehen kann, dennoch überall wahrnehmbar sind, und zwar nicht nur in uns, sondern in allen Dingen und Wesen, die uns umgeben.

Die modernen oder ultra-modernen Ansichten in bezug auf das "Gesetz von Ursache und Wirkung" machen jedoch einige sehr seltsame und interessante Veränderungen durch. Der auf das Physische bezogene Determinismus des entkräfteten und jetzt sterbenden Materialismus unserer Väter ist praktisch so gut wie verschwunden dank des neuen Lichtes, das neuere wissenschaftliche Entdeckungen und die davon abgeleiteten philosophisch-wissenschaftlichen Deduktionen auf die Natur des uns umgebenden Universums geworfen haben.

Unsere Wissenschaftler scheinen verwirrt zu sein. In einigen Fällen kommen sie zu einem Ergebnis, das kaum anders bezeichnet werden kann als eine unlogische Erklärung für die Ursachen und für die Bedeutung der physischen Phänomene, die sie durch ihre äußerst gewissenhafte Arbeit aufdecken. Als Reaktion auf den erwähnten alten fatalistischen Determinismus sprechen viele eminente Wissenschaftler heute von einem "Prinzip des Indeterminismus". Welchen Sinn oder welche innere Bedeutung dieser Ausdruck oder dieses Wort aber exakt in sich schließt, ist für einen Außenstehenden außerordentlich schwer zu sagen. Nach einem sorgfältigen Studium vieler wissenschaftlicher Werke, in denen das Prinzip des "Indeterminismus" erwähnt ist, fühlt man sich fast dazu getrieben zu folgern, daß die eminenten Herren, die dieses Wort geprägt haben, selbst darüber in Zweifel sind, was sie genau damit meinen.

Sollen wir diesen sogenannten "Indeterminismus" so auffassen, als bedeute er, daß die Atome oder die elektrischen Teilchen, die die Atome zusammensetzen, ein wenn auch noch so kleines bißchen freien Willen besitzen, der sie veranlaßt, in scheinbar regelloser und eigensinniger Weise zu handeln - und zwar oft den Erwartungen entgegengesetzt? Oder sollen wir vielleicht annehmen, daß "Indeterminismus" so, wie der Ausdruck gebraucht wird, einen Zustand bedeutet, in dem überall Schicksal, Zufall oder kosmische Gesetzlosigkeit regiert und in dem sich jedes Atom weigert, innerhalb jener Grenzen kausaler Verkettung gebunden oder eingeschränkt zu sein - was der alte Materialismus auch als Determinismus definierte? Wer kann sagen, was die großen Wissenschaftler selbst meinen? Ja, vielleicht wissen sie es selbst nicht! Doch einige bedeutende Wissenschaftler (zum Beispiel Einstein, Planck u. a.) stimmen der Kausalität im "Indeterminismus" zu. Bei Wissenschaftlern herrscht eine derartige Atmosphäre von Unwissenheit, oder vielleicht besser ausgedrückt, eine derartige Haltung von agnostischem "Indeterminismus" vor, daß man sich bei einem aufrichtigen forschenden Studium von vielem in der modernen Wissenschaft mit dem Gefühl zurückzieht, daß nichts wirklich präzise definiert und absolut zuverlässig erkannt wird und daß die Sicherheit sowie die dogmatische Orthodoxie der Naturwissenschaft von einst durch erstaunlich gewissenhafte neue Entdeckungen abgelöst worden ist, die in wissenschaftlichen Kreisen bisher nur Befremdung und Rätselraten hervorgerufen haben.

Aus diesem Grunde können weder der "Determinismus" des alten Materialismus noch der "Indeterminismus" der modernen wissenschaftlichen Schule angenommen werden, ebensowenig die unterschiedlichen Variationen des "Fatalismus", die zu verschiedenen Zeiten unter Philosophen und religiösen Denkern vorgeherrscht haben. Sie kommen weder den Bedürfnissen des Intellekts des Menschen noch den Intuitionen seines Geistes oder dem Streben seiner Seele entgegen. Auch antwortet keiner von ihnen in irgendeiner Weise angemessen auf die Instinkte des Moralgefühls. Weder "Zufall" noch "Kismet" sind zufriedenstellend, selbst wenn in diesen beiden Ansichten gewisse Umrisse der kosmischen Wirklichkeit gesehen werden können: eben jene unendliche, universale, nie-irrende und völlig unpersönliche Wirkungsweise der Natur, die unter der Bezeichnung "Karman", wie sie seit langer Zeit genannt wird, studiert werden kann. Dies ist die Lehre von den unentrinnbaren Folgen, im allgemeinen Sprachgebrauch auch das "Gesetz von Ursache und Wirkung" genannt. Es kann auch von dem all-durchdringenden Gesetz der Kausalität und der wirksamen Resultate gesprochen werden.

Wie der wahre Fatalist - wenn es überhaupt einen solchen gibt - glaubt auch der Schüler der Esoterischen Philosophie an diese Kette oder Verkettung oder an den Strom ineinandergreifender oder miteinander verflochtener Umstände, die überall im kosmischen Leben existieren. Auch glaubt er an die sich daraus ergebende Konsequenz, daß überall jedes Wesen oder jede Wesenheit und jede Tat, die irgendwo von einem Wesen oder einer Wesenheit begangen wird, und jeder Gedanke oder jede Gemütserregung, die irgendwo von einem Wesen oder einer Wesenheit gefühlt wird, die verkettete Wirkung einer vorausgegangenen Ursache ist, die in jedem Fall in dem Dasein eines Lebewesens aus der Kette der Kausalität aufsteigt. Ferner sind Universen, Welten, Sonnensysteme, Sternennebel, Kometen, Planeten, kosmische Geister, Menschen, Elementale, Lebensatome, Materie und all die verschiedenen Pläne und Sphären des Seins in Wirklichkeit alles Wesen. Sie sind nicht nur die Resultate oder die Folgen der vorangegangenen und individuellen Aggregate karmischer Ursachen eines jeden, sondern jedes einzelne Wesen schafft für sich und aus sich heraus beständig neue karmische Ursachen in gegenseitiger Verknüpfung oder in Verbindung mit allen anderen.

IV

Nun bleibt noch die Frage: Was bringt diese Ursachen hervor, die in dem Schicksalsgewebe wirksam sind und es aufbauen? Hier setzen wir sozusagen unseren Finger auf die wahre Lösung des Problems, das zeitalterlang die Gemüter der Menschen so gequält und verwirrt hat: Was bringt die Ursachen hervor? Die Lehre der Esoterischen Philosophie, der Esoterischen Tradition, ist die, daß es niemals den "Anfang" als "Anfang" gegeben hat. Das ist vielleicht ein harter Ausspruch, doch die Erklärung ist ziemlich einfach, wenn man den Kerngedanken erfaßt hat. Jede Ursache in der Kette der Kausalität, die sich von Ewigkeit zu Ewigkeit erstreckt, ist nur die Wirkung einer ihr vorausgegangenen Ursache, die ihrerseits lediglich die Wirkung einer ihr vorausgegangenen Ursache ist, und so weiter ad infinitum. Schauen wir in die Zukunft: Jede Ursache erzeugt ihre Wirkung, die sofort eine "neue" Ursache wird, die ihrerseits eine Wirkung zur Folge hat, die wiederum sofort zu einer "neuen" Ursache wird, und so geht es bis ins Grenzenlose weiter.

Die Formulierung des so subtilen und tiefen Gedankens sollte durchaus nicht dahingehend mißverstanden werden, als bedeute sie, daß Karman und seine Tätigkeit zu der entsprechenden Zeit nur mechanisch und seelenlos ist. Es ist erstens eine fundamentale Lehre der Esoterischen Philosophie, daß alles Karman, welcher Art, welcher Klasse und welcher Grades auch immer, fundamental von dem kosmischen Bewußtsein geführt, geleitet und daher gelenkt wird, und zweitens, daß die zahlreichen ineinandergreifenden Hierarchien den Raum erfüllen, ja ihn zusammensetzen, und jede von ihnen ihrem Grade sowie ihrer Art nach entsprechend bewußt ist. Karman ist somit essentiell nicht nur eine "Funktion" des Bewußtseins, sondern Bewußtsein in Tätigkeit. Der menschliche Geist in seiner unvollkommenen Entwicklung und mit seinem daher notwendigerweise begrenzten Visionsbereich kann den Bewegungen des kosmischen Bewußtseins aufgrund der ungeheuren Weite seiner vitalen Bewegung nicht folgen, so daß sich der menschliche Geist das kosmische Bewußtsein bestenfalls als ein uferloses Meer vorstellen kann, das im kosmischen Raum existiert und dem Anschein nach unveränderlich und unfaßbar still ist.

Es ist etwa so, als würde sich der Bewohner eines infinitesimalen Partikels, das einen Teil des menschlichen Körpers bildet, die Zeitspanne zwischen zwei menschlichen Herzschlägen vorstellen, die für ihn sozusagen eine Quasi-Ewigkeit wäre; die 7 x 10 menschlichen Herzschläge (sagen wir 72) in einer Minute hätten für ihn eine im Verhältnis unvorstellbar langsame Geschwindigkeit und würden eine Zeitspanne umfassen, die ihm endlos erschiene. So sind auch die Bewegungen eines Organs des menschlichen Körpers von so enormem Ausmaß, von so unermeßlichem Umfang, daß das infinitesimale wahrnehmende Bewußtsein ihre Existenz oder ihr Dasein wohl intuitiv erkennt, sie aber nicht begreifen kann.

Die Wahrheit ist jedoch, daß sich das kosmische Bewußtsein während des kosmischen Manvantaras in unaufhörlicher Bewegung befindet, ja sogar auch während des kosmischen Pralayas. Weil aber der kosmische Raum in besondere Hierarchien aufgeteilt ist, die Welten und Pläne bilden, und diese ihrerseits wieder nach dem hierarchischen analogen Prinzip in noch kleinere Wesenheiten teilbar sind, können wir erkennen, daß, wenn diese Schwingungsweiten der Bewegung oder die Größen im Raum kleiner werden - wie wir es verstehen -, schließlich die Stufe erreicht wird, auf der menschliche Intelligenz beginnen kann, diese kosmisch kleineren Gruppen und ihre Bewegungen zu verstehen und zu erfassen. So können wir in Gedanken die Skala hinabsteigen und wahrnehmen, daß das Kleine in ständig an Größe zunehmende Bereiche eingeschlossen ist und daß es Bereiche ständig abnehmender anderer Größen bis zum Infinitesimalen umfaßt, betrachten wir die verschiedenen Galaxien, die Familien im Raum bilden, dann eine einzelne Galaxie, dann die Sternenhaufen, dann ein Sonnensystem, dann einen Planeten.

KARMAN ist überall unaufhörlich tätig. Um die Idee richtig zu verstehen, sollte sorgsam beachtet werden, daß jeder winzigste Punkt im kosmischen Raum oder im kosmischen Bewußtsein als monadisches Zentrum betrachtet werden kann, das an der karmischen kosmischen Arbeit teilhat. Jedes Ding, jedes Wesen und jede Wesenheit, ob groß oder klein, arbeitet in den Bereichen karmischer Tätigkeit auf ihrer eigenen Stufe mit. Sie ist daher ein Agent dieser geheimnisvollen eigenen Essenz und für uns Menschen so unfaßbaren Wirkungsweise der Natur, die zum Zweck leichter Beschreibung das "Gesetz" von Karman genannt werden kann, das durch die Unendlichkeit von einem unnennbaren Geist geleitet wird.

Es ist kein Wunder, daß wirklich große Wissenschaftler gelegentlich eine Intuition von der Wirklichkeit haben und daß

Männer wie Einstein, Jeans, Edison und andere heute öffentlich erklären, daß ihrem Urteil nach die Essenz oder der fundamentale Stoff des Universums Geist ist! Der Zyklus menschlichen Denkens hat somit eine vollständige Runde gemacht!

Hierin liegt also der Schlüssel. Um nun darzulegen, daß es sich um eine allgemeine Lehre handelt, wollen wir uns wieder dem Menschen als passendem Beispiel zuwenden. Der Mensch ist ein zusammengesetztes Wesen. Seine höchsten Teile sind reine Göttlichkeit, daher sind sie auch reines Bewußtsein, reiner Geist, reiner Wille, reine Kraft. Da sich diese Eigenschaften zu einer Einheit zusammengeschlossen haben und somit ein individuelles Kompositum sowohl aus Kraft als auch aus Substanz bilden, die nicht nur aufeinander einwirken, sondern auch nach außen hin tätig sind und von der Außenwelt Wirkungen empfangen, ist der Mensch ein "Handelnder" im ursprünglichen Sinne des Wortes. Er ist jemand, der Taten erzeugt, der sich bewegt, der tätig ist, weil sein Herz, sein Kern, dieses zentrale göttliche Bewußtsein ist, diese reine göttliche Geist-Wille-Energie. Diese Einheit ist es, die kosmisch gesehen ihrer wahren Natur nach ununterbrochen aktiv und am Werk ist, sogar in den niedersten Dingen, also auch im Menschen wie in jedem anderen Wesen, jeder Wesenheit oder jedem Ding. Diese göttliche Geist-Wille-Kraft, dieses innere göttliche Bewußtsein, versucht immer, seine transzendenten Kräfte zum Selbstausdruck zu bringen, und zwar durch die Schleier der Materie hindurch, die den Menschen wie auch alle anderen Wesen und Wesenheiten einhüllen. Die essentielle Natur dieser göttlichen Einheit ist völlig frei, da sie reines, unbeschränktes Bewußtsein ist, sozusagen ein Tröpfchen des kosmischen "leuchtenden Meeres".

Ferner steht dieses fundamentale und erhabene kosmische Selbst im Herzen aller Wesen und Dinge völlig "über Karman" - um es allgemeinverständlich auszudrücken -, obgleich es tatsächlich der eigentliche Ursprung und die Quelle alles nur möglichen Karmans ist, und daher hat es natürlich sein eigenes Karman, das als göttlich bezeichnet werden kann. Folglich wird es von niedrigerem Karman niemals beeinflußt, und zwar aus dem einfachen Grunde, weil diese göttliche Wesenheit selbst die fundamentale wirkende Bewußtsein-Geist-Substanz des Universums genannt werden kann. Sie ist die kausale Harmonie dieses Universums, und deshalb ist sie auch die kausale Harmonie aller Wesen und aller Dinge, die dieses Universum umfaßt. Aus diesem Grunde ist sie die eigentliche Wurzel und Quelle, der eigentliche Born aller nur möglichen Tätigkeiten der Natur, das heißt die Wurzel von Karman. Es würde außerordentlich schwer sein, mit anderen Worten zu sagen, was Karman ist, denn es ist und schließt das tiefste kosmische Mysterium in sich ein: die Natur und die wirkungsvolle Tätigkeit des essentiellen Seins kosmischer Bewußtsein-Geist-Substanz-Kraft.

Da es in allen manifestierten Differenzierungen unaufhörlich tätig ist, schließt es auch alle unvollkommenen Ausdrücke derselben in sich ein. Aber es sind nur diese Differenzierungen oder Unvollkommenheiten, die unvollkommen arbeiten. Es ist offensichtlich, daß nur das vorher Involvierte später evolviert; mit anderen Worten: Evolution oder Entfaltung folgt auf Involution oder Einhüllung, und das, was seiner wahren Natur nach absolute Vollkommenheit oder die göttliche Einheit des Universums ist, bildet die kausale Wurzel oder Quelle all und jeder sogenannten Tätigkeit der Natur, der sogenannten "Naturgesetze". So sehen wir, warum dieser göttliche Teil der zusammengesetzten Konstitution des Menschen von den niederen, natürlichen Tätigkeiten unbeeinflußt ist, obwohl diese seine eigenen Ausflüsse sind, abgesehen davon, daß diese Ausflüsse dazu bestimmt sind, in zukünftigen Äonen zu ihm zurückzukehren.

Wenn dieses erhabene Bewußtsein eines Wesens oder einer Wesenheit, wie zum Beispiel das eines Menschen, seine eigenen transzendenten Kräfte so zum Selbstausdruck bringen kann, wie es zuweilen bei einzelnen Individuen der menschlichen Rasse in gewissem Maße geschehen kann und geschieht, so haben wir das, was wirklicher freier Wille genannt werden kann. In dem Maße, wie der Mensch diese inneren, transzendenten Fähigkeiten und Kräfte entwickelt und entfaltet, das heißt hervorevolviert, die sein Kern sind und der innersten Natur nach diesem transzendenten Bewußtsein in und über ihm entsprechen, in dem Maße besitzt er in immer höherem Grade dieses wunderbare Attribut oder die wunderbare Fähigkeit der freien Wahl, des freien Handelns, des freien Willens. Denn freier Wille ist ein Aspekt oder eine Energie jenes auf ewig unzerreißbaren Fadens der Bewußtsein-Geist-Substanz-Kraft, der uns mit der grenzenlosen Unendlichkeit vereint. Kein Mensch hat freien Willen - wie so viele oberflächliche Denker zu glauben geneigt sind -, wenn er nicht in Harmonie mit dem Universum ist, denn das würde bedeuten, daß er sich außerhalb des Universums befände. Der Mensch hat in größerem oder geringerem Grade freien Willen, was von seiner individuellen Entwicklung abhängt, denn sein innerster Kern, das Herz seines Herzens, ist, wörtlich genommen, Unendlichkeit oder das, was die vedischen Weisen - die sich weigerten, irgendein attributives Adjektiv anzuwenden - D A S nannten. Daher ist sein freier Wille in ewiger unlöslicher Einheit mit seinen anderen göttlich-spirituellen Attributen und Eigenschaften das Element oder Prinzip, das ihn mit dem kosmischen Urgrund verbindet, denn sein höchstes oder innerstes Selbst ist identisch mit dem Herzen Parabrahmans.

Parabrahman ist ein zusammengesetztes Sanskritwort und bedeutet "jenseits von Brahman"; पर (para) "jenseits" und ब्रह्मन् (Brahman) "der kosmische Urgrund" oder "der kosmische Geist". Der Ausdruck, der somit "jenseits von Brahman" bedeutet, bezieht sich nicht nur auf die unfaßbar zahlreichen Scharen der Hierarchien jenseits von Brahman unserer Galaxie, er ist vielmehr ein besonders anschaulicher Ausdruck, der auf die gänzlich undenkbaren und daher unbeschreiblichen göttlichen Tiefen der Unendlichkeit hinweist.

Im Zusammenhang mit dem unaufhörlichen und fortschreitenden Entfalten von Fähigkeiten, Kräften und Hilfsmitteln bedeutet Evolution daher gleichfalls Wachstum oder Entfaltung des freien Willens, und zwar aufgrund der fundamentalen Tatsache, daß Evolution das langsam fortschreitende, aber unaufhörliche Entfalten zu immer vollständigerem Ausdruck der parabrahmanischen Essenz in und über dem Menschen ist.

Der freie Wille wächst daher sowohl an Kraft als auch an Freiheit in dem Maße, wie der sich entwikkelnde Mensch auf dem leuchtenden Bogen der Natur - das heißt auf der Bewußtseins-Seite des Universums - vorwärts- und aufwärtsschreitet. Ebenso nimmt er ab, wenn sich der sich entwickelnde Mensch von der Bewußtseins-Seite abwendet und einem immer größeren Abstieg oder "Fall" in absolute Materie entgegengeht, was letzten Endes als kristallisierte oder passive Monaden beschrieben werden könnte, die sich sozusagen vollkommen automatisch mit den dortigen Tätigkeiten der Natur bewegen.

V

Wer die alten Schriften studiert, besonders jene des Orients, und ihre mehr oder weniger modernen Kommentare, ist zweifellos besonders in den letzteren auf Bemerkungen gestoßen, die dem Sinn nach besagen, daß ein Mensch, der den Zustand oder die Bedingung der Meisterschaft über das Leben und im Leben erreicht hat, mit anderen Worten, der einer der großen Weisen und Seher geworden ist oder vielleicht eine noch erhabenere Größe an Spiritualität erreicht hat, sich dann "über Karman" befindet, oberhalb der karmischen Reaktionen, und somit über den Bereich seiner Gewalt hinausgeschritten ist. Solche Aussagen müssen mit großer Zurückhaltung aufgenommen und mit ebenso großer Sorgfalt geprüft werden. Nun ist es gemäß der Lehre der Esoterischen Philosophie, der Esoterischen Tradition, vollkommen richtig, daß ein sich entwickelndes Individuum wie der Mensch, der aus seinem Inneren seine transzendenten Kräfte entfaltet, die immer in Einklang mit dem kosmischen Gesetz wirken eine so hohe Stufe in der spirituellen Evolution erreichen mag, ja erreichen kann, daß er dadurch - natürlich in seiner eigenen Sphäre - ein direkter und selbstbewußter Mitarbeiter und Vertreter dieser kosmischen Gesetze wird. So kann von ihm mit Recht gesagt werden, daß er "über Karman hinaus" sei, insofern der Ausdruck Karman sich hier auf seine eigene Evolution, seinen eigenen Charakter und seine eigene Tätigkeit als Mensch bezieht, wie hoch auch immer die Stufe sein mag, die er erreicht hat.

Doch ist es ebenfalls richtig, daß das universale Karman kosmischen Seins der Urgrund der Betätigung des individuellen Karmans ist, da jedes Individuum vom kosmischen Sein, vom Universum, untrennbar ist. Ferner muß gesagt werden, daß sozusagen der höchste Gott im höchsten Himmel ebenso universalem Karman unterworfen ist wie die bescheidene Ameise, die einen Sandhügel hinaufklettert, nur um wieder herunterzupurzeln.

Besteht zwischen diesen beiden Aussagen nun ein Widerspruch in der gewöhnlichen Logik oder der Metaphysik? Nein, auch wenn darin eines der zahlreichen Paradoxa enthalten sein mag, denen sich der Schüler der Esoterischen Philosophie ständig gegenübersieht. Folgendes dient als Erklärung für das Paradoxon: Ein Mensch oder irgendein anderes Wesen, gleich welche hohe Stufe evolutionärer Entwicklung es erreicht haben mag, schreitet aus der Gewalt oder über den Bereich karmischer Tätigkeit der Hierarchie, zu der es gehört, hinaus, wenn es mit ihr eins geworden ist oder sich in vollkommener Einheit mit dem erhabensten Teil dieser Hierarchie befindet. Für diese Zeit hat der verklärte Mensch Quasi-Göttlichkeit erreicht, weil er sich mit den göttlich-spirituellen Teilen seiner Hierarchie vereinigt hat. Alle Triebkräfte seiner Natur sind dann vollkommen harmonisch und stehen im Einklang mit der Hierarchie, mit der er sich göttlich und spirituell in enger Vereinigung befindet. Wenn er nun mit der spirituellen Natur dieser Hierarchie eins ist und somit "mit der Natur" arbeitet, steht er über der Stufe, auf der er als Untertan der Hierarchie unter dem Einfluß, der "Herrschaft" oder der "Kontrolle" des allgemeinen Feldes karmischer Tätigkeit in dieser Hierarchie stand. Von nun an hat jenes hierarchische Karman keine weitere Gewalt über ihn, denn in dieser Hierarchie ist er zu einem Meister ihres Lebens geworden, da er eine wirkende Kraft ihrer innersten Impulse und Befehle geworden ist. Sein Geist und sein Bewußtsein sind in das leuchtende Meer eingegangen.

Dennoch ist die besondere Hierarchie, zu der er gehört und in der er nun ein Meister des Lebens geworden ist, soweit es das Universum betrifft, nur eine der Scharen anderer Hierarchien, von denen einige weit niedriger und andere weit höher sind, denn im grenzenlosen All gibt es unzählige Hierarchien. Verglichen mit dem grenzenlosen All - den grenzenlosen Räumen der Unendlichkeit - schrumpft seine eigene Hierarchie, wie groß sie auch sein mag, sozusagen zu den Dimensionen eines bloßen mathematischen Punktes zusammen, und sie wird zu einem zusammengesetzten hierarchischen Atom in den Gefilden des universalen Lebens.

Dies alles bedeutet, daß - während ein solcher Mensch oder eine andere Wesenheit in der Evolution fortschreitet und die Zeit kommt, da er seine eigene Hierarchie verläßt und in höhere Sphären kosmischen Lebens übergeht - er noch umfassendere und erhabenere Sphären der Erfahrung und der sich daraus ergebenden Betätigung betritt. Daselbst befindet er sich bei seinem Eintritt auf der untersten Stufe dieses neuen kosmischen Bereiches der Lebensleiter und fällt unmittelbar unter die Gewalt oder "Herrschaft" des noch größeren Karmans dieser erhabeneren hierarchischen Sphäre.

So sieht man, daß sich ein Mensch tatsächlich über die karmische Sphäre der relativ begrenzten Hierarchie, in der er sich befindet, erheben kann, wenn er mit der innersten Essenz jener Hierarchie spirituell eins ist und somit zu ihrem Agenten, ihrem gehorsamen Diener wird. Doch sollten die Existenz in einer solchen besonderen, begrenzten Hierarchie oder die karmischen Wanderungen oder Pilgerfahrten durch sie hindurch nur als das Erklimmen einer einzigen höheren kosmischen Stufe auf der grenzenlosen "Leiter" des kosmischen Lebens betrachtet werden, die durch die miteinander verwobenen, ineinandergreifenden und aufeinander einwirkenden Welten führt, aus denen der

Kosmos aufgebaut ist.

Die Hauptfähigkeit oder -eigenschaft in jedem sich entwickelnden Wesen, wie zum Beispiel dem Menschen, der diesen evolutionären Aufstieg durch die Sphären zuwege bringt, ist in erster Linie der sich entfaltende Wille, der - während der Mensch in höherem Maße evolviert - fortschreitend freier wird, wobei er von der fortschreitenden sich entfaltenden Fähigkeit oder Eigenschaft des Bewußtseins, oder besser, dem Denkprinzip geführt, beaufsichtigt und geleitet wird. Diese beiden, Wille und Verstand, entwickeln sich eng zusammen und in relativ gleichem Maße, pari passu, in gleichem Schritt. Wie schon gesagt wurde, kann von dem Willen des Menschen mit Recht gesagt werden, daß er zu jeder Zeit - ob nun in seiner Vergangenheit, Gegenwart oder Zukunft - zum Teil gefesselt oder gebunden und zum Teil frei ist, wobei die "Freiheit" stetig zunimmt, wenn das sich entwickelnde Wesen immer mehr eins wird mit der Göttlichkeit in seinem Herzen, die sein höheres Selbst ist und die auch die Quelle des Bewußtseins oder des Denkprinzips ist, das seinen Willen in die Tat umsetzt.

So befindet sich also im Geist eines Wesens, in seiner inneren spirituellen Sonne, seinem inneren Bewußtsein, die Quelle oder der Born des freien Willens, der sich immer nach außen hin durch die ihn umgebenden und einschließenden ätherischen Schleier der siebenfältigen Konstitution des Wesens hindurch zum Ausdruck bringt. Je entwickelter die Wesenheit ist, desto größer ist auch die Freiheit ihres Willens und folglich auch die Wahl ihrer Handlungen. Der freie Wille ist eine der konstitutionellen und daher eingeborenen oder - besser gesagt - innewohnenden Attribute oder Kräfte, die der Mensch besitzt; er ist eine hervorragende Eigenschaft, seinem Ursprung nach ein wahrhaft göttliches Attribut. Denn obwohl die gesamten Kräfte des Kosmos während des Erdenlebens wie auch in den vorgeburtlichen und nachtodlichen Perioden beständig und ohne einen Augenblick innezuhalten von allen Seiten auf den Menschen einwirken, so hat er dennoch seinen Teil entfalteten oder entwickelten freien Willens, mit dem er sein Schicksal weben kann, ganz wie er es möchte, zum Guten oder zum Bösen für sich und seine Mitmenschen.

Natürlich wird nicht geleugnet, daß es im Universum Mechanismen gibt - denn es gibt sie bestimmt. Auch wird nicht geleugnet, daß das Universum in seiner äußeren Form, so wie wir es verstehen - jener Querschnitt des Kosmos, den wir unsere physische Sphäre oder die weiten Dimensionen unseres physischen Universums nennen -, in seinen physischen Prozessen mechanisch ist. Es ist bestimmt so; und in der Tat verhält es sich mit unserem physischen Körper ebenso. Alles in den Welten, die wir heute erkennen, bewegt sich nach sogenannten "mechanischen" Gesetzen. Diese "mechanischen Gesetze" sind der äußere und physische Ausdruck innerer, immer-aktiver spiritueller und ätherischer Kräfte; und eben hierin liegt die Lösung des Lebensrätsels. Das physische Universum befindet sich in unaufhörlicher Bewegung. Es bewegt sich aufgrund, und zwar allein aufgrund der innewohnenden Intelligenzen und Willen, die sich auf allen der fast unzähligen Stufen der inneren hierarchischen Lebensleiter befinden, vom höchsten Dhyân-Chohan oder Erzengel abwärts bis zu dem am geringsten entfalteten oder entwickelten Elemental. Hinter den Mechanismen stehen die inneren, unsichtbaren, immer-aktiven Mechaniker; hinter und in den Maschinen sind die unsichtbaren bewegenden Kräfte, die Triebkräfte.

So können auch wir Menschen in einem Sinne als lebendige Mechanismen von spirituellem und intellektuellem Typ angesehen werden, die - jeder von uns -

von der innewohnenden und überstrahlenden Göttlichkeit beseelt und angefeuert werden. Wir weben unser Schicksalsgewebe, in das wir uns, ach, allzuoft verstricken, während wir durch Zeit und Raum wandern und die Fäden des Gewebes aufwickeln und das abwickeln, was uns unsere Güte und vielleicht auch unsere Torheit vollbringen ließ. Geradeso wie die Spinne ihr zartes Gewebe aus der Substanz ihres eigenen physischen Selbstes webt, so weben auch wir Menschen - jeder von uns - in ähnlicher Weise unser Schicksalsgewebe aus den Kräften und Substanzen, die wir aus unserem Inneren hervorholen - unserem Willen, unserer Intelligenz, unseren Gemütsbewegungen und Gefühlen sowie unseren Bestandteilen -, indem wir diese zarten Fäden des Denkens und Fühlens verknoten und lösen. Wie wunderbar ist es, daß dieses Schicksalsgewebe, das jeder von uns auf diese Weise webt, er selbst ist!

KAPITEL IV

SCHICKSALSGEWEBE - II

Die fundamentale Grundlage der Lehre, die die Darstellung des Aufbaus der Schicksalsgewebe in sich schließt, liegt in der erhabenen Tatsache, die in den meisten großen religiösen und philosophischen Systemen der Alten öffentlich gelehrt oder zumindest angedeutet worden ist, daß jedes Individuum, wo auch immer es sich aufhält oder lebt, gleich welchen Charakter es hat und auf welcher Stufe der evolutionären Lebensleiter es stehen mag, im Wesenskern völlig identisch ist mit dem Universum, in dem sich alle Wesen, Wesenheiten und Dinge bewegen, leben und ihr Sein haben.

Ob sich der Studierende nun den tiefen Philosophien Alt-Hindustans zuwendet oder ob er das berücksichtigt, was von den religiös-philosophischen Systemen der Griechen und der Völker um das Mittelmeer geblieben ist, er wird sehen, daß diese tiefste und grundlegendste aller Lehren überall zu finden ist. Der Mensch, als passendes Beispiel, ist nicht nur ein integraler Teil oder Faktor des Universums und von ihm untrennbar, er bezieht sein ganzes Leben und Sein sowie die mannigfaltigen und Multimyriaden Ausdrucksformen aus der kosmischen Quelle, und zwar ursprünglich als Geist (spirit), und desgleichen auch aus den ineinandergreifenden, miteinander verwobenen kosmischen Hierarchien, von denen seine eigene menschliche Hierarchie nur eine ist.

Diese erhabene Vorstellung hatte Gautama Buddha bei seiner Lehre hinsichtlich dessen im Sinn, was später die "große Ketzerei" genannt wurde, das heißt der völlig illusorischen und falschen Idee, daß irgendeine Wesenheit oder irgendein Wesen anders als das Ganze und in keiner Weise verantwortlich für das Ganze wäre. Immer war es der charakteristische philosophische Fehler allen abendländischen Denkens - mit wenigen beachtenswerten Ausnahmen -, den Menschen als einen von dem Universum abgesonderten Teil zu betrachten, der sich von ihm unterscheidet. Dieser charakteristische abendländische philosophische Irrtum hat - mit den angedeuteten beachtenswerten Ausnahmen - nicht nur die ganze abendländische Religion in allen ihren Formen durchdrungen, sondern ebenfalls auch die gesamte abendländische Philosophie sowie die abendländische Wissenschaft.

Glücklicherweise scheint das Pendel des Denkens in dieser Hinsicht jedoch langsam zu der archaischen Vorstellung zurückzuschwingen, die einst vor Zeitaltern auf der bewohnten Erdkugel universell akzeptiert wurde. Diese fundamentale Vorstellung klar im Sinn zu haben ist so wichtig, daß es keiner Entschuldigung bedarf, wenn sie, wo es nur möglich ist, wiederholt wird. Sie sollte die Grundidee oder Grundlehre eines jeden Denksystems sein, das wert ist, religiös, philosophisch oder wissenschaftlich genannt zu werden. Dank der Verbreitung der Esoterischen Philosophie in der modernen Welt durchdringt der Geist dieser fundamentalen Auffassung als eine der großartigen Tatsachen des Seins langsam modernes europäisches und amerikanisches Denken und beeinflußt es daher, und dieser Einfluß ist besonders in den Schriften von Menschen mit vorausschauendem und intuitivem Denken zu bemerken.

Moderne Schüler der Weisheit der Zeitalter tun ihr Bestes, diese Lehre zu verbreiten. Sie wirkt so machtvoll für das Gute im Menschen und fördert durch ihren starken Einfluß alle Bewegungen, die auf der Grundlage sowohl eines philosophischen und wissenschaftlichen als auch eines religiösen Altruismus gegründet sind. Als Beispiel für die Art und Weise, in der diese erhabene Lehre auf alle empfänglichen Gemüter übertragen wird, zitiert der Verfasser des vorliegenden Werkes nachfolgend eine Anzahl Stellen aus "Y Fforwm Theosophaidd"*), die durch ihre genaue philosophische und ethische Darstellung der Lehre verblüffen.

"Im Apfel sind Samen, die alles enthalten, was im Apfelbaum ist; neue Äpfel können daraus wachsen. Wir sind Äpfel am Baume des Universums; in uns muß alles sein, was im Universum ist. Durch inneres Forschen können wir ausfindig machen, welche Geheimnisse die Sterne vor uns verbergen, warum das Grenzenlose mit einer Unendlichkeit von Universen übersät ist, wozu es Sonnen und Planeten gibt, warum es Menschen gibt und aus welchen Gründen sie gedeihen oder elend sind. Es muß so sein. Selbsterkenntnis muß der Schlüssel zu allem Wissen sein, weil uns das Universum hervorbringt und alle Kräfte, Mächte, Eigenschaften, Fähigkeiten und Essenzen, die darin enthalten sind, zu unserem Aufbau beitragen und auch latent in uns sind. Ebenso wie wir bewußte Wesen sind, so ist es das Universum. Wie wir viele Bewußtseinsgrade in uns haben, so gibt es auch im Universum eine Unendlichkeit von Bewußtseinsgraden. Wie wir uns ent-

---

*) "Das Walisische Theosophische Forum", Dezemberausgabe 1934, veröffentlicht von der Walisischen Sektion der Theosophischen Gesellschaft. Die zitierten Abschnitte sind aus zwei oder drei außerordentlich interessanten und wirklich tiefgründigen Stellen ausgewählt worden, die zweifellos aus der Feder des talentierten Herausgebers Kenneth Morris, D. Lit., stammen, der auch Präsident der Walisischen Sektion der Theosophischen Gesellschaft ist.

wickeln können, die niederen Elemente unseres Wesens meistern und Bewußtsein und Charakter in uns höher und höher entwickeln können, so entwickelt sich auch das Universum und all die unendlichen Myriaden von Wesen, die es zusammensetzen. Und da wir keinen höheren oder wahreren Zweck unserer Existenz finden oder ersinnen können und es keinen anderen geben kann als den, daß wir uns auf diese Weise entwickeln, so wird es uns zur Gewißheit, daß Evolution die große Aufgabe allen Daseins ist. Die Sterne entwickeln sich und die Atome, die Götter der Milchstraße und die Infusorien in einem Wassertropfen. Es gibt kein Partikelchen Materie, das nicht die Verkörperung und der letzte äußere Ausdruck einer sich entwickelnden Wesenheit wäre. Es gibt keinen Menschen, der, wenn er um seine Aufgabe und den Zweck seiner Existenz wüßte, nicht seinen Sinn darauf richten würde, sich von den Dingen in ihm zu befreien, die ihn davon abhalten, das in ihm wachsen zu lassen, was ihn für die Menschheit wertvoll macht."

Und weiter heißt es auf einer anderen Seite derselben ausgezeichneten Zeitschrift:

"... wenn wir in uns gehen und uns über das tierische Selbst, das wünscht und der Sitz der Leidenschaften ist, erheben; wenn wir uns über das persönliche Selbst, das uns mit unserem äußeren und abgesonderten Wesen identifiziert, erheben; und wenn wir darüber hinaus von dem unpersönlichen Selbst in uns, das denkt und überlegt, zu dem spirituellen Selbst gelangen, das tatsächlich in uns existiert und entdeckt werden kann; wenn wir erkennen, daß unpersönliche Liebe und Mitleid über alle Wesen ausströmt und keine Belohnung für seine Wohltaten verlangt, dann sind wir in den reinen

Geist in uns eingetreten und offenbaren die Charakteristik und die Kräfte jenes innersten Selbstes in uns, das universal ist und das 'die Liebe ist, welche die Sonne sowie alle Sterne bewegt'."

Dr. Morris führt seinen edlen Hauptgedanken wie folgt fort:

"Studiert die sieben Prinzipien des Menschen. Hier sind wir persönliche Selbste, niedere Manase. Aber in uns liegt latent ein höheres Manas - die Kraft, so zu denken, wie die Größten der Menschheit gedacht haben -, das darauf wartet, daß wir es entwickeln. Darüber liegt 'Buddhi', die buddhische Kraft, um das Universum mit strahlendem Mitleid zu lieben und zu erwärmen. Diesem folgt Atman, das universale Selbst, in dem Unendlichkeit ruht. Der Wille ist etwas Unpersönliches und Universales, das auf den Ruf des Wunsches antwortet. Wünsche der Menschen erfüllen sich deshalb nicht, weil sie so zahlreich und widerspruchsvoll sind und weil der Wunsch den Willen um so weniger in der Gewalt hat, je weniger unpersönlich er ist. Wenn wir für uns selbst etwas wünschen, ist es weniger wahrscheinlich, daß wir es erhalten, als wenn wir es für die Menschheit wünschen.

Das bedeutet: Wer sein Herz an höhere Ziele heftet, zieht ständig Ströme universaler Willenskraft in sich hinein und wird zunehmend stärker. Der Wille und dessen Wirkung erwecken in dem persönlichen Selbst des entsprechenden Menschen das Höhere Selbst, indem sie die Töne der Oktave des persönlichen Selbstes in Schwingung versetzen, weil sie mit den Oktaven Manas, Buddhi, Atman korrespondieren. Die Kräfte und Fähigkeiten des göttlichen Universums strömen in seine Persönlichkeit, wenn er sie braucht, und er wird jeder noch so unmöglichen Aufgabe, die sich ihm in den Weg stellt, gewachsen sein. So hängt der Wert für dieses Werk von der Stärke des Wunsches für den Erfolg ab. Wenn unser Geist vorwärts eilt und sich mit jenem Wunsch in all unseren freien Augenblicken vereinigt, wenn jenes Sehnen unseren aktiven Augenblicken zugrunde liegt, ziehen wir, da dies unpersönlich und selbstlos ist, den Willen des Universums, für den nichts unmöglich ist, in uns hinein. Der Wille wirkt auf zweierlei Weise: Er weckt die Kräfte des Manas, des denkenden Selbstes, wodurch wir immer fähiger werden, große Gedanken im Dienste an unsere Mitmenschen auszudrücken. Außerdem werden die Kräfte des Buddhi, des spirituellen Selbstes, erweckt. Sie sind eine wirkungsvolle Hilfe für die Menschen, halten sie von üblen Wegen ab, schützen ihre Umgebung und erwecken in ihnen das göttliche Streben."

Die vorhergehenden Abschnitte wurden äußerst exakt wiedergegeben und mit bewundernswerter Klarheit sowie mit Nachdruck ausgedrückt. Es verhält sich genau so, wie ihr Verfasser es dargestellt hat: Das Weben des Schicksalsgewebes, mit dem jedes Individuum, ob es will oder nicht, ständig und für alle Zeiten beschäftigt ist, ist nicht nur das Weben seines eigenen zukünftigen Schicksals, das wirklich und tatsächlich sein zukünftiges Selbst ist, sondern es ist auch der Beitrag des Individuums zum gemeinsamen Weben aller Wesen an dem größeren Schicksalsgewebe, das alles zusammensetzt, was wir das Universum nennen.

Betrachten wir aber einen Augenblick lang diesen großen Gedanken von der entgegengesetzten Seite aus: Wenn es wirklich wahr ist, daß jedes Individuum seinen Teil zum Aufbau oder Weben des Schicksalsgewebes des Universums beiträgt, von dem es ein untrennbarer und integraler Teil ist, dann ist die Umkehrung hiervon ebenso wahr: daß auch unser Universum mit seinem erhabenen göttlich-spirituellen Hierarchen - dessen Kinder und Sprößlinge wir alle sind, wie es Kleanthes, der Stoiker, so edel sagte - unaufhörlich und durch das kosmische Manvantara hindurch ununterbrochen mit seiner erhabenen Arbeit beschäftigt ist, alle Wesen, Wesenheiten und Geschöpfe innerhalb seiner weitverstreuten Bereiche mit seiner Essenz, seiner Intelligenz, seinem Denken, seiner Kraft und folglich auch mit seinem Willen zu erfüllen.

Welch wunderbare Vorstellung ist dies, wenn man bedenkt, daß wir, selbst wenn wir als Individuen untrennbare Teile und komponente Vertreter des gewaltigen Ganzen sind, doch als komponente Individuen keine bloßen Automaten, keine willenlosen, unintelligenten Puppen eines unerforschlichen und seelenlosen Fatums sind. Jedes Individuum besitzt vielmehr die unendliche Zeit hindurch aufgrund seiner Teilhaberschaft am Wesen der kosmischen Essenz für immer seinen eigenen Teil jener kosmischen Essenz. Somit ist es tatsächlich ein Wesen mit freiem Willen, aber nur insofern, als es durch selbst-geleitete und selbst-ersonnene Anstrengungen jenen Willen freigesetzt hat; und so meißelt es sein eigenes künftiges Schicksal, webt sein eigenes Schicksalsgewebe, welches wahrlich es selbst ist.

Hieraus ist zu ersehen, daß Karman von der Zeitlosigkeit und Essenz des Universums selbst, des Grenzenlosen ist; und ein jedes evolvierendes Individuum, das durch die vielen Sphären des Universums revolviert, schafft sich durch das Weben seines individuellen Schicksalsgewebes nicht nur sein eigenes individuelles Karma, sondern es hilft auch als wirkende Kraft des Universums beim Weben des karmischen Gewebes, mit dem das Universum selbst beschäftigt ist.

I

Unser menschliches Gemüt ist bei dem Studium dieser Art nur allzuleicht geneigt, unter die mächtige psychologische Gewalt der kosmischen Mahâmâyâ oder der Welt-Illusion zu fallen, die wir selbst zu formen helfen. Gerade aufgrund dieser psychologischen Neigung, die unser Gemüt besitzt, sind wir zu bereitwillig, eine begrenzte Ansicht von den Dingen anzunehmen, anstatt uns in die freien Räume unseres inneren spirituellen Wesens zu erheben, um dort die Wahrheit aus erster Hand zu erkennen - kosmische Wirklichkeit.

Als Illustration dieser völlig illusorischen und doch starken Macht, in die wir als Menschen so sehr verstrickt sind, kann unsere vollständige Unterwürfigkeit unter die Idee der Zeit als Beispiel angeführt werden, die ziemlich vernunftgemäß, jedoch vom absoluten Standpunkt aus völlig falsch in Vergangenheit, Gegenwart und Zukunft aufgeteilt wird. Könnten oder wollten wir in diesem Zusammenhang die wirklichen Tatsachen erkennen, würden wir sogleich sehen, daß diese Zeitaufteilung nur eine illusorische Darstellung der kosmischen Mahâmâyâ ist und daß es tatsächlich weder Vergangenheit noch Gegenwart, noch Zukunft als existierende Wirklichkeiten gibt, sondern einzig und allein ein ewiges J E T Z T.

In Hinsicht auf das Vorhergehende ist man gedrängt, sich die sehr verständliche Frage vorzulegen: Ist Karman selbst ein Aspekt dieser Welt-Illusion, die für uns, die wir uns darin befinden, so real ist, da wir an ihrem Charakter teilhaben, und die doch so unreal ist vom Standpunkt der Wirklichkeit aus? Oder auch: Sollen wir nicht wahrheitsgetreuer sagen, daß Karman von der wahren Natur, Substanz und Essenz der Wirklichkeit selbst ist und daß es daher die tatsächliche kosmische Ursache oder schaffende Kraft der kosmischen Illusion selbst ist? Ich denke, jede der beiden Fragen enthält etwas Wahrheit; nein, besser, beide Fragen sprechen Wahrheit in Frageform aus; denn dem nachdenklichen Gemüt erscheint es ziemlich einleuchtend, daß Karman, wenn es die kosmische Ursache der Welt-Illusion und daher aller kleineren Mâyâs ist, die uns als evolvierende Individuen umhüllen und umschließen, diese Welt-Illusion oder die kosmische Mahâmâyâ verursacht und schafft und dennoch auch darin verwickelt ist - letzteres scheint zweifellos der Fall zu sein.

Unser unvollkommenes Gemüt (mind) handelt, uns allzuoft unbewußt, unter der Gewalt des Zeitzwanges und verleitet uns, unnötige Seitenwege des Schicksals einzuschlagen. Gerade hierin liegt wahrscheinlich die Ursache für die Verwirrung, in die einige wenige gewissenhafte und ernste Schüler der Esoterischen Philosophie beim Studium der Wirkungsweise Karmans geraten sind, der schwierigsten aller Lehren der Esoterischen Philosophie. Es ist äußerst irrig, anzunehmen, die "Vergangenheit" könne jemals von der Gegenwart oder auch von der Zukunft getrennt sein oder von ihnen abgetrennt werden; unsere Zeitillusion bringt diese Verwirrung zustande. Für uns ist sie sehr wirklich, ja, sie ist richtig für uns, die wir in gewissem Sinne ebenfalls Geschöpfe Mâyâs sind. Daher ist es ganz in Ordnung, wenn man von dem Verhalten der Vergangenheit wie auch der Zukunft zur Gegenwart Kenntnis nimmt, aber es ist falsch, eine dieser drei so zu betrachten, als wäre sie unabhängig oder losgelöst von den beiden anderen oder mit diesen nicht verbunden, denn diese drei sind in Wirklichkeit fundamental eins.

Wir empfinden instinktiv und mit ganzem Herzen Sympathie für die edlen Worte eines der großen Lehrer, die von einem seinerzeit prominenten theosophischen Mitarbeiter, Mr. A.P. Sinnett, geschrieben wurden. Der große Lehrer behandelt kurz diese Frage der Zeitillusion. Er sagt:

"Es liegt an meiner völligen Unfähigkeit, Ihnen durch die Erklärung der physischen Phänomene meine Ansicht verständlich zu machen, geschweige denn die des spirituellen Daseinsgrundes. Es ist nicht das erste Mal, daß ich das erwähne. Es ist, als ob mich ein Kind bitten würde, es die höchsten Probleme des Euklid zu lehren, bevor es auch nur begonnen hat, die elementaren Regeln der Arithmetik zu studieren. Nur der Fortschritt, den jemand beim Studium des verborgenen Wissens von seinen Anfangselementen an macht, bringt ihn allmählich dahin, unsere Ansicht zu verstehen. Nur so und nicht anders stärkt und verfeinert er jene geheimnisvollen Bindeglieder der Sympathie zwischen intelligenten Menschen - die zeitweilig isolierten Fragmente der universalen Seele und der kosmischen Seele selbst - und bringt sie in völlige Beziehung zueinander. Wenn das einmal geschehen ist, werden diese erweckten Sympathien wirklich nur dazu dienen, den MENSCHEN mit dem zu verbinden, was ich aus Ermangelung eines europäischen wissenschaftlichen Wortes, um die Idee angemessen auszudrücken, gezwungen bin, als jene energetische Kette zu umschreiben, die den materiellen und nicht-materiellen Kosmos - Vergangenheit, Gegenwart und Zukunft - miteinander verbindet und die seine Wahrnehmung so lebendig werden läßt, daß nicht nur alle Dinge der Materie, sondern auch die des Geistes klar erfaßt werden. Es irritiert mich, daß ich diese drei plumpen Wörter - Vergangenheit, Gegenwart und Zukunft - benutzen muß! Als elende Begriffe der objektiven Phasen des subjektiven Ganzen sind sie für den Zweck ebenso schlecht geeignet wie eine Axt für feine Schnitzarbeit."

"The Mahâtma Letters to A.P. Sinnett", Ausgabe von A.T. Barker, S.29

Da wir also selbst zu der großen Mâyâ des Universums gehören, obwohl wir durch unser eigenes innerstes Herz des Seins auch mit seinem innersten Herzen der Realität verbunden sind, ist es natürlich, daß die Prozesse und Tätigkeiten unseres Gemütes (mind) - das in Wirklichkeit selbst in mehr als einer Weise ein Produkt der Illusion ist - den Tätigkeiten und den Funktionen der Natur folgen sollten. Diese sind an sich wirklich wunderbar, umgeben uns von allen Seiten, und, wie illusorisch oder mâyâvisch sie auch sein mögen, so enthalten sie dennoch die Essenz einer Realität in sich, die das Göttliche ist. Die höchste und geheimnisvollste aller dieser Tätigkeiten, Funktionen und Wirkungsweisen der universalen Natur ist zweifellos jener unergründliche und in seiner letzten Funktion unbegreifliche Faktor in der Natur, den wir zum Zwecke leichteren Verstehens das karmische Gesetz oder, einfacher ausgedrückt, Karman nennen oder in dieser Weise bezeichnen.

Es ist weder Fatum noch zufällige Tätigkeit. Da es im Unvorstellbaren wurzelt, ist es vielmehr von der wahren Essenz des kosmischen Geistes, und daher ist es selbst eine Funktion des kosmischen Geistes. Wir können es vielleicht kosmisches Schicksal nennen; wir können es Notwendigkeit nennen, vorausgesetzt, daß dem Wort Notwendigkeit nicht das falsche Attribut des blinden Fatalismus beigelegt wird. Die alten Griechen - zumindest die edelsten Geister unter ihnen - verstanden den Begriff von der Notwendigkeit oder dem unerbittlichen und unausweichbaren Schicksal ganz genau; und ob wir nun unter seinem Namen "Adrasteia" oder "Nemesis" darüber nachdenken, ist unerheblich -

betrachten wir es unter dem einen oder anderen Aspekt, der am leichtesten verständlich ist.

Die essentielle Bedeutung von Schicksal oder Notwendigkeit, wie sie von den alten Griechen gelehrt wurde, war etwa folgende: Wenn ein Mensch Weizen, Gerste oder Roggen sät, wird er bestimmt nicht Hafer, Mais oder ein anderes Korn, irgendein anderes Getreide ernten: er wird nur das ernten, was er gesät hat. Wenn er ein Weizenkorn in den Boden legt, wird es Weizen hervorbringen und nichts anderes - zuerst den Weizenhalm, dann die wachsende Pflanze, aus der sich der gelb färbende Same entwickelt und der, wenn aufgespeichert und wiederum ausgesät, seinerseits zu seiner Zeit andere Weizenkörner hervorbringen wird.

Hesiod, der große griechische Dichter und Philosoph, besang die sogenannten "Schicksalsgöttinnen" als drei; oder es war vielmehr seine Meinung, daß das Schicksal oder die Notwendigkeit von drei Aspekten aus betrachtet werden müsse: Vergangenheit, Gegenwart und Zukunft. Hesiod gab in Übereinstimmung mit anderen Griechen diesen drei Aspekten des karmischen Schicksals die folgenden Namen, die er als Gottheiten darstellte: "Lachesis" stand der Vergangenheit vor, was für jedes menschliche Individuum alles das bedeutet, was es gedacht oder gefühlt hatte oder was es gewesen war, und alles, was er getan hatte. Das Wort "Lachesis" kommt von einer griechischen Wortwurzel, die "zuwege bringen" bedeutet.

Die zweite Gottheit stellte das Schicksal oder die Notwendigkeit der Gegenwart dar, welche die alten Griechen "Klotho" nannten. Dieses Wort ist von einem griechischen Wort abgeleitet, das "spinnen" bedeutet - jenes Schicksal, das sich ein Mensch zu irgendeiner Zeit in der Gegenwart selbst spinnt, mit anderen Worten: gegenwärtig webt er das Gewebe seines zukünftigen Schicksals.

Die dritte der Gottheiten war "Atropos", ein zusammengesetztes Wort, welches "das, was nicht vermieden oder umgangen werden kann" bedeutet - das zukünftige Schicksal, das dem gegenwärtigen Weben entstammt, und dieses Gewebe wiederum wird gemäß den Richtungen des Denkens und Handelns in der Vergangenheit gewoben.

Die Vergangenheit hat den Menschen zu dem gemacht, was er jetzt ist. Jener Vergangenheit entsprechend spinnt er jetzt, in der Gegenwart, sein Gewebe, und dieses jetzt gesponnene Gewebe wird sogleich zu dem, was nicht beiseite geschoben werden kann oder in der Zukunft sein wird. Daher wird es zur Notwendigkeit, zum Schicksal, das der Mensch als Frucht seiner eigenen Gedanken, Gefühle und Handlungen erntet - seine eigene Seelen- und Körperernte der Zukunft. Diese Kette von Ursache und Wirkung ist der Pfad, den wir Menschen in der Vergangenheit beschritten haben; und der Pfad, den wir in der Zukunft beschreiten werden, hängt ganz von dem ab, was wir jetzt für uns und damit für jene Zukunft schaffen. Was ist also die Zukunft an sich? Ist sie etwas, das vor uns liegt? Nein, wahrhaftig nicht. Sie ist das, was wir aus mentaler Unbeholfenheit die "Vergangenheit" nennen, denn genau gesprochen gibt es nichts als ein ewiges J E T Z T, was nur eine andere Ausdrucksweise für eine Tätigkeit der Essenz des kosmischen Bewußtseins ist.

Dieser Gedanke wurde von einem modernen Denker in schöner Weise ausgedrückt, er sagt:

"Die Zukunft kommt nicht von vorn, um uns zu begegnen, sondern sie strömt von hinten über unsere Köpfe hinweg."

II

Karman ist die "Lehre von den Folgen": Was wir säen, werden wir ernten, jetzt oder zu einer späteren Zeit. Und auch das ist Schicksal oder Notwendigkeit, was aus den getanen Handlungen und den ungetan gebliebenen Handlungen, den gedachten und befolgten Gedanken und den gedachten und nicht befolgten Gedanken folgt; denn was es auch sei, alles wird von seiner Wirkung auf Schritt und Tritt verfolgt und überschattet, ob es nun positiv und direkt oder negativ und indirekt sei. Diese Zusammensetzung ist das Karma, das heißt das Weben des Schicksalsgewebes durch das transzendente Bewußtsein eines jeden Wesens oder einer jeden Wesenheit. Da das Universum mit diesen Wesen und Wesenheiten angefüllt ist, da das Universum nichts anderes ist als diese verkörperten Wesen und Wesenheiten, so "ist" es daher verkörperte Bewußtheiten, die ihre eigenen Gewänder weben, ihre eigenen Charaktere und Schicksalsgewebe, und unaufhörlich aufeinander einwirken und von denen jede auf jede, jede auf alle und alle auf jede zurückwirken.

So paradox, wie es scheinen mag, ändern wir das Karma eines jeden Freundes, den wir haben, eines jeden, den wir lieben, ja, den wir kennen, beständig ab und um, weil wir das unsrige verändern und alle Menschen unlösbar miteinander verbunden und in erstaunlichem Maße miteinander verkettet sind, weil kein Mensch zu irgendeiner Zeit für sich allein leben kann. Wir sind füreinander verantwortlich! Ständig beeinflussen wir das Karma eines jeden anderen, und zwar in manchen Fällen außerordentlich, ob wir es wollen oder nicht. Jedesmal, wenn eine Person einer anderen auf der Straße begegnet und an ihr vorübergeht, beeinflußt jede das Gemüt der anderen in infinitesimalem Grade. Jede mag die Richtung geändert haben, die die andere zuerst beim Gehen eingeschlagen hatte. Gerade diese Änderung mag bei einer von ihnen zu einem Autounfall geführt haben. Umgekehrt kann die Begegnung auf der Straße eine der beiden Personen veranlaßt haben, die Richtung des Heimweges zu ändern, wodurch diese möglicherweise vor einem Autounfall bewahrt wurde.

Es ist von äußerster Wichtigkeit und größter Bedeutung, wiederum festzustellen, und zwar mit soviel Nachdruck, wie in Worte hineingelegt werden kann - besonders bei dem Studium der Natur Karmans und seiner Tätigkeit -, daß Beispiele wie die obigen niemals dahingehend mißdeutet oder mißverstanden werden sollten, als besagten sie, die Tätigkeit Karmans sei irgendwann, in irgendeinem Sinne oder in irgendeiner Weise von fatalistischem Charakter. Auch kann es andererseits nicht als dasselbe betrachtet werden, das heißt, es kann nicht identisch oder sogar gleich sein mit dem, worauf sich abendländisches Denken aufgrund der falschen wissenschaftlichen Erziehung in der Vergangenheit fast automatisch als Erklärung stürzt: daß die Natur und Tätigkeit Karmans in irgendeiner Weise von Zufall, zufälligem Charakter oder von ungefähr sei.

Der erste Irrtum würde den Eindruck hinterlassen, daß Karman die Tätigkeit einer beherrschenden bewußten oder nichtbewußten Kraft wäre, deren Betätigung gegenüber der Mensch nur eine hilflose Puppe ist. Der zweite Irrtum umfaßt die Idee, daß die Natur seelenlos und gefühllos sei, daß die Natur selbst und alles in ihr, daher auch der Mensch mit einbegriffen, nur blind bewegte, angetriebene oder hin und her geschobene Marionetten seien, die weder das wollende und führende Bewußtsein, das sich über schwierige Umstände erheben kann, besitzen noch jegliche Fähigkeit oder Kraft, um die vor ihnen liegende Zukunft mit ihrem

Willen zu gestalten. Es ist der Zweck des vorhergehenden und des gegenwärtigen Kapitels, zu versuchen, die fundamentale Tatsache oder Idee zu erläutern, daß die universale Natur selbst, wie auch jedes Individuum, in ihren umfassenden Bereichen mit Bewußtsein, Denken und Wahl innerhalb karmischer Grenzen durchdrungen ist und daß daher jeder einzelne und alle entsprechend dem Grade evolutionärer Entfaltung ihren Teil oder ihr bißchen freien Willen besitzen.

Doch verringert das Obige in keiner Weise die Stärke der Behauptung, daß jedes Ding ein Glied in einer Kausalitätskette ist, denn bei der Hervorbringung oder Herstellung dieser Kette hat jedes Individuum, ob hoch oder niedrig, groß oder klein, seine eigene Rolle zu spielen - und es spielt diese auch. So beeinflußt also jede Einheit oder jedes Individuum in der universalen Natur jedes andere Individuum oder jede andere Einheit in dem gewaltigen Ganzen stark oder schwach, je nachdem, wie der Fall gerade sein mag. Einige tun es fast automatisch, andere mehr oder weniger mit selbstbewußt geleitetem Willen; aber wie es auch immer irgendwann und irgendwo getan werden mag, immer geschieht es mit dahinterstehendem Bewußtsein und Willen.

So kommt es, daß wir Menschen uns gegenseitig schwach oder stark, jedem individuellen Fall entsprechend beeinflussen, und gerade diese während des großen manvantarischen Zyklus unaufhörliche und nie endende Wirkung und Wechselwirkung der Individuen aufeinander erzeugt die ungeheuren und komplizierten Situationen und Bedingungen, in denen sich jedes sich entwickelnde Individuum jeden Augenblick in Zeit und Raum befindet.

Als Folge aus dem vorher Gesagten sollte hinreichend ersichtlich sein, daß zum Beispiel ein Mensch irgendeinen anderen Menschen oder eine Gruppe von

Menschen im Einklang mit seiner eigenen Kraft oder Stärke beeinflussen kann. Wenn derartige Handlungen, die Wirkungen auf andere hervorrufen, ganz unpersönlichem Denken und Wollen entspringen oder sich auf ganz unpersönliches Denken und Wollen zum Wohle anderer oder für das Gemeinwohl gründen, so erzeugen sie, ethisch gesprochen, Handlungen mit deren nachfolgenden Wirkungen, die als "gutes Karma" bezeichnet werden können. Die Rückwirkungen oder Folgen für den Urheber dieser Handlungen sind oft außerordentlich vorteilhaft; schlimmstenfalls bringen sie eine Art "relativ schlechtes Karma" hervor, wie es beschrieben werden könnte. Das "Schlechte" oder die Unannehmlichkeit geht aus der Tatsache hervor, daß kein Mensch allweise oder nur gut ist. Offensichtlich kann daher sein Urteilen, das einer solchen Handlung vorausging, sehr leicht sowohl fehlerhaft, weil begrenzt, als auch aufgrund von Willensschwäche schwankend sein.

Doch sollte kein normaler Mensch je zögern, zum Wohle anderer zu handeln, sich einzusetzen und sein Äußerstes zu tun, um anderen irgendwann und irgendwo zu helfen, wo und wann Hilfe gebraucht wird, und besonders in jenen Fällen, in denen ein Ruf um Hilfe ergangen ist. Es ist seine Pflicht und Schuldigkeit, so zu handeln, und zwar nach besten Kräften, nach weisester Beurteilung und bestem Verstehen. Nur ein Feigling in moralischer und intellektueller Hinsicht wird sich weigern, Hilfe zu leisten, wenn er sieht, daß Hilfe nötig ist, wenn ein Ruf um Hilfe ergeht, oder er wird sich in ähnlichen Fällen mit kaltherziger Gleichgültigkeit abwenden. Eine derartige direkte oder indirekte Handlungsweise erzeugt in dem Individuum, das seine Hilfe verweigerte, sofort eine Kette karmischer Folgen, die es eines Tages ausfindig machen werden und die sich im direkten Verhältnis zu den ursächlichen Situationen, die sie hervorbrachten, auswirken werden, mögen diese nun von geringer oder starker Art gewesen sein.

In denselben Bahnen und dem gleichen Gesetz der Reaktion folgend, wirkt Karma auf jene Menschen ein oder wirkt auf sie zurück, die aus diesem oder jenem Motiv heraus für persönlichen Vorteil auf andere einwirken oder aus selbstsüchtigen Motiven heraus versuchen, anderen ihren Willen aufzudrängen, die als Folge davon - entweder sofort oder zu einer späteren Zeit - darunter leiden. Das Motiv erzeugt in jedem der beiden Fälle das, was als "schlechtes" Karma von "gutem" Karma unterschieden wird.

Geradeso, wie es die moralische und natürliche Pflicht und Schuldigkeit eines Menschen ist, immer und unter allen Bedingungen anderen zu ihrem Wohle unpersönlich und selbstlos zu helfen, ist es seine moralische und natürliche Pflicht, zu allen Zeiten und unter allen Umständen davon abzusehen, selbstsüchtig und für persönlichen Vorteil auf das Leben anderer einzuwirken. Das erste Motiv ist seiner Essenz nach göttlich; das zweite Motiv kann seinem Wesen nach als teuflisch oder diabolisch bezeichnet werden. Wenn Menschen andere zu deren Schaden beeinflussen, entstehen jene sehr häufigen Fälle oder Zustände, die "unverdientes Leid", wie es genannt wird, hervorbringen - das unverdiente Leid jener, die somit die karmischen "Opfer" der selbstsüchtig gedankenlosen Taten anderer sind.

In bezug auf Fälle "unverdienten Leidens", die in der Reihe karmischer Folgen einen interessanten, aber relativ unwichtigen Seitenzweig in sich schließen, wird in späteren Abschnitten dieses Kapitels mehr gesagt werden. Wichtig ist im Augenblick, eine ziemlich klare Idee darüber zu erhalten, was Karman ist, über seine Wirkungsweise sowohl in der Natur selbst als auch in den komplizierten Beziehungen, in die die Individuen verwickelt sind, die immer auf eine ursprüngliche Ursache in ihnen selbst zurückgeführt werden können. Karman wird von dem ursprünglich Handelnden verursacht und erlitten und nicht in anderer Weise.

Mit überlegter Absicht darauf hinzuwirken, den Willen eines anderen zu vergewaltigen, ist immer falsch. Es darauf anzulegen, sich in das Karma eines anderen bewußt einzumischen, hieße, "Schwarze Magie" auszuüben, wie dies allgemein genannt wird, und zwar auch dann, wenn das Motiv anfänglich gut ist. Jeder Mensch sollte wirklich alles in seiner Kraft Stehende tun, um einen anderen Menschen durch Einsicht und Überzeugung, durch Leben und Beispiel daran zu hindern, bewußt Böses zu tun. Er sollte ebenfalls versuchen, ihn zu veranlassen, besser zu handeln, und zwar nicht dadurch, daß er diesem anderen seinen eigenen Willen aufdrängt, sondern durch Lehren, durch Beispiel, durch Güte, durch anregende Gedanken und durch das Aufzeigen des neuen und besseren Weges. Wird aber eine an sich derart völlig richtige Handlung absichtlich vorgenommen, auf die das Gemüt des anderen aber nicht aus seinen eigenen inneren Impulsen und seinem Wissen heraus reagiert, weil es ihren moralischen Wert nicht erkennt, mit anderen Worten, wenn der andere nicht aus freien Stücken reagiert, sondern zu reagieren veranlaßt wird, weil der Wille des anderen ihm aufgedrängt worden ist, was bei einem Hypnotiseur der Fall ist, so ist das wirklich diabolisch, und diese Handlungsweise kann als Teufelswerk bezeichnet werden, als unverfälschte Schwarze Magie.

Wenn ein Mensch einen anderen sehr liebt, kann er ihn dadurch vor zukünftiger Sorge bewahren, indem er das Karma seines Freundes auf sich nimmt? Die Frage ist in einer Hinsicht rein akademisch, denn letzten Endes ist das Karma des Freundes der Freund selbst, und daher ist die Antwort im allgemeinen ein nachdrückliches "Nein". Dennoch gibt es eine Möglichkeit, das Karma des Freundes nicht tatsächlich auf sich zu nehmen, sondern durch einen kraftvollen Willen und eine hohe Intelligenz, die auf ein solches Ziel gerichtet sind, einen gewissen, ob nun großen oder kleinen Teil der Folgen auf die eigene Schulter zu nehmen, der beim normalen Lauf der Natur mit schwerer und vielleicht niederschmetternder Wirkung auf den Freund gefallen wäre.

Das Geheimnis dieser Situation liegt darin, daß man sein eigenes Leben innig mit dem Leben des anderen verbindet, indem man hofft, dessen schweres Karma mitzutragen. Aber man muß bedenken, daß für denjenigen, der eine so edle Tat wagt, ein daraus folgendes und unentrinnbares "Schaffen neuen Karmas" entsteht - das heißt, daß durch ein derartiges Denken und die daraus folgende Tat neues Karma verursacht wird, das derjenige, der so die Last als Kette zukünftiger Wirkungen auf sich nimmt und die Folgen für sich selbst schafft, auch selbst abzutragen oder zu erschöpfen hat.

So ist es möglich, sich in das Karma eines anderen zu verwickeln, und dieses Unternehmen ist in jedem Fall für den, der es wagt, entweder mit Leid oder Gefahr beladen. Es ist eine Tatsache, daß dies beständig blind getan wird und normalerweise, oder zumindest oft, aus entweder selbstsüchtigen oder unedlen Motiven heraus. Es gibt jedoch Fälle, und sie sind verhältnismäßig zahlreich, in denen dies mit mehr oder weniger offenen Augen für die gefährlichen Folgen, die sich daraus ergeben können, getan wird. Wenn eine solche Handlung einzig und allein zum Wohle dessen unternommen wird, dem man auf diese Weise zu helfen hofft und wünscht, so ist das Motiv sowohl unpersönlich als auch wirklich erhaben, und daher werden die sich ergebenden karmischen Wirkungen in keinem Fall von einer Spur einer selbstsüchtigen Ursache gefärbt oder befleckt sein.

Jene edlen und altruistischen Handlungen, die zum Segen all dessen, was lebt, unternommen werden, und damit die Folgen, die, wie man hofft, einem großen Teil der Menschheit Segen bringen, sind buddha-gleich, sind christus-gleich. Wie schon gesagt wurde, ist es ein gefährliches Unternehmen für jene, die weder die Weisheit noch die große Einsicht eines Buddhas oder eines Christus besitzen. Ohne Ausnahme ist jedoch in allen solchen Fällen das Motiv immer heilig und trägt daher mit Notwendigkeit im Laufe der Zeit stets dazu bei, den Charakter derjenigen, die in dieser Weise handeln, zu veredeln, zu stärken, ihren Intellekt und ihre moralische Natur zu erweitern und zu reinigen.

Ebenso mächtig wirkt Karman, wenn der schaffende Wille stark und die leitende Intelligenz groß ist, denn es ist offensichtlich, daß eine derartige Handlung ebenso karmisch ist wie eine unwürdige. Die erste bringt dem Ausführenden großen Segen, wie die letztere Leiden und Schmerz im Gefolge hat. Zur Illustration mag das Beispiel der Buddhas des Mitleids dienen. Eine der edelsten Lehren der Esoterischen Philosophie handelt von der Existenz und Natur des Werkes dieser Buddhas des Mitleids. Sie erläutert deren völlige Selbstaufopferung zum Segen der Welt und wie sie freiwillig, vielleicht auf Zeitalter hinaus, auf ihre eigene evolutionäre Entfaltung oder auf ihr Emporsteigen verzichten, um in die Welt der Menschen zum Zwecke mitleidsvoller Hilfe zurückzukehren, so daß sie uns nicht nur durch Lehre und Beispiel den Pfad zu den Göttern zeigen, sondern tatsächlich unter der Menge der intellektuell blinden und nur zum Teil moralisch bewußten Menschheit leben und wirken, ähnlich den Dhyâni-Chohans des Mitleids, die aus ihrer eigenen Sphäre heruntersteigen und eine gewisse Lebenszeit in dieser Sphäre relativer spiritueller Finsternis verbringen.

Eine solche Handlung von seiten dieser großen und edlen Wesen ist in allen Fällen völlig freiwillig und daher selbsterwählt, jedoch können in einem sehr wahren Sinne des Wortes ihre große Selbstaufopferung und der Verzicht auf individuellen Fortschritt karmisch genannt werden. Doch wenn auch karmisch, schließt es weder eine Verminderung ihrer erhabenen spirituellen Größe noch den Verlust der karmischen Belohnung oder Entschädigung in sich, die unfehlbar ihr Ausgleich in der Zukunft sein wird. Ja, das Gegenteil davon ist der Fall, denn wenn auch ihre Handlung freiwillig ist, so ist es eine freiwillige Tätigkeit, die zum Segen all dessen, was lebt, unternommen wird. Da dies dem Charakter nach von göttlicher Art ist, werden auch die daraus hervorgehenden Folgen von entsprechendem Typ sein. Die christliche Kirche bezog ihre Lehre vom stellvertretenden Sühneopfer aus dieser Quelle, wenn auch in hohem Grade falsch ausgelegt und falsch verstanden. Die Esoterische Philosophie läßt jedoch nicht gelten, daß in diesem christlichen Dogma wesentliche Wahrheit vorhanden ist, denn so, wie das Sühneopfer jahrhundertelang in der christlichen Kirche verstanden worden ist, steht es in direktem Widerspruch zu dem Fundamentalprinzip, das im karmischen Gesetz enthalten ist, und tut ihm Gewalt an: denn kein Mensch kann den karmischen Früchten und Folgen seiner Handlungen, die aus seinen Gedanken und Gefühlen geboren wurden, weder im ganzen noch teilweise entfliehen.

Wie so viele und vielleicht alle fundamentalen Lehrsätze oder Dogmen des Christentums wurde sie in und aus einer in hohem Grade falsch ausgelegten Lehre der Weisheitsreligion des Altertums geboren. Derart falsche Auslegungen sind jedoch weit gefährlicher, weil entstellt und unrealistisch, als offensichtlich unwahre und augenscheinlich falsche philosophische oder religiöse Spekulationen.

Nach diesem kurzen Hinweis auf die Buddhas des Mitleids sei der nicht seltene Fall des gewöhnlichen Menschen herangezogen, der danach Verlangen trägt, seinen Mitmenschen Gutes zu tun. Er kann immer Mittel und Wege ausfindig machen, um jenen zu helfen, die er liebt, wie auch denen, die seine Liebe noch nicht wachgerufen haben, die aber seine mitfühlende Hilfe ebenso nötig hätten. Er kann dies tun, ohne den freien Willen, den sie als Individuen besitzen, anzutasten oder in irgendeiner Weise zu verletzen. Wir haben kein Recht, spirituell, intellektuell, psychisch oder physisch zu versuchen, den freien Willen oder die freie Handlung eines anderen zu bestimmen. Stellen wir uns einen Augenblick lang vor, es wäre möglich, die Last eines anderen auf sich zu nehmen, etwa durch die Beeinflussung der Richtung, die sein Wille eingeschlagen oder nicht eingeschlagen hat, was tatsächlich unmöglich ist. Bei Versuchen dieser Art wirken wir absichtlich störend auf die Selbstwahl oder den freien Willen jenes anderen ein, und statt ihm einen Dienst zu erweisen, fügen wir ihm wirklich und wahrhaftig Schaden zu, weil wir seinen Charakter gänzlich schwächen, anstatt unpersönlich und indirekt in der zuvor erklärten Weise zu wirken, die ihm bei seinen Schwierigkeiten hilft, seinen Charakter stärkt und ihn vorbereitet, seine karmische Last leichter zu tragen, wie es ein Mensch tun sollte.

Bei zahlreichen Gelegenheiten wurde schon gesagt: Gerade deshalb, weil das Herz der Natur Harmonie ist, ist es auch das, was der alte griechische Philosoph Empedokles "Liebe" nannte und was die mehr sophistische Generation unserer Zeit vielleicht besser Mitleid nennt. Mitleid ist das fundamentale Gesetz der Natur. Aufgrund dieser Tatsache ist es die natürliche, gegebene Pflicht eines jeden Menschen, der Natur zu helfen und mit ihr zu arbeiten, was nur in anderer Weise besagt, daß es unsere Pflicht ist, allen Individuen, aus denen sich die Natur zusammensetzt, zu helfen, und zwar in vollem Umfang unserer Möglichkeiten. H.P. Blavatsky sagt hierzu in "Die Stimme der Stille":

> "Hilf der Natur und arbeite mit ihr; sie wird als einen ihrer Schöpfer dich erkennen an und dir gehorsam sein."
>
> "Fragment I", S. 14 (Originalausgabe)

Güte, Wohlwollen, Erbarmen, Mitleid, Liebe, Barmherzigkeit: ja, all die schönen und veredelnden Eigenschaften des relativ voll entwickelten Menschen gehören in ihrer Wirkungsweise deutlich in diese Richtung der Zusammenarbeit mit der fundamentalen Essenz und dem fundamentalen Sein der Natur. Der Mensch, der müßig dabeisteht, wenn ein anderer in Not ist, der mit hartherziger Gleichgültigkeit die Schreie des Elends oder die Klagen des Schmerzes anhört, ohne einen Finger zu rühren, das Leid zu stillen oder die Not zu lindern, handelt dem fundamentalen Gesetz der Natur entgegen und lädt somit eine sehr schwere Last karmischer Verantwortung auf sich. Die Natur wird ihn bei der Wiederherstellung der Harmonie unfehlbar bis zum Äußersten seiner Verfehlung heimsuchen.

Es ist ein wertloses Argument und eine völlige Entstellung des Sinnes der Lehre von Karman, wenn man meint, daß, wenn ein Mensch ein Mißgeschick erlebt oder sich in einer Situation voller Not und Elend befindet, man ihn deshalb mit der falschen und herzlosen Begründung ohne Hilfe und Trost läßt, weil er "nur seine karmischen Strafen abarbeitet".

Dieser Gedanke ist sowohl ethisch als auch von Natur aus ungeheuerlich. Er läuft den Lehren aller großen Seher und Weisen aller Zeitalter direkt zuwider.

Auch in "Die Stimme der Stille", einer der schönsten Erbauungsschriften aller Zeiten, finden wir eine sehr bedeutsame Lehre, die direkt auf diese ungeheuerliche und irrige Schlußfolgerung hinweist und die sich mit folgenden sehr bestimmten Worten dagegenwendet:

> "Untätigkeit in einer Tat des Erbarmens wird zu einer Handlung in tödlicher Sünde."
>
> ebenda, "Fragment II", "The Two Paths" ("Die beiden Pfade"), S. 31 (Originalausgabe).

Es ist fraglich, ob ausdrucksvollere Worte gefunden werden können, um die unzweifelhafte Tatsache zu beschreiben, daß absichtliche und freiwillige Untätigkeit, von der die große Verfasserin der "Stimme der Stille" als von einer "Todsünde" spricht, zu einer direkten und tatsächlichen Betätigung der fundamentalsten Art wird, wenn auch menschlich gesehen zu einer Handlung tätigen Erbarmens aufgerufen wird. Auch wenn der Mensch vollkommen untätig ist und keine Regung des Gemütes oder des Herzens hervorbringt, so läuft doch in diesem Fall gerade diese Tatsache den eigenen strukturellen und fundamentalen Tätigkeiten der Natur so direkt entgegen, daß er sich dadurch den Kräften der Natur gegenüber zu einem zeitweiligen Punkt des Widerstandes macht und dadurch für sich selbst einen Strom karmischer Folgen ins Leben ruft, der ebenso machtvoll und mit Bestimmtheit auf ihn zurückwirken wird, als wenn er aus eigenem Willen und überlegter Wahl heraus irgendeine schwere Tat des Bösen begangen hätte.

Buddha, Christus und andere Große haben die Lehre von der ethischen Verantwortung in durchaus nicht unbestimmten Worten hinterlassen. Ihre Lehre fordert uns auf, wach zu sein und unsere ganze Pflicht anderen gegenüber, wer diese auch sein mögen, zu erfüllen. Abgesehen von anderen Erwägungen, die nur allzu rasch im Gemüt auftauchen, müßte man außerordentlich schwer von Begriff sein, um sich nicht zu vergegenwärtigen, daß es im Leben keine evolvierende oder entwickelnde Kraft gibt, die so stark und sicher und schnell in ihren Folgen ist wie sich selbst vergessende Betätigung in mitleidsvollem Dienst für andere. Solcher Dienst lehrt uns, wie wir die Hilfsquellen unseres eigenen Herzens und Geistes schnell finden und die wunderbaren, darin latent liegenden Geheimnisse sehen; er lehrt uns auch, wie wir die feineren Teile unserer spirituellen und intellektuellen Fähigkeit am schnellsten und sichersten entwickeln. Wohlwollen, das zu einer wohltätigen Handlung im Dienst für andere wird, kann wahrhaftig als der königliche Weg der Jüngerschaft bezeichnet werden; nur Menschen mit starkem Herzen können diesem Pfade stetig und bis zu seinem Ende folgen.

Beachten wir, was in "Die Stimme der Stille", einem Buch, das für den täglichen Gebrauch der Schüler geschrieben ist, steht:

> "Laß deine Seele jedem Schmerzensschrei ihr Ohr leihen, so wie die Lotusblume ihr Herz öffnet, die Morgensonne zu trinken.
>
> Laß nicht die feurige Sonne auch nur eine Schmerzensträne trocknen, bevor du selbst sie vom Auge des Leidenden gewischt hast.
>
> Aber laß jede brennende menschliche Träne auf dein Herz fallen und dort verweilen, und wische sie nimmer fort, bevor der Schmerz, der sie hervorrief, beseitigt ist."

"Fragment I", S. 12f. (Originalausgabe)

In seine eigenen persönlichen und rein selbstsüchtigen Angelegenheiten verwickelt durchs Leben zu gehen ist ganz einfach, doch die Wirkungen und Folgen eines solchen Lebenslaufes sind äußerst bitter und werden zur Asche des Todes im Munde. Ein Lebenslauf dieser Art engt den Charakter ein und macht ihn niedrig, weil die Sphäre der Betätigung immer beschränkter und begrenzter wird. Hingegen ist Wohlwollen, das in wohltätigem Handeln allen gegenüber, unabhängig vom einzelnen, endigt, das schnellste und sicherste Heilmittel für all die verschiedenen Geringfügigkeiten in Gemüt und Herz, für die wir als Menschen so äußerst empfänglich sind, wenn wir sie in den Charakteren jener sehen, die uns umgeben.

Warum folgen manche Menschen dem Pfade des niederen Selbstes? Weil sie sich einbilden, er sei der leichtere Weg und bringe ihnen Vorteile. Doch es gibt tatsächlich und in Wahrheit einen Weg, der sogar das Gemüt eines selbstsüchtigen Menschen öffnet und dessen edlere Imagination belebt und auf dem ihm möglicherweise gezeigt wird, daß die spirituelle Solidarität aller Wesen und Geschöpfe die fundamentale Grundlage der Natur ist. Ein Mensch kann einfach nicht für sich allein leben, so sehr er auch danach streben mag. Versucht er es dennoch, gerät er - und zwar sogleich - nicht nur mit den Gesetzen der Natur in Konflikt, sondern auch mit den rein menschlichen Gesetzen, die von seinen Mitmenschen aufgestellt wurden. Wird die Imagination eines solchen Menschen entflammt, beginnt er nach kurzer Zeit selbst in den angedeuteten Richtungen zu denken. Je nachdem, wie der Fall gerade liegen mag, beginnt er langsam oder schnell zu erkennen, daß echtes spirituelles, intellektuelles und selbst soziales Zusammenwirken das große Werk des Menschen ist; daß ein Mensch groß ist in dem Maße, wie es ihm gelingt, dies zu tun, und schwach und unedel in dem Maße, wie er versucht, sich von der großen Menge seiner Mitmenschen zu trennen. Es ist schlicht der Mangel an spiritueller Imagination, der die Menschen selbstsüchtig macht und veranlaßt, in ihrer Blindheit und Unwissenheit dem Pfade der "linken Hand" zu folgen, dem Pfade des persönlichen Gewinnes, der fast immer einen Gewinn für den einzelnen bedeutet auf Kosten des Wohlergehens der anderen.

Aufgrund der Gesetze der Natur kann ein Mensch nicht lange für sich allein leben; und gerade deshalb, weil viele Millionen unweiser und unwissender Menschen derart zu leben versuchen, gibt es so viel Elend und Unglück in der Welt. Die Geschichte zeigt, daß Menschen in dem Verhältnis, wie sie sich selbst vergaßen und für die Welt lebten, groß waren. Dies ist offensichtlich, weil große Menschen ein weiteres Gesichtsfeld besitzen und so lange nicht zufrieden sind, bis sie ausgedehntere Gefilde ihrer Sichtweite betreten haben. Menschen, die nur für sich selbst leben, haben eine außerordentlich begrenzte und eingeschränkte Sichtweite, und sehr bald erkennen sie, daß die meisten anderen Menschen dasselbe begrenzte und beschränkte Gesichtsfeld haben. So entstehen fortgesetzt Erschütterungen, Konflikte und ergreifende Schicksalsverknüpfungen, die das Herz oft so sehr quälen. Die großen Menschen sind es, die einen großartigen Weg einschlagen, weil sie eine erweiterte Sicht haben. Es sind die unbedeutenden Menschen, die aufgrund ihrer Unwissenheit und Torheit, ihrer eingeschränkten Sicht versuchen, sich in einen kleinen Winkel der Selbstheit abzusondern, um dort in unedler Isolierung für sich selbst zu leben. Die Natur wird es nicht lange dulden.

Die Imagination des Menschen kann durch eine große und glorreiche Vision entfacht werden. Betrachten wir das uns umgebende Universum. Gibt es eine einzige Sonne, ein einziges Atom, das für sich allein leben kann? Nirgends. Versucht irgendein einzelnes Element, seinem eigenen selbstsüchtigen Pfad zu folgen, stellen sich alle anderen Elemente im Universum dagegen, und nach und nach wird es durch den ungeheuren kosmischen Druck gezwungen, in die Ordnung und Harmonie des Universums zurückzukehren. Ein Mensch, der mit der Natur und für die Harmonie wirkt, der für Liebe wirkt, für Mitleid und Erbarmen, für Bruderschaft und Güte, hat den gesamten Evolutionsstrom der Natur, der für ihn wirkt, auf seiner Seite. Der Mensch aber, der für Haß wirkt, für persönlichen Gewinn, der *in adversum flumen* (gegen den Strom) schwimmt, seinen winzigen Willen dem evolvierenden Strom des Lebens entgegensetzt, hat das ganze unberechenbare Gewicht der Natur auf sich lasten.

Nichts lähmt einen Menschen intellektuell so sehr und läßt ihn spirituell so blind werden wie das Verweilen in seinen eigenen begrenzten persönlichen Fähigkeiten. Darin ruht weder Glück noch Friede, noch Weisheit. Folgen die Menschen diesem Pfade der Lähmung, so werden dadurch außerdem Konflikte, Not, Schmerz und Leid heraufbeschworen. Doch - wunderbares und mitleidvolles Paradoxon der Wirksamkeiten der Natur - hauptsächlich durch Schmerz, Leid und Not, durch den Überdruß an Zank und Streit lernen die Menschen besser und suchen die von der Sonne erleuchteten Wege der Weisheit und des Friedens. Schmerz, Leid und Not sind daher tatsächlich verkleidete Engel; sie sind die Wachstumsschmerzen zukünftiger Heldentaten, die Geburtswehen kommenden Erfolges. Unter ihren befleckten Gewändern sind sie lieblich; sie sind unsere besten Freunde, weil sie uns zur Erkenntnis der in unserer Seele latent und schlafend liegenden Kräfte und Fähigkeiten erwecken. Sie regen unseren Verstand an, rütteln unsere schlafenden und oft kalten Herzen wach und lehren uns, Sympathie mit anderen und für andere zu haben. Sie machen wirkliche Menschen aus uns. Die sanfte, angenehme Trägheit des Luxus und der Selbstgefälligkeit vermögen dies niemals. Gerade die Selbstgefälligkeit führt zum abwärtsgerichteten Pfad, zu spiritueller und intellektueller Blindheit, zu dem daraus folgenden Verlust der Weisheit unc der inneren Vision.

III

Einer der Hauptzwecke dieses und des vorhergehenden Kapitels hätte sein Ziel verfehlt, wenn der Leser nicht schon einen der wesentlichen Gedanken, der in der Ausarbeitung dieses Themas - das Weben der Schicksalsgewebe - enthalten ist, erfaßt hat: selbst wenn jedes Individuum bis in alle Ewigkeit mit dem Weben seines eigenen Schicksalsgewebes beschäftigt ist, welches wirklich und wahrhaftig zu jedem Zeitpunkt das Selbst jenes Individuums ist, kann dennoch kein individuelles Schicksalsgewebe für sich allein bestehen. Es ist mit allen anderen es umgebenden Schicksalsgeweben eng verknüpft, ja, untrennbar verwoben, da jedes Individuum seinen Teil oder Anteil am Weben des kosmischen Ganzen beisteuert. Daher ist jedes Individuum, gerade weil es vom Universum untrennbar ist, ein Agent des kosmischen Schicksals, der seinen Anteil zum großen Werk des Universums beisteuert, da er jede Substanz, Kraft, Eigenschaft und jedes Attribut, das das Universum selbst enthält, in sich verkörpert.

Die Schlußfolgerung, die aus dieser großen Wahrheit zu ziehen ist, ist von unermeßlicher Wichtigkeit: sie besagt, daß sich die Schicksale von uns als Individuen beständig und für immer miteinander kreuzen und wieder kreuzen; unsere Wege überschneiden sich ständig. So kommt es, daß wir während des gesamten Verlaufs des kosmischen Manvantaras aufeinander einwirken und aufeinander zurückwirken: einer auf alle und alle auf einen und jeder auf jeden. Daher ist das Karma von uns als Individuum so kompliziert und oft in seinen tieferen Bereichen so schwer zu verstehen. Es verwundert daher wenig, wenn selbst bei hochintelligenten, gewissenhaften und ergebenen Schülern der Esoterischen Philosophie das Verständnis für die Geheimnisse karmischer Tätigkeit nicht ausreicht, sie daher zuweilen Fehler machen und dadurch oft Seitenlinien, kleinere Aspekte und Tätigkeiten des unerforschlichen karmischen Gesetzes falsch auslegen.

Aus der obigen Beweisführung ersehen wir ebenfalls das philosophische und wissenschaftliche wie auch religiöse Grundprinzip, das uns die großen Weisen und Seher aller Zeitalter, ohne eine einzige abweichende Stimme, wiederholt und nochmals wiederholt moralisch einschärfen: kein Mensch kann für sich allein leben. Infolgedessen ist ein Individuum nicht nur für das, was auch immer es begeht, selbst verantwortlich. Es ist auch dafür verantwortlich, daß andere Individuen stark beeinflußt werden, und zwar oft auf so tiefen und geheimnisvollen Wegen, daß die ursprüngliche karmische Ursache, welche die beeinflußten Individuen in eine Sphäre des Kontakts mit dem ursprünglichen Täter führt, außerordentlich schwer aufzudecken oder zu entdecken und erkennbar zu machen ist. Oft liegen die Ursachen für das Kreuz-und-quer-Laufen jeglicher Fäden der verschiedenen Gewebe zweier Individuen in der weit zurückliegenden karmischen Geschichte beider, ob nun in dem letzten Leben oder, was viel wahrscheinlicher ist, in anderen vorhergehenden Leben der fernen Vergangenheit.

Forschen wir in dieser Richtung, die die ganze innere Bedeutung oder den Sinn der Lehre von Karman umfaßt, weiter, so gelangen wir dahin, uns vorzustellen, wie groß, wie weitreichend und auch wie untrennbar die Handlungen sind, die wir gegenseitig, zum Wohl oder Wehe aller anderen, zu ihrem Glück oder zu ihrem Leid, zu ihrer Freude oder zu ihrem Schmerz ausführen. Unwissend, wie die große Masse unserer Mitmenschen über die oft fernen Ursachen der Widerwärtigkeiten, der Unfälle und des Kummers ist, die sie befallen haben, sind sie nur allzuleicht geneigt, sie der Bestimmung einer unerforschlichen kosmischen Gottheit oder den zufälligen Mißgeschicken eines seelenlosen, durch und durch toten Universums zuzuschreiben, das ihnen aber irgendwie in geheimnisvoller Weise ihr unergründliches Fatum auferlegt.

Keine der beiden Ansichten ist richtig, weil jede die fundamentale Bedeutung der Lehre von Karman außer acht läßt: die strenge und völlig unbeugsame Gerechtigkeit, verbunden mit kosmischem Mitleid oder auch kosmischer Harmonie, die überall und durch endlose Zeit hindurch wirksam sind. Wie erhaben ist doch die Vorstellung, daß jedes Individuum ein Agent kosmischer Harmonie und des sich daraus ergebenden Schicksals ist, ob es dies erkennt oder nicht, ob es dies will oder nicht! Wir leben in einem Universum strengster Ordnung und Regelmäßigkeit. Das bedeutet, daß das kosmische Gesetz überall wirksam ist, und daher bringt sich jeder Mensch, der auch nur einen winzigen Teil seiner Umgebung, in der er sich befindet, in Disharmonie bringt, im entsprechenden Verhältnis aus dem Gleichklang mit dem kosmischen Ganzen. Dies wird mit Macht und wirkungsvollen Folgen auf ihn zurückwirken, und zwar mathemathisch genau bemessen nach der Ursache, die seine Handlung ins Leben ruft.

So machen wir durch unsere Gedanken und Gefühle

und die aus ihnen als Handlungen hervorgehenden Folgen auch anderen Freude. In identischer Weise verursachen wir ihnen Herzeleid und Kummer, für die sie nur indirekt und inaktiv verantwortlich sind. Somit bringen wir "unverdientes Leiden" über sie - für welches uns das karmische Gesetz streng zur Rechenschaft ziehen wird, und zwar in hohem Grade, aber in unendlicher Weisheit an die Größe unseres Fehlers oder unseres schlechten Handelns angepaßt.

Der Ausdruck "unverdientes Leiden" mag vielleicht besonders jene überraschen, die Karman und andere Zweige der Esoterischen Philosophie noch nicht lange studiert haben. Doch ist er richtig. In seiner Art beinhaltet er die wahre Feststellung der Tatsache, daß Leiden, ob nun "verdientes" oder "unverdientes" und wie auch immer hervorgerufen, in allen Fällen aufgrund der Natur Karmans kausal auf den Erzeuger zurückgeführt werden kann, der die unglückliche Person ist, die vielleicht anschaulich und nicht ganz zu Unrecht als das "Opfer" bezeichnet werden kann.

Im menschlichen Leben gibt es allerdings so etwas wie "unverdientes Leid". Dieser Ausdruck darf aber unter keinen Umständen so ausgelegt werden, als bedeute er Ungerechtigkeit, "ungerechtes Leid" oder andererseits daß "unverdientes Leid" keine karmische Ursache in dem Täter und seinem Opfer habe.

Über das Thema des unverdienten Leides wurde nicht viel geschrieben, selbst nicht einmal von unserem bisher größten Vertreter der Esoterischen Philosophie, H.P. Blavatsky, weil der ganze Versuch bisher darauf hinauslief, die größere, fundamentale Lehre hinsichtlich Karmans zu erläutern und auszuarbeiten. Diese besagt, daß Karman essentiell unendliche Gerechtigkeit ist und daß man das, was uns auch immer irgendwann und irgendwie zustößt, ob es nun Leid oder Freude bringt, letzten Endes auf Ursachen zurückverfolgen kann, die, karmisch gesehen, durch uns selbst in diesem oder in einem anderen Leben in Bewegung gesetzt worden sind. Diese Aussage ist allumfassend und schließt alles, was in unserem Leben vor sich geht, in sich ein - wie H. P. Blavatsky es so großartig ausdrückt: "... kein Unfall in unserem Leben, kein unglücklicher Tag oder Mißgeschick, das nicht bis auf unsere eigenen Taten in diesem oder einem anderen Leben zurückverfolgt werden könnte."

Die Wahrheit in bezug hierauf ist die, daß das, was wir mit unserer schwachen und unvollkommen entwickelten Intelligenz und aus Mangel an innerer Schau einerseits sehr richtig "unverdientes Leiden" nennen, nur ein kleiner Aspekt oder eine Tätigkeit des kurz skizzierten und ausgearbeiteten fundamentalen Gesetzes ist: der unerschütterlichen, von kosmischer Weisheit geleiteten und bis in alle Ewigkeit tätigen kosmischen Gerechtigkeit. Es wäre daher sowohl dem Wesen nach falsch als auch philosophisch ungenau, anzunehmen, daß das "gegenwärtige" Karma eines Menschen der Natur wie auch der Theorie nach getrennt, losgelöst oder unabhängig von seiner Vergangenheit sein könnte - was dasselbe bedeutet, als würde man von seinem vergangenen Karma sprechen. Eng verbunden mit diesem philosophisch fundamentalen Gedanken ist die Vorstellung, daß die Zukunft, auch wenn sie für uns Menschen auf Vergangenheit und Gegenwart zu basieren scheint, vom kosmischen Standpunkt aus in Wirklichkeit mit dem ewigen J E T Z T identisch ist. (Der Leser wird hier auf einen der Briefe aus "The Mahâtma Letters" verwiesen, der im Abschnitt 1 dieses Kapitels auszugsweise zitiert wurde.)

Um jedoch jegliche nutzlosen Argumente aufgrund einer mangelnden Ausarbeitung der Idee vom "unverdienten Leiden" zu vermeiden und weil keine angemessene Darlegung durch das Anführen kurzer, unseren Standpunkt bekräftigender Zitate von H.P. Blavatsky gegeben werden könnte, was kein rechtschaffener Mensch je täte, werden die folgenden Zitate aus den wichtigsten Stellen, die von H.P. Blavatsky über das Thema des "unverdienten Leidens" geschrieben wurden, mit einigen Auszügen aus anderen ihrer Schriften gegeben, in denen sie die umfassendere oder fundamentale Natur von Karman lehrt. Soweit sich der Verfasser erinnern kann, ist alles, was H.P. Blavatsky über sogenanntes "unverdientes Leiden" gesagt hat, zumindest das, was irgendwie von Wichtigkeit ist, in "Der Schlüssel zur Theosophie" zu finden. Es werden also zuerst diese Stellen angeführt und einige, die die größere oder allgemeine Lehre geben, folgen. Die Passagen über "unverdientes Leiden" beziehen sich auf eine der untergeordneten oder geringeren Bedeutungen dieser Lehre:

> "Esoterische Philosophie lehrt, daß karmische Vergeltung das Ego erst in seiner nächsten Inkarnation erreicht. Nach dem Tode empfängt es nur die Entschädigung für die in sei-

ner vergangener Inkarnationen erduldeten unverdienten Leiden." (Hier folgt eine Fußnote, sie lautet: "Gegen diesen Satz wurden einige Einwendungen gemacht, doch es sind die Worte des Mahâtma, und die mit dem Wort *unverdient* verbundene Bedeutung ist die oben gegebene ... Die essentielle Idee hiervon war die, daß Menschen oft unter den Wirkungen der von anderen begangenen Taten leiden, Wirkungen, die strenggenommen nicht zu ihrem eigenen Karma gehören - und für diese Leiden verdienen sie natürlich eine Entschädigung.") "Die ganze Strafe nach dem Tode besteht daher, sogar für den Materialisten, in dem Ausbleiben jeglicher Belohnung und dem gänzlichen Verlust des Bewußtseins seiner Seligkeit und Ruhe. Karma ist das Kind des irdischen Egos, die Frucht der Tätigkeiten des Baumes, der die allen sichtbare objektive Persönlichkeit ist; ebensosehr ist es auch die Frucht aller Gedanken, ja, aller Motive des spirituellen 'Ichs'. Karma ist aber auch die zärtliche Mutter, welche die im vorhergehenden Leben von ihr geschlagenen Wunden heilt, bevor sie beginnt, das Ego zu quälen, indem sie ihm neue Wunden zufügt." Wenn man sagen kann, daß es kein mentales oder physisches Leiden im Leben eines Sterblichen gibt, das nicht die direkte Frucht und Folge irgendeiner Sünde in einer früheren Existenz ist - und da er andererseits nicht die leiseste Erinnerung daran in seinem jetzigen Leben zurückbehält und selbst das Gefühl hat, er habe eine derartige Strafe nicht verdient, und daher meint, er leide keiner eigenen Schuld wegen -, so genügt dies allein schon, daß die menschliche Seele Anspruch auf den reichsten Trost hat, auf Ruhe und Seligkeit in ihrer nachtodlichen Existenz. "Der Tod kommt zu unserem spirituellen Selbst immer als Befreier und Freund.

... In dem feierlichen Augenblick des Todes sieht der Mensch, auch wenn der Tod plötzlich eintritt, die Gesamtheit seines vergangenen Lebens bis in die kleinsten Einzelheiten an sich vorüberziehen ... Aber dieser Augenblick genügt, ihm die ganze Kette der Verursachungen zu zeigen, die während seines Lebens am Werk gewesen ist. Er sieht und versteht sich nun, wie er ist, ungeschmückt durch Schmeichelei und Selbsttäuschung. Er liest sein Leben, wobei er als Zuschauer in die Arena hinunterblickt, die er verlassen hat; er fühlt und kennt die Gerechtigkeit allen Leidens, das über ihn gekommen ist."

"Wir sagen, daß der Mensch durch die Schuld der anderen, mit denen er verbunden ist, oder durch seine Umgebung soviel unverdiente Trübsal erleidet, daß er bestimmt Anspruch auf vollkommene Rast und Ruhe, wenn nicht auf Seligkeit hat, bevor er die Last des Lebens von neuem auf sich nimmt."

"... Devachan ist die idealisierte Fortsetzung des gerade aufgegebenen irdischen Lebens, eine Periode ausgleichender Gerechtigkeit und eine Vergeltung für die in jenem besonderen Leben erduldeten Kränkungen und Leiden."

"... die Reinkarnation wird alle jene anderen Egos um ihn versammeln, die entweder direkt oder indirekt, absichtlich oder sogar durch die unbewußte Vermittlung der vergangenen Persönlichkeit gelitten haben. Sie werden durch Nemesis auf den Weg des neuen Menschen gestoßen, wobei das alte (das ewige Ego) verborgen bleibt ..."

"Frage: 'Aber sicherlich sind nicht alle diese Übel, die fast ohne Unterschied die Massen befallen, tatsächlich verdientes und INDIVIDUELLES Karma?'
Antwort: 'Nein, sie können in ihren Wirkungen nicht derart streng definiert werden, um zu zeigen, daß jedes individuelle Milieu und die besonderen Lebensbedingungen, in denen sich eine Person befindet, nichts weiter wären als das vergeltende Karma, welches das Individuum in einem früheren Leben hervorrief. Wir dürfen den Blick nicht für die Tatsache verlieren, daß jedes Atom dem allgemeinen Gesetz untersteht, das den ganzen Körper regiert, zu dem es gehört; und hier stoßen wir auf eine weitere Spur des karmischen Gesetzes. Merken Sie nicht, daß das Aggregat des individuellen Karmas zu dem der Nation wird, zu der diese Individuen gehören, und daß weiter die Gesamtsumme des nationalen Karmas das der Welt ist? ... auf dieser breiten Bahn gegenseitiger menschlicher Abhängigkeit findet das Gesetz von Karman seinen gesetzmäßigen und sich gleichbleibenden Ausfluß.'"

Die vorhergehenden Zitate aus "Der Schlüssel zur Theosophie" sind die wichtigsten Darlegungen in bezug auf das Thema des "unverdienten Leidens", welche die große Theosophin geschrieben hat. Wenden wir uns den "Mahâtma-Briefen an A.P. Sinnett" zu, so finden wir die folgende kurze Anspielung auf dasselbe Thema:

> "... daß 'der Adept wird, und nicht gemacht wird', ist buchstäblich wahr. Da jeder von uns der Schöpfer und Erzeuger der Ursachen ist, die zu diesen oder jenen Folgen führen, so haben wir nur zu ernten, was wir gesät haben. Unseren Chelas wird nur dann geholfen, wenn sie an den Ursachen, die sie in Bedrängnis führen, unschuldig sind; wenn solche Ursachen von fremden, äußeren Einflüssen erzeugt worden sind. Das Leben und das Ringen um Jüngerschaft wäre zu leicht, hätten wir alle Straßenreiniger hinter uns, um die Wirkungen fortzufegen, die wir durch unsere eigene Anmaßung und Unbesonnenheit ins Leben gerufen haben."

Anzunehmen, dieses Zitat lehre "unverdientes" Leiden oder entsprechend "unverdiente" Hilfe, das heißt abgesondert von den ins Leben gerufenen karmischen Ursachen, ist absurd und entspringt nur einer oberflächlichen, hastigen Durchsicht und Analyse der Worte des Mahâtmas. Das gesamte Zitat sagt nichts weiter aus, als daß Karman die Ursache all dessen ist, was uns geschieht. Das ist aus den ersten zwei Sätzen und ihrer abschließenden unzweideutigen und umfassenden Bekräftigung klar ersichtlich: "Wir können nur ernten, was wir gesät haben." Dies ist allumfassend und beinhaltet kein Wort von "unverdienten" im Sinne von ungerechtfertigten oder nicht verursachten karmischen Folgen. Im nächsten Satz geht der Lehrer dazu über, zu zeigen, daß im Falle der Chelas, die hier besonders angesprochen werden - wie überhaupt in dem gesamten Abschnitt von ihnen die Rede ist -, sogar den Chelas, auch wenn sie aufgrund vorangegangener karmischer Ursachen Chelas sind, geholfen wird, wenn sie an den grundlegenden karmischen Ursachen, die zu Bedrängnis führen, "unschuldig" sind und diese Ursachen von fremden, äußeren Einflüssen erzeugt wurden. Dies ist aus dem Grunde der Fall, daß Chelas sozusagen Eintretende in eine neue Welt sind, in eine Sphäre von Kräften, die alle gefährlich und von denen einige furchtbar sind. Hier sind diese Chelas wie kleine, eben erst geborene Kinder, und in einer Hinsicht sind sie ebenfalls wie kleine Kinder unfähig, "fremden, äußeren Einflüssen", die auf sie eindringen, erfolgreich zu begegnen und sie abzuwenden. Genauso verhält es sich mit einem kleinen Kind. Fast hilflos wird es in eine

Welt hineingeboren und braucht Führung, Beistand und Hilfe, die es von seinen Eltern empfängt, die es behüten, es beschützen und ihm helfen. Wenn das kleine Kind jedoch seinen Finger in das Feuer hält, verbrennt es sich den Finger, und die Unschuld des Kindes ist kein Schutz davor. Um Unfälle dieser Art zu verhindern, passen die Eltern auf das Kind auf.

Die Parallele ist richtig, wenn es sich um Chelas handelt. In eine neue Welt hineingeboren, deren Kräfte und Einflüsse "fremd" sind und "von außen" kommen, sind sie fast hilflos und unfähig, sich hinreichend zu schützen. Folglich werden sie solange sorgfältig überwacht und unterstützt, bis sie sich an die neue Welt gewöhnt haben. Doch wenn der Chela die Warnungen des Lehrers ignoriert und "seinen Finger" absichtlich in das Feuer "hält" oder eigenwillig mit den furchtbaren Kräften und Bewohnern der neuen Welt experimentiert, muß er die Folgen selbst tragen.

Anzunehmen, der Lehrer lehre "unverdientes" Leiden als gleichbedeutend mit nichtkarmischen Folgen, die ohne Ursache auf den Leidenden stoßen, ist absurd und unsinnig, denn derartiges wird hier nicht gelehrt. Vielmehr ist die Lehre von Karman, wie H.P. Blavatsky sie zum Beispiel in ihrem "Schlüssel zur Theosophie" gibt, in den ersten zwei Sätzen dieses Auszuges festgelegt, und zwar in umfassenden, allgemeinen Ausdrücken.

Natürlich gibt es "unverdientes" Leiden in dem hier und anderweitig erklärten Sinne des Leidens des unvollkommenen "persönlichen" Menschen in der Aufeinanderfolge von Umständen in einem Leben, die verursacht zu haben jene besondere "Person", der "neue Mensch" des gegenwärtigen Lebens sich nicht selbstbewußt bewußt ist. Daher leidet er bitter unter den scheinbar nicht verursachten, aber dennoch karmischen Ereignissen, die ihn befallen.

Das Obige behandelt die untergeordnete Tätigkeit oder den "Lauf" des karmischen Gesetzes. Wenden wir uns jetzt den allgemeinen Aussagen über das Gesetz zu, das allumfassend ist und daher auch den untergeordneten Lauf des sogenannten "unverdienten Leidens" in sich schließt. Es könnte nicht besser ausgedrückt werden als durch H.P. Blavatskys eigene Worte in ihrem großen Werk "Die Geheimlehre". Ein Beispiel wird hier genügen, und der Leser wird auf ihre Schriften und auf frühere in den Seiten des vorliegenden Werkes zu findende Zitate von ihr verwiesen, die das allgemeine Gesetz von Karman herausstellen, wie zum Beispiel im Text des vorhergehenden Kapitels "Schicksalsgewebe - I".

"... Karma-Nemesis oder das Gesetz der Wiedervergeltung. Dieses Gesetz - sei es bewußt oder unbewußt - prädestiniert nichts und niemand. Es existiert von und in Ewigkeit, fürwahr, denn es ist die Ewigkeit selbst; und als solches, da keine Handlung der Ewigkeit gleich sein kann, kann man von ihm nicht sagen, daß es handelt, denn es ist Handlung selbst. Es ist nicht die *Welle*, die einen Menschen ertränkt, sondern die *persönliche* Handlung des Wichtes, welcher vorsätzlich hingeht und sich unter die *unpersönliche* Wirkung der Gesetze begibt, welche die Bewegung des *Ozeans* beherrschen. Das Karma schafft nichts, noch plant es. Der Mensch ist es, welcher plant und Ursachen schafft, und das karmische Gesetz gleicht die Wirkung aus, welche Ausgleichung keine Handlung ist, sondern universale Harmonie, welche immer ihre ursprüngliche Lage wieder einzunehmen strebt, wie ein Bogen, welcher, zu gewaltsam niedergebogen, mit entsprechender Kraft zurückspringt. Wenn er zufällig den Arm verrenkt, welcher versucht hatte, ihn aus seiner natürlichen Lage zu biegen, sollen wir da sagen, daß es der Bogen war, welcher unseren Arm gebrochen hat, oder daß unsere eigene Torheit uns hat Schaden nehmen lassen? ... Karma ist ein unbedingtes und ewiges Gesetz in der Welt der Offenbarung; ... Karma ist eins mit dem Unerkennbaren, von dem es ein Aspekt ist, in seinen Wirkungen in der Erscheinungswelt."

"Die Geheimlehre", Bd. II, S. 319f.

Die ganze Schwierigkeit, sofern es diese für einen vernünftigen Menschen mit philosophischer Neigung überhaupt gibt, liegt in dem vielleicht unbewußten Gedanken, daß jene großen Denker wie die Mahâtmas und ihr Sendbote H.P. Blavatsky bewußt oder unbewußt an den "Widersprüchen" schuld seien. Das ist nicht der Fall. Es handelt sich nicht um Widersprüche, sondern um wirkliche Paradoxa. Alles, was einem Individuum geschieht, ist karmisch bedingt. Da sich aber das Individuum ständig entwickelt und sich somit sein Charakter und daher auch sein Schicksal ändert, so fallen, wenn die karmische Wiedervergeltung nicht unmittelbar eintritt - wie es meist der Fall ist -, ihre leichten oder schweren Wirkungen auf den "späteren" oder "neuen Menschen" zurück, von dem daher wirklich und tatsächlich zu Recht gesagt werden kann - da er eine weitere Inkarnation oder Verkörperung der Seelenkräfte der höheren Natur ist -, daß er "unverdientes Leiden" durchmacht; dennoch ist es ebenso karmische Wiedervergeltung.

Als Abschluß dieses langen Einschubes ist es noch notwendig, festzustellen, daß Karma oft dadurch erschöpft wird, daß es durch seine geheimnisvolle und unerforschliche Tätigkeit und die Mitwirkung des reinkarnierenden Egos eine Reinigung des letzteren zuwege bringt, die der unglückliche "neue Mensch" - ein Strahlenkind des reinkarnierenden Egos - jedoch als "unverdientes" Leid zu erdulden hat. Seine Entschädigung und Belohnung ist die lange, wenn auch illusorische, ungetrübte Seligkeit und der glückliche Wiederausgleich im Devachan. Im Gemüt sollte daher immer an der Einheit allen Seins festgehalten werden - so liegt die Erklärung auf der Hand, sofern sie verstanden wird.

Es wäre verkehrt anzunehmen, Karman oder die karmischen Folgen befänden sich außerhalb von uns und wichen irgendwie von der fundamentalen Essenz in uns ab. Das Gegenteil ist der Fall. Es kann uns nicht das Geringste zustoßen, wenn wir nicht selbst irgendwie, irgendwann und irgendwo entsprechend gehandelt und dadurch die schlafenden oder aktiven Kräfte der Natur aufgeweckt haben. Diese wirken daraufhin früher oder später in einem Verhältnis und Ausmaß auf uns zurück, das mit der Ursache, die ihren Ursprung in uns selbst hat, genau und wunderbar ausgeglichen oder im Gleichgewicht ist. Daher ist Karman, wird es bis auf seinen Ursprung zurückverfolgt, die Folge des Handelns unseres eigenen freien Willens. Die frei-wollende Wesenheit denkt, fühlt oder handelt oder sie denkt und fühlt und handelt daher, wodurch sie einen unentrinnbaren Zug von Resultaten oder Folgen in Bewegung setzt; und gerade weil wir mit dem Universum essentiell eins sind, fließen diese Resultate eines Tages als karmische Folgen auf uns zurück. Sie hätten uns niemals antasten können, wenn wir als Wesenheiten mit freiem Willen jene Naturkräfte nicht in Tätigkeit gesetzt hätten. Ich halte zum Beispiel die Hand ins Feuer und verbrenne mir die Hand, aber durch meinen eigenen freien Willen habe ich absichtlich oder unabsichtlich verursacht, daß ich mir die Hand verbrenne. Die Tatsache, daß ich meine Hand sehr wahrscheinlich als das Ergebnis von Fahrlässigkeit oder Dummheit meinerseits ins Feuer hielt, hebt die Naturgesetze nicht auf, die unvermeidlich wirken und zurückwirken, wann immer sie bewußt oder unbewußt geweckt werden. Ich trinke absichtlich Gift und sterbe; das ist Selbstmord - Freitod. Ich benutze meinen relativ freien Willen, um dieses Verbrechen an mir zu begehen, und ein Teil der Folgen - der physische Tod - ergibt sich sogleich oder bald danach. Aber es gibt andere damit verbundene Folgen, denn wenn ich mich entschließe, Selbstmord zu begehen, begehe ich an mir selbst ein Verbrechen, was den Absichten der Natur zuwiderläuft. Daher sind sowohl ethische Prinzipien als auch physische, spirituelle und intellektuelle Ursachen mit der Situation verbunden, die durch meinen Impuls und durch mein Handeln in Tätigkeit gesetzt worden sind. Ich habe meinen Charakter dadurch geschwächt, weil ich feige war und Angst hatte, dem Leben und den Dingen zu trotzen, in die ich mich selbst gebracht habe. Und da ich mit dem Universum eins bin, werden mich als Konsequenz darauf die Wellen oder Vibrationen, die sich als Wirkungen ergeben, früher oder später aufsuchen und wiederfinden. Als Folge werde ich dann jene Resultate dieser meiner Handlung, die keine sofortige Erschöpfung fanden, als die Tat begangen wurde, als Teil meines zukünftigen Karmas fühlen.

Eines der Resultate ist klar ersichtlich: indem ich dem üblen Impuls, feige zu sein und Selbstmord zu begehen, freien Lauf lasse, schwäche ich meinen Willen - und dies ist eine der ethischen und psychologischen Folgen. Anstatt den Schwierigkeiten entgegenzutreten, die mich veranlaßten, Selbstmord zu begehen, wende ich ihnen den Rücken zu. Ich bin feige und töte mich. Mein Geist wäre gestärkt worden, und meine moralische Struktur wäre gewachsen, wenn ich gelebt und den Schwierigkeiten mutig wie ein Mann getrotzt hätte.

IV

Karman ist nicht etwas, das außerhalb von uns ist im Sinne von verschieden, unterschiedlich, losgelöst oder abgesondert von unserer inneren Essenz. Das kosmische karmische Gesetz ist, soweit es das Individuum betrifft, immer ruhend, wenn es nicht durch Gedanken, Gefühle und die daraus folgenden Handlungen des Individuums selbst zur Tätigkeit aufgerüttelt und wachgerufen wird. Jeder Mensch webt im Verlauf der Zeitalter, im Verlauf nie endender Zeit das Gewebe seines eigenen Wesens. Er selbst ist daher sein eigenes Schicksalsgewebe. Was immer er tut oder getan hat oder in Zukunft tun wird, es ist sowohl das Gesetz seines eigenen Wesens als auch das Gesetz der Natur, daß er die Folgen davon auf sich nehmen muß, weil er unter anderem all das zu einem Teil von sich selbst gemacht hat, weil sein Charakter und sein Gemüt entsprechend geändert wurden und seine ethischen Prinzipien in angemessenem Verhältnis beeinflußt worden sind. Ja, selbst sein physischer Körper wird dadurch entsprechend beeinflußt. So ist der Mensch wirklich und tatsächlich sein eigenes Karma.

Verrichtet ein Mensch ein übles Werk, kehrt das Üble in diesem oder in irgendeinem zukünftigen Leben zu ihm zurück, weil er die Struktur seines Charakters beeinflußt oder verzerrt hat. Diese Beeinflussung oder Verzerrung wird sich in einem verwirrten oder verzerrten Verstand äußern und in den daraus folgenden Handlungen auswirken, die entsprechendes Übel über ihn selbst bringen. Ebenso kommt, wenn ein Mensch Gutes bewirkt, Gutes in diesem oder in irgendeinem zukünftigen Leben zu ihm zurück, da das Bewirken des Guten das Einbauen von Harmonie in ihn selbst bedeutet, ein In-Ordnung-Bringen der Verwirrung des Charakters, ein Erweitern intellektueller und psychischer Fähigkeiten und eine sich daraus ergebende vorteilhafte Wirkung, die sich sogar auf den physischen Körper auswirkt: Beständiges Guttun hat zur Folge, daß es die innere Struktur des Menschen zu einer inneren Kraft werden läßt, die in harmonischerer Weise mit all den anderen großen und führenden spirituellen Kräften des ihn umgebenden Universums, in dem er für immer lebt, zusammenwirkt.

Wir haben unzählige Leben vor dem jetzigen gelebt, und in keinem einzigen vergangenen Leben ist irgendein Mensch imstande gewesen, alle darin in Bewegung gesetzten Ursachen auszulöschen - alle karmischen Samen, die ausgesät wurden, um zur Reife zu gelangen. Gerade dieses aufgespeicherten karmischen Schatzes wegen müssen wir Leben auf Leben, Leben auf Leben leben, um diese Ursache abzutragen.

Karma kann allgemein in zwei Hauptklassen eingeteilt werden: Karma, das noch nicht abgetragen oder erschöpft ist, und Karma, das jetzt erzeugt wird. Eine andere Ausdrucksweise dafür ist: Karma, das sich jetzt zu erschöpfen beginnt und das in der Vergangenheit entstanden ist, und Karma, das gerade zusammengetragen wird oder das sich erst in der Zukunft zu erschöpfen beginnt. Jene Klasse von Karma, das sich jetzt zu erschöpfen beginnt, kann mit 'reif' bezeichnet werden, und das technische Sanskritwort dafür ist प्रारब्ध (prârabdha), das heißt das, was beginnt. Jene Klasse von Karma, das jetzt erzeugt wird und sich in der Zukunft erschöpft, kann mit 'unreif' bezeichnet werden, das technische Sanskritwort dafür ist सञ्चित (sanchita).

Bevor sich das reinkarnierende Ego von neuem verkörpert - wobei es von der göttlich-spirituellen Monade im Innern geführt wird -, hat es aufgrund seiner ihm innewohnenden und eingeborenen Eigenschaft oder seiner Fähigkeit eines relativ freien Willens, das heißt der Entscheidungskraft, die Eigenschaft oder Fähigkeit, jene besonderen zusammenlaufenden karmischen Ursachen zu wählen, die es als karmische Wirkungen in dem zur Zeit beginnenden Leben am besten abtragen kann. Dies ist die gleiche Entscheidungskraft, die zu Beginn einer neuen Geburt auf Erden tätig wird und die jeder normale Mensch sein ganzes inkarniertes Leben lang anruft und gebraucht. In jedem Leben wählt er von Augenblick zu Augenblick, von Tag zu Tag oder von Jahr zu Jahr den Pfad oder den Tätigkeitsablauf aus, der ihm als der zu bevorzugende erscheint. Möglicherweise gibt es tausend Millionen Nebenzweige oder Pfade - das heißt verschiedene Wahlen -, die er in jedem Augenblick der Wahl eingeschlagen haben könnte. Wir haben eine unendliche Anzahl karmischer Erfahrungen hinter uns; und wenn sich das neue Leben auftut, wenn wir auf der Bühne erscheinen, um unsere neue Rolle zu spielen, so tun wir dies streng dem karmischen Teil entsprechend, den wir aus dem Buch unserer damals erwachten Vision und Erinnerung ausgesucht und ausgewählt haben. Die von uns dann nicht ausgewählten karmischen Ursachen werden wir in einer späteren Wahl auszuwählen oder zu verkörpern haben, wenn wir in irgendeinem zukünftigen neuen Leben eine neue Laufbahn auf Erden beginnen. Was aber jedes Erdenleben betrifft, so liegen unweigerlich bestimmte Bedingungen vor uns, die eine bestimmte Wahl und einen sich daraus ergebenden Pfad der Betätigung in sich schließen, die uns zu bestimmten Zivilisationen bringen, zu bestimmten Familien - und das beobachtende und wartende höhere SELBST überblickt dieses allgemeine Gefilde unserer

Wahl: diesen Pfad und jenen Pfad und noch einen anderen Pfad. Ebenso benutzt ein Mensch diese Fähigkeit, wenn er beim Fahren eines Autos sich gabelnde Wege oder eine Kreuzung mehrerer Straßen erreicht. Kommt dieser Mensch an sich gabelnde Straßen, die ihm neu sind, kennt er selbstverständlich nicht den Weg, aber er sagt sich: "Ich will diesen Weg einschlagen und ihn den anderen zwei, drei oder vier vorziehen, die von diesem Punkt abzweigen." Er hätte auch einen anderen Weg nehmen können, aber in jedem Fall trifft er seine Wahl. Der einzige Unterschied zwischen dem Menschen, der seine Wahl trifft, und dem höheren SELBST ist der, daß das höhere SELBST eine Schau und eine Vorausschau sowie eine Rückschau besitzt, die im Vergleich mit der Unterscheidungskraft des inkarnierten Menschen unvergleichlich stärker und sicherer sind.

Der Verfasser wurde oft gefragt, ob Karma geistig Behinderte oder Schwachsinnige beeinflußt und ob diese neues Karma verursachen können. Als Antwort auf diese interessante Frage kann bemerkt werden, daß Karman diese zwei Klassen von Menschen nicht erfassen kann, abgesehen von dem rein physischen Karma. Hält ein geistig Behinderter seinen Finger ins Feuer, ist er gezwungen, sich physisch zu verbrennen. Aber alle anderen Arten von Karman erfassen nicht Individuen, die ohne übliche spirituelle und mentale Kraft der Wahl und Handlung sind. Da, wo der individuelle Wille untätig ist und dieser keine Kraft intelligenter Unterscheidung und Wahl besitzt, kann es kein zukünftiges wirklich karmisches Resultat geben, das ist offensichtlich. Dennoch brachte natürlich früheres nicht abgetragenes Karma diese geistig Behinderten ins physische Dasein, und ein bestimmter Bestand an nachfolgendem physischen Karma ist dazu bestimmt, in solchen Inkarnationen erschöpft zu werden. Alles ist das Resultat oder die Folge von Fehlern und Übeltun in einem früheren Leben oder in früheren Leben.

Ist zum Beispiel die Inkarnation eines Schwachsinnigen beendet, wird die wartende Monade - denn die Monade kann während einer derartigen Inkarnation wirklich als wartend beschrieben werden - dann diesen besonderen Aspekt oder Teil ihrer angesammelten karmischen Früchte, Resultate oder Folgen abgetragen haben. Die nächste Inkarnation der Monade wird sehr wahrscheinlich eine mehr oder weniger normale sein, wenn auch ebenso wahrscheinlich eine niedrigere auf der menschlichen Skala. Karma brachte den Zustand des Schwachsinnigen zuwege, doch Karma wird keine weitere Wirkung auf den Schwachsinnigen selbst haben, mit Ausnahme auf den gewöhnlichen physischen Körper. Der Zustand des Schwachsinnigen erinnert an den eines Tieres. Das Tier schafft kein wirklich spirituelles, intellektuelles, ethisches oder psychisches Karma, das nennenswert wäre, weil es keine spezielle oder menschliche starke Fähigkeit des Willens, des Urteils, der Unterscheidung und der Wahl ausübt; folglich ist das Tier relativ unverantwortlich. Ein geistig Behinderter ist ebenfalls relativ unverantwortlich, wenn nicht gänzlich. Dennoch bringt Karman, wie schon gesagt wurde, ebenso die Geburt eines Tieres zuwege wie auch die Geburt eines Schwachsinnigen, eines geistig Behinderten oder eines Irren. Denn, wenn Karman unser Schicksal in den Griff bekommen soll, muß die Fähigkeit des freien Willens, der Wahl ausgeübt werden, was eine fortgesetzte positive Betätigung in bestimmter Richtung zustande bringt.

Die Gedanken, die wir denken, die Gemütsregungen, denen wir gestatten, uns zu lenken, und die nachfolgenden Handlungen, die wir begehen, sie alle tragen ihre Früchte in diesem oder in irgendeinem folgenden Leben, wenn ihre Chance für die Manifestation da ist: dann kommen sie hervor, eine reißende Flut von Energien - jene latenten Kräfte, die wir in uns eingebaut haben und die wir in ihrem Aggregat unseren Charakter nennen. Wenn die geeignete Zeit kommt und das Milieu fertig ist, manifestiert sich unser Charakter in entsprechender Weise zu unserem Wohl oder Wehe oder, was auf dasselbe hinausläuft: die karmischen Samen, die wir jetzt säen, bringen ihre Früchte entweder gleich oder zu einer späteren Zeit hervor, und zwar nach dem Grundsatz des geringsten Widerstandes, nach dem sich alle anderen Energien der Natur auch richten. Auf diese Weise machen wir schließlich unsere Missetaten gegenüber anderen, ja, gegenüber uns selbst wieder gut. Die Resultate von alledem endigen in dem großartigen Ablauf von Zeit und Karman - in der durch Evolution die Substanz unseres Charakters gestärkt und entwickelt wird - in einem höheren und sich immer mehr ausweitenden Schicksal.

Karman ist daher im wesentlichen natürliche Harmonie, die die Harmonie und Symmetrie des Universums als Ganzes in sich schließt. Jede Tat einer jeden Wesenheit auf jedem Plan, die gegen diese Harmonie oder Symmetrie der Struktur läuft, richtet sich gegen die natürliche Harmonie der Dinge, mit anderen Worten: gegen die Natur, die sogleich zur Tätigkeit wachgerüttelt wird und jetzt oder zu einer späteren Zeit durch Reaktion tätig wird.

Die "Geheimlehre" enthält hinsichtlich der Natur und der Folgen karmischer Tätigkeit eine Stelle, die einen Reichtum an Weisheit beinhaltet und in einer Klarheit des Ausdrucks geschrieben wurde, daß man fühlt, auch wenn sie schon zwei- oder dreimal zitiert wurde, daß es keiner Entschuldigung bedarf, wenn sie hier wiederholt wird. H. P. Blavatsky sagt:

> "Aber fürwahr, es ist kein Zufall in unserem Leben, kein mißratener Tag und kein Mißgeschick, das nicht auf unsere eigenen Taten in diesem oder in einem anderen Leben zurückgeführt werden könnten. Wenn man die Gesetze der Harmonie bricht oder, wie ein theosophischer Schriftsteller es ausdrückt, die 'Gesetze des Lebens', so muß man darauf gefaßt sein, in das Chaos zu stürzen, das man selber bereitet hat."
>
> "Die Geheimlehre", Bd. I, S. 705

Hier könnte, wie schon gesagt, noch hinzugefügt werden, daß es weder Freude noch irgendein Glück oder einen Glückstreffer, wie man sagt, gibt, für die wir die Ursachen ihres Eintretens nicht irgendwo, irgendwann in der Gegenwart oder in der nahen oder fernen Vergangenheit selbst gelegt haben.

Wie schon in den vorhergehenden Abschnitten dieses Kapitels ausführlich erklärt und ausgebreitet wurde, leiden wir aufgrund der außerordentlich verwickelten und verworrenen Natur der Schicksalsgewebe, in die wir alle eingeschlossen sind und die uns veranlassen, auf andere zu wirken und zurückzuwirken, und zwar entweder schwach oder stark, je nachdem, wie der Fall gerade liegen mag. Dennoch empfinden wir diese oft als ungerecht, da unsere Augen geblendet sind und wir keine erkennende Erinnerung an die ursprünglichen Ursachen unseres Leidens besitzen. Da sich unser Charakter vervollkommnet hat und besser geworden ist, weil neue Ströme spiritueller Energie, wie schwach diese auch sein mögen, in uns eingeströmt sind, haben wir das starke Gefühl, daß das Leiden und der Schmerz, die wir durchmachen, "unverdient" sind. Für den "neuen Menschen", der wir in der späteren Inkarnation geworden sind, sind sie es auch wirklich und tatsächlich. Nicht dieser "neue Mensch" hat die Fehler begangen, die üblen Taten vollbracht, das selbstsüchtige und vielleicht unwürdige Leben des "alten Menschen" gelebt. Folglich ist das Karma des "neuen Menschen" in der gegenwärtigen Inkarnation - dessen Charakter sich veredelt hat, dessen spirituelle Energie gewachsen ist und der Leid und Schmerz, die über ihn kommen, erdulden muß - eng mit dem Karma des "alten Menschen" verbunden, weil es strenge karmische Gerechtigkeit ist, die auf die kausalen Tätigkeiten des "alten Menschen" folgt, der er war, der er aber nun nicht mehr ist, da er der "neue Mensch" geworden ist.

Betrachten wir die folgende Erläuterung: Ein normaler junger Mann begeht, sagen wir, wenn er zwanzig Jahre alt ist, ein Verbrechen. Es gelingt ihm, dieses erfolgreich zu verbergen. Indem er zur Reife heranwächst und durch die Stufen von dreißig, vierzig, fünfzig und sechzig Jahren hindurchgeht, verändert sein reinkarnierendes Ego durch das ständige Einströmen einer größeren Flut seiner eigenen monadischen Weisheit und Intelligenz in sein Gehirngemüt fortschreitend sein Leben zum Besseren hin, so daß er bereits in seinem sechzigsten Lebensjahr in seiner Gemeinde nicht nur als guter Mensch, sondern auch als ehrenwerter Bürger, liebevoller, treuer Vater und Freund und im großen und ganzen als Beispiel eines aufrechten Menschen bekannt ist. Dies geschieht, weil sich seine "Seele" in größerem Maße inkarniert hat.

In seinem sechzigsten Lebensjahr wird sein Verbrechen, veranlaßt durch irgendeine karmische Ursache, bekannt. Er sieht alles, was ihm lieb war, einstürzen. Sein Ruf steht auf dem Spiel. Seine Freunde und seine Familie sind ernstlich betroffen, und er selbst leidet die Qualen der Verdammten. - (Man wird hierbei an den Fall Jean Valjean in Victor Hugos "Les Misérables" erinnert.) Frage: Ist dieser Sechzigjährige mit dem neu inkarnierten Sinn für Moral, dem erweiterten Herzensleben und dem Empfinden eines Kameradschaftsgefühls anderen gegenüber verantwortlich für das Verbrechen des launischen, eigenwilligen und quasi unwissenden Burschen von zwanzig? Das menschliche Gesetz sagt "Ja". Die Esoterische Tradition sagt "Nein", doch mit einer kleinen Einschränkung, denn hier macht der "neue Mensch" "unverdientes Leiden" durch für die Sünde des unglücklichen, gedankenlosen "alten Menschen", die er mit zwanzig Jahren verübte.

Halten wir einen Augenblick inne, um zu überlegen. Selbst menschliche Gerechtigkeit, so schwankend und schwach, wie sie ist - selbst die von Menschen gemachten Gesetze erkennen zumindest etwas von dieser Wahrheit an, und wenige, selbst von den Durchschnittsgeschworenen, würden die gesetzliche, rechtliche Strafe für den Sechzigjährigen fordern, die für den Zwanzigjährigen angemessen und nach dem menschlichen Gesetz gerecht gewesen wäre. Der Hauptpunkt ist hier, daß der Sechzigjährige nicht derselbe ist wie der Zwanzigjährige, wenn auch das reinkarnierende Ego von der Geburt bis zum Tode dasselbe ist. Das reinkarnierende Ego erleidet, karmisch gesprochen, Vergeltung durch das Leiden, das von dem Zwanzigjährigen verursacht wurde.

Übertragen wir die Schilderung auf das reinkarnierende Ego bei seinem Durchgang durch mehrere Geburten. In jedem neuen Erdenleben oder in jeder neuen Reinkarnation ist der "neue Mensch", obgleich er das karmische Kind des "alten Menschen" des vergangenen Lebens ist, dennoch die "neue" Wesenheit, in die von der Monade Weisheit und Licht einströmt, in welch geringem Grade dies auch geschehen mag. In einem ihrer früheren Leben wurde irgendein schreckliches Verbrechen von dem "Menschen" jenes Lebens begangen; die karmischen Ursachen jenes Lebens halten an, und, sagen wir, in der vierten Reinkarnation danach sieht sich der "neue Mensch" dieser vierten Wiedergeburt unter den Handlungen anderer unerklärbar leiden, und er kann in alledem keine kausale Gerechtigkeit sehen. Seine Leiden in dem vierten Leben sind für diesen "neuen Menschen" tatsächlich "unverdient", aber das reinkarnierende Ego ist der Sitz der ursprünglichen Ursachen des "alten Menschen". So sehen wir, daß, obgleich der "neue Mensch", das menschliche Wesen, unter unverdientem Kummer und Gram leidet, die Ursachen im großen Maßstab mehrere Leben vorher geschaffen wurden.

Das Grundprinzip dieses feinen Gedankens wird an

dem Beispiel eines Menschen klar ersichtlich, der jetzt ein menschlicher Halbgott, ein wahrer Mahâtman geworden ist und die karmische Frucht des "alten Menschen" längst vergangener Leben ist. Sollte dieser edle "neue Mensch" in seinem gegenwärtigen Leben Leiden irgendwelcher Art durchmachen, das den karmischen Folgen oder der karmischen Frucht des üblen Tuns des nun längst vergangenen "alten Menschen" zuzuschreiben ist? Sollen und können wir sagen, daß der Mahâtman einen solchen Anteil karmischer Vergeltung, den er jetzt nach der unendlichen Gerechtigkeit der Natur abträgt, "verdient" hat? Gewiß nicht; und doch ist es tatsächlich karmisch bedingt, und niemand weiß das besser als dieser große "neue Mensch". Dennoch beging nicht der Mahâtman die Torheiten und Schlechtigkeiten seines längstvergangenen karmischen Vorfahren, des "alten Menschen", der er war.

Das gegebene Beispiel ist absichtlich übertrieben, um den Kernpunkt dieses feinen Gedankens klar umrissen und anschaulich herauszuschälen. Der Unterschied zwischen dem Mahâtman, der er jetzt als der "neue Mensch" ist, und dem, was er in längst vergangenen Inkarnationen als der "alte Mensch" war, ist so selbstverständlich, daß es selbst bei dem Leser, der dies nur flüchtig oder oberflächlich studiert, kaum ausbleiben kann, daß seine Aufmerksamkeit gefangengenommen wird. Das Beispiel ist übertrieben, ja, tatsächlich, soweit es sich darum handelt, daß der Mahâtman jene niederen Reaktionen karmischen Schicksals als "unverdientes Leiden" durchmacht, das dem normalen Menschen so bekannt ist. Es ist aber nicht übertrieben, sondern eher untertrieben, wenn wir die unverdiente, ungeheure Last karmischer Verantwortung in Betracht ziehen, welche die gesamte Hierarchie des Mitleids, angeführt von den Buddhas des Mitleids, freiwillig zum Wohle der Menschheit auf sich nimmt.

Nach der unnachgiebigen Logik der Esoterischen Philosophie und ihrer tiefen Metaphysik sind wir natürlich auch hier genötigt, diese erhabene Wahl der spirituellen und intellektuellen Schulung diesen Großen zuzuschreiben, die sich über viele vergangene Leben erstreckt und sozusagen dem angehäuften karmischen "Verdienst" vieler kleiner Entscheidungen zugehört, die in jenen vergangenen Leben getroffen wurden, um sich mit der Lichtseite der Natur oder der Hierarchie des Mitleids zu verbinden. So ist in einem anders gemeinten Sinn, ja fast im umgekehrten Sinn, wenn wir von "unverdientem Leiden" sprechen, das Gebundensein einer großen Seele an karmische Verantwortung - die sich vielleicht während vieler Leben wiederholter Inkarnationen zum Wohle der Menschheit entwickelt hat - seinem Ursprung nach dennoch karmisch. Karma ist jedoch "unverdient" in dem Sinne, weil der Verzicht auf jeglichen individuellen Fortschritt seitens des Mahâtmas zum Wohle der Menschheit keinem Fehler oder Mangel des Charakters zuzurechnen ist, sondern allein den erhabenen Instinkten für unendliches Mitleid. Hier ist der Unterschied zwischen den Pratyeka-Buddhas und den Buddhas des Mitleids deutlich zu sehen, und er sollte sorgfältig beachtet werden.

V

Es gibt demnach nichts Derartiges wie unverdientes Leiden, außer in dem schon aufgezeigten Sinne. Nichts, was uns widerfährt, ist ungerecht in dem Sinne, daß es nie kausal erzeugt worden wäre. Das Wort "unverdient" kann hier nicht in dem althergebrachten Sinn angewandt werden, als bedeute es etwas, das jemandem von einer außenstehenden Kraft auferlegt würde, ob diese außenstehende Kraft nun "Gott" sei, der in Zusammenarbeit mit seinen dienstbaren Engeln wirkt, ob es das sei, was die Materialisten die "Natur" nennen, oder ob es die gänzlich irrige Idee der Fatalisten sei, daß Chance oder Zufall existiert. Hinsichtlich der drei vorangegangenen Ansichten ist es unverdient; denn sie besagen, daß es keine dem Menschen innewohnende erzeugende Ursache gäbe und sich ein Mensch in keinem Augenblick seiner Existenz sicher fühlen könnte. Wenn diese Idee wahr wäre, könnte er sich im nächsten Augenblick in einer schrecklich ungerechten, disharmonischen und schlimmen Lage von Umständen befinden, die er niemals in der Vergangenheit über sich gebracht hatte, und somit in ein unerforschliches Geschick verwickelt sein, in das ihn eine außenstehende Kraft mit der grausamen Geißel, die für ihn das Schicksal ist, hineingepeitscht hat.

Außerdem sollte immer daran gedacht werden, daß es verschiedene Arten von Karman gibt, denen alle Wesen, Wesenheiten und Dinge in der universalen Natur mehr oder weniger unterworfen sind. Es gibt zum Beispiel das eigene individuelle oder persönliche Karma, das Familienkarma, das nationale Karma, das Karma unserer Erdenkugel, das Karma, das unseren Planeten als einen der Familie des Sonnensystems beeinflußt. Das Sonnensystem wiederum ist ein Bestandteil unseres Heimatuniversums, der Milchstraße, und so weiter ad infinitum: alles ist die wunderbare Betätigung von Wirkung und Rückwirkung, von Wirkung und Wechselwirkung zwischen und unter allen Wesen und Wesenheiten sowie allen Dingen, die mit den Gesetzen und Tätigkeiten und mit der Struktur des Universums unauflöslich verbunden sind und die alle aufeinander einwirken, miteinander verwoben sind und sich gegenseitig beeinflussen - wahrlich, ein wahrhaft wunderbares Bild!

Jeder Mensch hat natürlich, wie schon gesagt wurde, sein eigenes individuelles Karma, doch untersteht er gleichermaßen auch dem Karma seiner Nation. Hier finden wir wenigstens zum Teil den Schlüssel zu dem, was mit "teilweise unverdientem Karma" gemeint ist. Das individuelle Karma eines Menschen veranlaßt diesen dazu, in einer besonderen Nation zu einer besonderen Zeit zu inkarnieren, und dadurch ist er allen verwickelten Situationen und vorkommenden Ereignissen der Nation unterworfen, von der er einen so kleinen

Teil bildet. Hierdurch wird er in einen größeren Schicksals- und Tätigkeitsablauf gedrängt, und sein Karma wäre vielleicht anders gewesen, wenn sein individuelles Karma oder Schicksal ihn zu irgendeinem anderen nationalen Bereich geführt hätte. So wird er von dem Strom der Umstände - wenn auch letzten Endes aufgrund seiner eigenen Saat karmischer Ursachen - zusammen mit dem Karma der Nation, von der er jetzt einen Teil bildet, fortgerissen. Es bricht zum Beispiel eine Flut oder eine Hungersnot über seine Heimat oder das Land, in dem er lebt, herein; eine Flutwelle überschwemmt das Land und fegt zwanzigtausend Wesen ins Meer; oder ein Erdbeben erschüttert eine Stadt, und viele Tausende menschlicher Körper kommen bei der Katastrophe um. Wie kommt es, daß ein Mann und seine Familie oder eine Gemeinde in derartigen Fällen leiden, indem sie nicht nur das Eigentum, sondern vielleicht auch das Leben verlieren? In jedem Fall hat sich der Mensch, der sich in der entsprechenden Umgebung befindet, selbst dorthin gestellt. Es war die karmische Wirkung oder die Folge früherer karmischer Tätigkeit in diesem oder in einem anderen Leben - und diese Tätigkeit umfaßt Gedanken, Wünsche, Instinkte, Gemütserregungen und Sehnsüchte.

Der Verlust an Leben, der durch Erdbeben und sie begleitende Flutwellen verursacht wurde, die seismologisch aufgezeichnet wurden, ist oft erschreckend. Die kurze folgende Angabe ist aus einigen ausgewählten Beispielen nach Schätzungen und offiziellen Angaben über bedeutende Erdbeben zusammengestellt worden, die innerhalb der letzten etwa dreihundert Jahre stattgefunden haben. Der Verlust an Leben war in jedem Beispiel anscheinend nicht nur dem Erdbeben selbst zuzuschreiben, sondern auch den es begleitenden Gefahren der Flutwelle und des Feuers:

Ausbruch des Ätna, Sizilien	Dez.	1693	60.000
Japan	Febr.	1703	200.000
Japan	Dez.	1730	137.000

Lissabon, Portugal	Nov.	1755	32.000
Kalabrien, Italien	Febr.	1783	30.000
Quito, Ecuador	Febr.	1797	40.000
Neapel, Italien	Dez.	1857	12.300
Ecuador und Peru	Aug.	1868	24.000
Java	Aug.	1883	36.000
Japan		1891	9.960
Japan		1896	29.000
Martinique, kleine Antillen (franz.)		1902	30.000
Indien	April	1905	20.000
Messina, Sizilien	Dez.	1908	110.000
Italien	Jan.	1915	30.000
Kansu, China	Dez.	1920	180.000
Yokohama und Tokio	Sept.	1923	145.000
China	Dez.	1932	10.000
Indien		1934	11.000
Quetta, Indien	Mai	1935	50.000
Chile		1939	40.000
Erzinc'an, Anatolien	Dez.	1939	33.000
Assam, Indien	Aug.	1950	25.000
Agadir, Marokko	Febr.	1960	20.000
Westl. Teheran	Sept.	1962	10.000
Nordosten u. Osten des Iran	Aug.	1968	11.000
Peru	Mai	1970	67.000
Managua, Nicaragua	Dez.	1972	10.000
Guatemala	Febr.	1976	22.000
Indonesien	Juni	1976	9.000
Tang-shan, China	Juli	1976	700.000
Iran	Sept.	1978	25.000
Iran		1982	12.000
Mexiko		1985	50.000

(Die Aufzählung ist keinesfalls vollständig; sie zeigt nur die Vorkommnisse mit der höchsten Zahl an Menschenopfern, d. Ü.)

Wenn sich der Leser an die Lehren und Erwägungen und die daraus abgeleiteten Schlußfolgerungen erinnert, die in diesem und dem vorhergehenden Kapitel ausgearbeitet sind, so wird er sich vergegenwärtigen, daß sich das Universum, weil es ein Aggregat von buchstäblich zahllosen Schicksalsgeweben ist, aus ungeheuren aufeinander wirkenden, miteinander verknüpften und untereinander vermischten großen wie auch kleinen Hierarchien zusammensetzt. Jede dieser Hierarchien ist ein Individuum für sich, aber alle sind mit der Oberseele des Universums - unseres eigenen Heimatuniversums in diesem Beispiel - verbunden und in ihr eingeschlossen. Daher sind letzten Endes alle dem fundamentalen Swabhâva dieser Oberseele oder dem charakteristischen kosmischen "Gesetz" oder Gewebe von "Gesetzen" karmisch untergeordnet und unterworfen.

Da nun jeder von uns in seiner innersten Essenz mit der Oberseele des Universums identisch ist, so ist folglich auch die fundamentale Essenz unseres Wesens identisch mit der fundamentalen Essenz des Universums. Ihr Ursprung ist der unsrige, ihr Schicksal ist das unsrige und ihre "Gesetze" sind die unsrigen. Was daher in irgendeinem Teil des Universums vor sich geht, beeinflußt jeden anderen Teil ohne Ausnahme günstig oder nachteilig, in der gleichen Weise, wie ein krankes Herz, eine kranke Leber, ein krankes Gehirn, ja selbst ein verbrannter Finger oder eine kleine Verletzung am Fuß den gesamten Körper nachteilig beeinflussen wird, bis die Krankheit oder das Leiden geheilt ist. Somit sind wir, ob wir es wollen oder nicht, bewußte oder unbewußte Mitarbeiter des Universums, wobei sich jeder von uns seines eigenen Maßes an freiem Willen erfreut, und doch sind wir alle dem großartigen Schwingen seiner Harmonie und seiner kosmischen Impulse unterworfen, die aus dem edlen fundamentalen Ton und der Essenz unseres gemeinsamen Wesens aufsteigen.

Jedem nachdenklichen Menschen sollte daher klar sein, daß das, was wir den äußeren Aspekt der Natur Karmans nennen, das stets höchste und normalerweise allbeherrschende Wirken oder Tätigsein der Oberseele ist. Diese wirkt sowohl durch alle Dinge hindurch als auch von innen heraus, und sie wirkt sozusagen auch von außen auf uns herab aufgrund unserer ewigen und engen Vereinigung und des Kontaktes mit allen anderen nur möglichen Wesen und Dingen. So sehen wir, daß das, was wir "unverdientes Karma" nennen - ausgenommen jener Teil, der in vorhergehenden Abschnitten erwähnt worden ist -, das ist, was wir durch die Einwirkung der Kräfte und Wesen dieser Welt, in der wir leben, erleiden und in einem noch größeren Maßstab durch die Einwirkung der Kräfte und Wesen des uns umgebenden Universums, in dem wir uns bewegen, leben und unser Dasein haben und dessen fundamentale Essenz sowie dessen Harmonie unsere fundamentale Essenz und unsere fundamentale Harmonie sind.

Streng nach dem beschriebenen hierarchischen Schema leben wir innerhalb eines sowohl vitalen und ätherischen als auch psychischen, intellektuellen und spirituellen Wesens, innerhalb größerer, ja, weitaus größerer Wesenheiten, als wir es sind. Wir müssen ihnen aufgrund dieser Tatsache in gewissem Maße in ihrem eigenen Ausdehnungsbereich kosmischer Gedanken und Handlungen sklavisch folgen, ebenso wie die Lebensatome, die unsere Körper bilden, ob sie wollen oder nicht, den Vorschriften und Befehlen des persönlichen Willens folgen müssen. Daher müssen sie, wenn wir in einen anderen Teil der Welt fahren, zum Beispiel nach Berlin, Kalifornien, London, Stockholm oder wohin auch immer es sein mag, mit uns gehen. Für die Lebensatome in unserem Körper gibt es in diesem Fall keine Wahl. Doch wie schon erläutert wurde, handelt es sich in keiner Weise um Fatalismus.

Auch wenn das eben Beschriebene so ist und für ein Ego in dem Leben, in dem es inkarniert ist, viel "unverdientes Leid" hervorruft, wird dasselbe individuelle Ego im Devachan unfehlbar die ihm zustehende karmische Entschädigung für die Prüfungen und Leiden empfangen, die es in dem eben beendeten Leben erfuhr. Außerdem hat es in seinen Leiden und Sorgen Anspruch auf jede nur mögliche Hilfe und auf das alles tragende Mitgefühl seiner Mitmenschen und sollte es auch aus dem Geiste intuitiven Mitleids und aufgrund eines bewußten oder unbewußten und instinktiven Erkennens unserer gemeinsamen Bruderschaft und spirituellen Quasi-Identität instinktiv empfangen.

Aufgrund der eigenen komplizierten Konstitution des Menschen, die ja göttliche, spirituelle, intellektuelle, psychische, astrale und physische Teile umfaßt - und gerade deshalb, weil er eine zusammengesetzte Wesenheit ist -, wirkt das Bündel von Kräften und Substanzen, die ihn ausmachen und seine Konstitution bilden, oft sozusagen in zeitweilig disharmonischer Weise. Diese Disharmonie verursacht scheinbar unverdienten Schmerz oder Leiden, wie es in vielen Fällen richtig bezeichnet werden kann, da sie aus früheren Zeiten stammt und somit strenggenommen nicht das Karma der jetzt verkörperten Wesenheit oder Kshetrajña ist. Wenn die letzte Analyse von Ursachen und Wirkungen richtig vollzogen wird, kommt man trotz alledem logischerweise wieder dahin, einzusehen, daß es der Mensch oder die Wesenheit selbst ist, das heißt die zusammengesetzte Konstitution, die diese Leiden verursacht, da das Karma eines Menschen der Mensch selbst ist. Das Karma einer Wesenheit ist die Wesenheit selbst, und zwar in jedem Augenblick bis ins Unendliche - in Vergangenheit, Gegenwart und Zukunft, den drei Zeitabschnitten, die zu einem ewigen J E T Z T zusammenfließen.

Dieselbe philosophisch feine und logisch so vollkommene Idee hatte der Verfasser der christlichen Feststellung im Sinn (hier sinngemäß wiedergegeben): "Ich tue nicht das, was ich tun sollte, sondern ich tue das, was ich nicht tun sollte. Herr, gib Du mir Wohlergehen" (Brief an die Römer, Kap. 7-8). Diese Worte, wenn richtig verstanden, enthalten den Kern der Idee und ebenfalls den Kern des Christus-Mysteriums. Er ist wirklich sehr fein, und wir müssen versuchen, unser Denken zu verfeinern und bloße Worte oder Lehren nicht zu wörtlich zu nehmen. Vielleicht mag eine andere Illustration helfen, den Begriff klarzumachen: Im Menschen ist eine spirituelle Wesenheit, nennen wir sie den inneren Buddha oder den immanenten Christus. Ebenfalls ist im Menschen eine menschliche Wesenheit, nennen wir sie die menschliche Seele. Nun wird diese Christus-Wesenheit, die durch die menschliche Wesenheit hindurch wirkt, manchmal die menschliche Wesenheit tatsächlich in Situationen des Schmerzes und Leidens bringen (damit die menschliche Wesenheit dadurch lerne), welche die rein menschliche Wesenheit dennoch teils bewußt, teils unbewußt durch ihre eigene Haltung selbstloser Hingabe und unpersönlicher Sehnsucht nach Wachstum zu verursachen half, die sie aber dennoch nicht selbst selbstbewußt auswählte. Die Folgen sind für die rein menschliche Wesenheit in vielen Fällen strenggenommen unverdient, doch ist es letzten Endes zum Besten der menschlichen Wesenheit. Es hätte dieser menschlichen Wesenheit durch das Durch-sie-hindurch-Wirken des immanenten Christus oder inneren Buddhas nicht geschehen können, wenn sie sich nicht sozusagen blind wie ein Kind, das in der Nacht umhertappt, an die Stelle eines Vehikels, Mittlers oder Überträgers der spirituellen und unpersönlichen Impulse gestellt und so die Tätigkeit des immer wachsamen und nie irrenden karmischen Gesetzes erweckt hätte. Karman wirkt auf beiden Seiten. Diejenigen, die nur eine Seite dieser Gleichung sehen, werden "unverdient" sagen, da die menschliche Wesenheit leidet, weil der Gott durch sie hindurch wirkt. Jene aber, die nur die andere Seite sehen, sagen: nein, völlig "verdient", weil die menschliche Wesenheit selbst tätig war. Beide Ansichten sind zum Teil richtig, zum Teil unrichtig. Die Lösung des subtilen Problems liegt in der Verbindung beider Ansichten - und der Entdeckung, daß sie nur zwei Seiten des einen Bildes sind.

Kehren wir nun das Bild um, das die Grundlage des christlichen theologischen Schemas bildet; es wurde schrecklich mißverstanden und stammt ungefähr aus der Zeit, die mit dem Tode des Avatâra Jesus zusammenfällt: Der Mensch, das menschliche Wesen, verursacht durch seine Unvollkommenheiten, seine Schwächen und seine absichtliche Wahl des Bösen und unvollkommenen Guten, daß der immanente Christus oder der innere Buddha in ihm fortgesetzt leidet und dadurch "unverdientes" Leiden und "unverdienten" Schmerz durchmacht, wie es einige Menschen ausdrücken würden; und doch wirkt der innere Buddha oder immanente Christus in seinem unsagbaren Mitleid und seinem unaussprechlichen Wunsch zum Besten des Menschen freiwillig als Rettungsanker zum Segen und zum Wohl des unvollkommenen menschlichen Instrumentes, das er überwacht und durch das er wirkt.

Diese beiden sehr geheimnisvollen und wunderbaren Prozesse oder Vorgänge spielen sich ständig in uns ab. Hierin liegt wiederum ein Grund dafür, warum unser Karma so verwickelt und kompliziert ist und warum ein Philosoph der einen Schule, der einen, aber eben nur einen einzigen Lichtstrahl empfängt, obwohl es eine ganze Anzahl von Strahlen gibt, Fatalismus sagt; und der Philosoph einer anderen Schule, der ebenfalls nur einen einzigen Lichtstrahl auffängt, von einem völlig freien Willen und einem fast inaktiven kosmischen Gesetz spricht. Beide haben sie zu einem gewissen Grade unrecht, und auch bis zu einem gewissen Grade recht. Der Mensch ist viel mehr als sein unvollkommener menschlicher Wille und seine menschliche Intelligenz, weil er ein zusammengesetztes Wesen ist. Durch ihn hindurch wirkt als innerer Kern seines Wesens die unbeschränkte und majestätische Kraft des brâhmischen Atman, die relativ gänzlich freien Willen, relativ vollständige Weisheit von kosmischem Charakter in sich schließt. Diese âtmische Kraft ist es, die dem Menschen so viel freien Willen gibt, wie er bis jetzt unvollkommen entfaltet hat; so viel entwickelten und relativ unbehinderten Verstand, wie er jetzt besitzt, und einen solchen Spielraum an Urteilsvermögen, Reichweite und Sicht des Genius, wie durch ihn hindurch wirken kann. In allen Fällen wird diese Kraft jedoch durch das unvollkommen entwickelte niedere Wesen des Menschen, das sein Gehirn, seine Gefühle, seinen Astralkörper usw. umfaßt, gehindert und gelähmt.

Die Worte "unverdient" und "verdient" dürfen daher nicht zu wörtlich genommen werden. Unsere Lehrer und H.P. Blavatsky lehrten die Lehre von Karman vom buddhistischen Standpunkt aus, weil sie im Buddhismus vielleicht am besten ausgearbeitet wurde und für westliche Gemüter am leichtesten zu verstehen ist - wie schwierig sie auch sein mag. Man muß erkennen, was der buddhistische Standpunkt ist, wenn man die Worte "unverdient" und "verdient" verstehen will. Die buddhistische Lehre besagt, daß jedes Menschenwesen in jedem Augenblick seiner Existenz nur die karmische Frucht des vorhergehenden Augenblicks sowie aller vorhergehenden Augenblicke ist; daß es nur das Resultat der karmischen Folgen des vorangegangenen Augenblicks sowie aller vorangegangenen Augenblicke ist. Daß ferner jeder Augenblick und *a fortiori* jedes neue Erdenleben einen "neuen Menschen" hervorbringt mit "neuem" Zuwachs an Intelligenz, Willen, Urteilskraft, Unterscheidungskraft und Gewissen wie auch an Bewußtsein, so daß in jedem neuen Erdenleben ein "neuer Mensch" erscheint, der anders ist als der "alte Mensch" des vorhergegangenen letzten Erdenlebens; dennoch ist er das karmische Kind oder Produkt jenes letzten Erdenlebens und der vorhergegangenen Erdenleben. So kommt es, daß ein Mensch in jedem Augenblick der langen Reihe von Verkörperungen das Karma aller vorhergegangenen Verkörperungen ist, und folglich ist der Mensch in jedem Augenblick seiner langen Pilgerfahrt sein eigenes Karma.

In einer alten buddhistischen Schrift, "Dhammapada" genannt, sind die folgenden Worte Buddhas, des Herrn, enthalten:

> "Alles, was wir sind, ist das Resultat dessen, was wir gedacht haben: es gründet sich auf unsere Gedanken, es baut sich auf unseren Gedanken auf. Wenn ein Mensch aufgrund eines bösen Gedankens spricht oder handelt, folgt ihm der Schmerz, wie das Rad dem Fuße des Ochsen folgt, der den Wagen zieht.
>
> Alles, was wir sind, ist das Resultat dessen, was wir gedacht haben: es gründet sich auf unsere Gedanken, es baut sich auf unseren Gedanken auf. Wenn ein Mensch aufgrund eines reinen Gedankens spricht oder handelt, folgt ihm das Glück wie der Schatten, der ihn nie verläßt."
>
> Kap. I, Vers 1 - 2

Dies sind die überlieferten Worte des edelsten Weisen und Sehers historischer Zeiten. In diesen wenigen gehaltvollen Sätzen liegt - sofern man in der Lage ist, sie zu entschleiern - die Offenbarung dessen, was Karman in all seiner majestätischen und geheimnisvollen Vielfältigkeit ist.

Wird ein Mensch wie zufällig von einer Lawine begraben, denkt dieser, bevor er stirbt, in seiner Unwissenheit: Ach, was für ein trauriger, unverdienter Tod! Dies ist vom Standpunkt jenes "Körpers" aus ganz richtig, da der Körper den Tod nicht verursacht hat. Aber das Ego, das reinkarnierende Ego als Kette unausweichbarer karmischer Ursache und Wirkung, die von allen vorhergehenden Leben ausgeht und durch diese hindurchläuft, brachte jenen "Körper" zu der entsprechenden Zeit und zu der Stelle, wo ihn die Lawine begrub. Das Ego ist in seiner eigenen Sphäre quasi-allmächtig und brachte somit karmisch den Tod seines eigenen Körpers auf der physischen Manifestationssphäre zuwege.

Diese Illustration sollte jedoch nicht dahingehend mißverstanden werden, als bedeute sie, das reinkarnierende Ego hätte Freude daran, einen Körper, durch den es wirkt, zu zerstören. Eine derart falsche Auffassung wäre nicht nur lächerlich, sondern, was weitaus schlimmer ist, unmoralisch. Die spirituelle Monade, die durch das reinkarnierende Ego hindurch wirkt, ist ein Diener des kosmischen Gesetzes und ein Agent seiner geheimnisvollen und verwickelten Wirkungsweisen. Sie handelt streng nach dem, was innerhalb der Sphäre ihrer eigenen wirksamen Tätigkeit letzten Endes für alles am besten ist. Ebenso mag es ein Mensch nach seiner eigenen Wahl für nötig halten, sich ein Glied amputieren zu lassen.

VI

Karman ist kein Fatalismus, weil das, was auch immer einem Menschen in jedem Augenblick zustößt, das strikte karmische Resultat der eigenen Wahl des reinkarnierenden Egos in diesem, einem anderen oder in anderen Leben ist, auch wenn der "Mensch" oder die menschliche Wesenheit dies nicht weiß und sich nicht vergegenwärtigen kann; daher kann für diesen "Menschen" ein Ereignis zu Recht "unverdient" genannt werden. Auch wirkt Karman nicht von außerhalb auf uns ein, während wir, Geschöpfe eines unbehinderten und absolut freien Willens, aufgrund dieser falschen Auffassung unseren Kopf ständig gegen das uns umgebende Universum stoßen, etwa wie eine Fliege, die ihren Kopf gegen ein Fenster stößt und hinauszukommen versucht. Diese Auffassung ist gänzlich irrig und entspricht nicht der Bedeutung von Karman. Natürlich leiden wir durch die Fehler anderer und oft auf "unverdiente" Art und Weise, aber in dem bereits erklärten Sinn. Wir befänden uns jedoch nicht in der Lage, irgendwann oder irgendwo durch Fehler anderer zu leiden, hätten wir dieses Karma nicht selbst kausal zuwege gebracht. Karmische Anziehung zog uns zu dem entsprechenden Milieu hin. In dem vorher erklärten Sinne können wir die Leiden in Wahrheit "unverdient" nennen, da die jetzige Inkarnation, der jetzige Körper, die jetzige *astrale Monade* sie nicht selbst zuwege gebracht hatte, aber das reinkarnierende Ego hat ursprünglich die Ursachen eingeleitet, und es brachte das Ego bei dessen Geburt in dieses neue Milieu auf Erden. Daher ist alles, was auch immer wir in unserem jetzigen Leben erleiden, letzten Endes karmisch bedingt, da wir selbst es sind. Karma kommt zu uns und ergreift uns als Freude oder Schmerz, weil wir selbst diese Freude oder diesen Schmerz erfahren. Wäre es nicht unser Karma, könnten wir diese Freude oder diesen Schmerz nicht erleben. Die Ereignisse oder Umstände würden unerkannt, ungefühlt und unbekannt an uns vorüberziehen, geradeso wie ein Mensch über eine Ameise gehen mag, die zu ihrem Nest läuft, die aber nichts von dem Halbgott, der über sie hinwegschreitet, weiß; der Mensch geht aber dennoch über die Ameise hinweg.

Wird die Tatsache in Betracht gezogen, daß der Mensch ein untrennbarer Teil des Universums ist, der die Unendlichkeit im eigenen Wesenskern enthält und mit großer Unvollkommenheit auf verschiedenen Plänen als Vehikel existiert, werden sich die Probleme von Karman zum großen Teil von selbst lösen. Wir werden sehen, daß die Frage nach dem sogenannten "unverdienten" sowie "verdienten" Leid oder Wohlergehen in Wirklichkeit ein Wortgefecht ist, eine unglückliche Wortklauberei, die einem Mißverstehen der Lehre entspringt.

Karman können wir zu Beginn des Studiums nicht in all seinen außerordentlich tiefen, ja kosmisch ungeheuren Bereichen verstehen, doch sollte die allgemeine Lehre in ihrem weiten Ausmaß verstanden werden. Wir weben das Gefüge unseres eigenen inneren und äußeren Wesens, und dadurch verstricken wir uns in unser eigenes individuelles Schicksalsgewebe, das unser zukünftiges Selbst ist. Im absoluten Sinne ist niemand unserer eigenen Sorgen wegen zu tadeln, und niemand ist verantwortlich für unsere Freuden, außer wir selbst. Dies bedeutet, daß jedes tätige Wesen, jeder Wille, jeder intelligente Wille, der vorhanden ist, jede Monade einer der Erbauer des Universums selbst ist und daher einer der Schöpfer dieser harmonischen Einstimmigkeit unter den darin enthaltenen Wesen, die in ihrem ungeheuren Aggregat die Struktur der universalen Natur sind oder, mit anderen Worten, die Natur der Dinge, wie sie sind.

Haben wir unsere eigenen inneren spirituellen Fähigkeiten und Kräfte aus unserem Inneren heraus entwickelt, so daß diese in unserem Leben wirksam und unser selbstbewußter Wille werden, dann haben wir den edelsten Teil des Schicksals, das vor uns liegt, erreicht - zumindest für dieses Manvantara. Wir sind dann eins geworden mit dem Universum, in dem wir uns bewegen, leben und unser Dasein haben.

Aber bleiben wir dort für immer stehen? Nein, darüber hinaus liegen immer neue Schicksalsgefilde, verschleiert in dem magischen Licht der Zukunft, das einen noch größeren Glanz verbirgt als den höchsten, den wir hier jetzt erkennen können. Das Leben ist endlos; die Evolution ist ohne Ende, da sie ohne Anfang ist, und wir als evolvierende und revolvierende und sich ständig entwickelnde Monaden steigen immer höher und höher auf den wunderbaren Pfaden des Schicksals.

Die Schicksalsgewebe in ihrem ungeheuren Aggregat sind das Universum selbst, und die individuellen Gewebe bilden jenes Universum und sind somit in allen Bedeutungen des Wortes dem Ursprung nach dasselbe und dem Schicksal nach identisch und essentiell eins mit ihm. Sie geben dem Universum, indem es sich durch Evolution selbst weitet, die unbeschreibliche Schönheit des sich in Mannigfaltigkeit immer entfaltenden Mysteriums, das wir das kosmischen Leben nennen.

KAPITEL V

HIMMEL UND HÖLLEN - I

Die Esoterische Philosophie ist weder eine Philosophie des Pessimismus, noch lehrt sie etwas, das dem Menschenherzen Angst oder der Menschenseele Verzweiflung bringt. Sie erklärt vielmehr die Natur des Universums und alles das, was es enthält. Aus diesem Grunde wirft sie nicht nur auf die Natur des Menschen, auf seinen Ursprung und seine Bestimmung ein helles Licht, sondern sie enthüllt auch vieles aus seiner längst vergangenen Geschichte. Diese Geschichte berichtet auch über die Ergebnisse menschlicher Aktivitäten, die sich sowohl in der Art von Zivilisationen äußert als auch in jenen Funktionen der höheren menschlichen Natur, die die großen Weltreligionen und Weltphilosophien alter Zeiten hervorgebracht haben.

Außer zu anderen fruchtbringenden Ergebnissen, die dem Schüler aus den Lehren zuteil werden, befähigt die Esoterische Philosophie diesen auch zu unterscheiden, daß in jeder großen Weltreligion oder Weltphilosophie hinter dem System von Hauptlehren eine ihnen allen gemeinsame Grundwahrheit liegt. Aus dieser Grundwahrheit, der Esoterischen Tradition, die das Thema des vorliegenden Werkes bildet, wurden von den jeweiligen Gründern philosophischer oder religiöser Systeme, den großen Weisen oder Sehern, edle Gedankensamen entnommen und in dieses oder jenes philosophische oder religiöse System eingepflanzt.

Bei der Prüfung dieser alten religiösen und philosophischen Systeme entdeckt der Schüler der Esoterischen Philosophie außerdem sehr bald, daß diese ursprünglich getreuen Echos der archaischen Weisheit der Zeitalter im Laufe der Zeit mehr oder weniger entstellt und von ihrer ursprünglichen Bedeutung abgelenkt wurden. Dies ist ein Beispiel für die auch sonst überall in der menschlichen Geschichte erkennbaren Tatsachen, daß alles, was menschlicher Herkunft ist, so großartig es anfänglich auch war, infolge der Schwachheit menschlichen Verstehens und Wollens dem Veralten, dem Verfall und schließlich der Vergessenheit anheimfällt.

Diese Tatsache wiederholt sich in der Geschichte fast ausnahmslos: Schied ein Weiser oder Seher, der einem bestimmten Volk die neu-alte, alt-neue Botschaft von der spirituellen Befreiung gebracht hatte, aus dem Leben, so waren sowohl die Autorität als auch die spirituellen und intellektuellen Fähigkeiten der Nachfolger geringer. Entweder waren sie weniger unterrichtet als ihre Vorgänger oder gar nicht, so daß sie weniger stark von der "Weisheit der Zeitalter" und dem Geist der Erkenntnis geleitet wurden. Die Folge war in jedem einzelnen Fall Degeneration. Durch das Abweichen von der alten, ursprünglichen Wahrheit enthalten die meisten Religionen oder Philosophien zuletzt größtenteils nur noch eine Anzahl anerkannter und allgemein akzeptierter oder abgelehnter Formeln religiösen, vielleicht auch quasi-philosophischen Charakters. Ihren ehemals ungeheuren Appell an das Menschenherz und den Menschengeist sowie den mächtigen moralischen Einfluß und die Macht, die sie einst ausübten, haben sie in einem sehr hohen Maße verloren.

Als natürliche Folge dieser Degeneration, die ein wachsendes Mißverstehen der fundamentalen Lehrsätze der in Frage stehenden Systeme in sich schließt, sind die inneren oder esoterischen und sehr wichtigen Bedeutungen der meisten ursprünglichen Lehren oder Doktrinen dieser Systeme in Vergessenheit geraten. Was also einst als eine Naturtatsache verstanden und erkannt wurde, ist jetzt allzuoft zu einer theologischen Doktrin oder Lehre geworden, die nicht nur nicht mehr mit den Ereignissen des menschlichen Lebens in Einklang steht, sondern auch um ihren Appell an die intellektuelle und ethische Natur des Menschen beraubt ist.

Unter diesen Lehren der archaischen Religionen und Philosophien stand an erster Stelle jener Teil der einzelnen Theologien, der die zusammengesetzte Natur des Menschen und sein Schicksal nach Auflösung des physischen Körpers schildert. Gerade aufgrund der unvermeidlichen Tendenz derartiger Systeme, zu degenerieren und den Einfluß auf Menschengeist und Menschenherz zu verlieren, wurden in fernen Zeitaltern der Vergangenheit jene geheimen und sorgfältig gehüteten Lehrschulen eingerichtet, die später als Mysterien bekannt waren. In diesen wurden in jedem Land, in jedem Volk die Geheimnisse des Menschenlebens und der Bestimmung des Menschen jenen gelehrt, die als qualifiziert und würdig befunden wurden, Empfänger dieser Mitteilungen zu sein - und zwar würdig und qualifiziert nicht nur in bezug auf intellektuelle Fähigkeiten, sondern ebensosehr in bezug auf hochentwikkeltes moralisches Gefühl. Es könnte eine faszinierende, ja, ergreifende Geschichte über Ursprung, Führung und die Schließung dieser Mysterienschulen in jedem Land geschrieben werden. Einer der Träume des Verfassers ist der, eines Tages, wenn Zeit und Kraft es erlauben, eine Abhandlung über diese Dinge zu schreiben, um damit einen einführenden Beitrag zu leisten, der der Welt schließlich als eine übereinstimmende und logische Geschichte der Vergangenheit dieses sehr schwierigen Themas gegeben werden kann. Schon H.P. Blavatsky hatte im Sinn, dieses zu tun und daraus Band III und IV ihres großen Werkes, "Die Geheimlehre", zu machen; aber aus verschiedenen Gründen blieb ihre Absicht unausgeführt, und diese beiden Bände erschienen nicht.

I

Jedes Volk auf Erden, vom höchsten zivilisierten bis zum wildesten und unkultiviertesten, und zwar sowohl in der Gegenwart als auch in der Vergangenheit, hat oder hatte eine Sammlung von Lehren oder Glaubensformen in bezug auf das nachtodliche Schicksal der menschlichen "Seele", wie volkstümlich gesagt wird. Diese Glaubensrichtungen nehmen zwei allgemeine Formen an: nachtodliche Belohnung oder Vergeltung oder vergeltender Ausgleich für ein auf Erden gelebtes gutes und in hohem Grade moralisches Leben und, umgekehrt, Strafe, Vergeltung oder ausgleichende Gerechtigkeit für ein auf Erden gelebtes übles Leben. Diese beiden Zustände oder Bedingungen der sogenannten "Seele" nach dem Tode werden - wie praktisch universal angenommen wird - in einem entsprechend charakteristischen oder korrespondierenden Wohnort oder Raum zugebracht, der für die erste Klasse exkarnierter Seelen "Himmel" und für die zweite Klasse entkörperter menschlicher Wesen "Hölle" genannt wird. Die Vorstellungen in bezug auf das nachtodliche Schicksal dieser beiden Klassen exkarnierter Menschenwesen variieren stark, sowohl was die Arten vergeltender Belohnung oder vergeltender Strafe als auch was die Länge der Dauer betrifft, die diesen beiden Arten von nachtodlicher Existenz zugeschrieben wird. Die Vorstellungen in bezug auf Lage oder Lokalitäten, wo die sogenannten "Himmel" oder "Höllen" vermutlich sein sollen, variieren ebenfalls in den verschiedenen religiösen und philosophischen Systemen. Dennoch bestehen gewisse sehr auffallende und starke Ähnlichkeiten unter allen diesen differierenden Vorstellungen, und in vielen Fällen gehen diese Ähnlichkeiten in Übereinstimmung oder nahezu in Übereinstimmung über.

Wie schon gezeigt, haben die vielen und verschiedenartigen Ideen oder Lehren in bezug auf die sogenannten Himmel und Höllen in allen verschiedenen Religionen und in fast allen verschiedenen Philosophien das traurige Schicksal der Degeneration erlitten. Sie wurden fast ohne Ausnahme zu stark ausgeschmückten Mißdeutungen der ursprünglichen Lehre herabgewürdigt, die zunächst von dem großen Gründer eines jeden Systems verkündet und zumindest teilweise gedeutet wurde bei dem Versuch, den Menschen die unausbleiblichen Resultate schlechten Lebens einerseits und guten und moralischen Lebens andererseits zu erklären. Im Laufe der Zeit wurden alle diese späteren Evolutionen oder Entwicklungen der ursprünglichen Lehren wörtlich genommen anstatt symbolisch und figürlich; und bei einigen der Religionen haben diese buchstäblichen Mißdeutungen den Menschenherzen fast unaussprechliches Leid und Elend gebracht.

Andererseits war es der ursprüngliche Wurzel-Sinn hinter den Mißdeutungen, der die Welt der Vergangenheit inspiriert und angeregt hat. Alles, was wir zu tun haben, ist daher, nach diesen ursprünglichen Wahrheiten zu suchen, denn sie führen die Menschen nicht nur auf die Pfade der Rechtschaffenheit, sondern sie räumen auch mit dem Aberglauben auf. Sie rotten die Furcht aus dem Menschenherzen aus, zerstreuen das Dunkel im menschlichen Denken und pflanzen Wissen und Hoffnung an dessen Stelle. Diese Wahrheiten sind grenzenlos, weil sie auf der Natur basieren, und daher sind sie so weit und tief und so zeitlos wie die Natur selbst. Außerdem helfen sie, Licht und Trost zu bringen und Verwirrung und religiöse Unsicherheit zu beseitigen.

Durch den Gewinn, den das Studium dieser Wahrheiten mit sich bringt, erweitert und vertieft der Schüler sein Verständnis, das aus der Erkenntnis oder aus der Überzeugung kommt, sein Verständnis dafür, daß es in den Gesetzen und Funktionen des Universums tatsächlich noch ungeheure Bereiche entdeckbarer Wahrheit gibt, die der Mensch selbst mit seinem unvollkommen entwickelten Denkvermögen entschleiern kann. Es mag noch hinzugefügt werden, daß diese Bereiche der Naturwahrheiten von dem Suchenden, der einen forschenden und unermüdlichen Intellekt sowie einen unbezwingbaren und persönlichen Willen besitzt, bis an die Grenzen seiner Fähigkeiten und Intelligenz gefunden und erforscht werden können.

Die Verkündung der Naturwahrheiten in bezug auf die nachtodlichen Zustände wird zu einem sehr wichtigen und lobenswerten Dienst der Liebe und Gerechtigkeit, mit dem Geist und Seele des Menschen von alten und modernen abergläubischen Meinungen befreit werden können. Diese lähmen häufig durch unnötiges Erzeugen von Furcht menschliches Bemühen oder verdummen die Herzen und Gemüter der Menschen, indem sie ihnen die schreckliche Vorstellung von der Ungerechtigkeit und der Launenhaftigkeit der Natur einflößen, die durch diese fürchterlichen oder exzentrischen abergläubischen Meinungen entsteht.

Je weiter der Schüler auf seiner Suche nach dem wirklichen und ursprünglichen Sinn und der Bedeutung dieser seltsamen und doch so faszinierend interessanten Lehren in bezug auf "Himmel" und "Höllen" zeitlich zurückgeht, um so mehr nähert er sich der ursprünglichen Formulierung der diesbezüglichen Wahrheiten der Natur, so wie diese Formulierung von ihrem Verkünder vorgetragen wurde. Umgekehrt, je mehr wir uns unseren eigenen modernen Zeiten nähern, desto deutlicher werden die erwähnte Degeneration und die beklagenswerten Auswirkungen, die sie auf die Menschen hatte und hat - desto weiter entfernt sich der Suchende von der ursprünglichen, primären Wahrheit.

Wahrscheinlich sind es nur die verschiedenen Formen der akzeptierten abendländischen Religion - weil sie als Weltbewegung, relativ gesprochen, eine der beiden spätesten ist -, die eine ewige Hölle lehren, in der die Menschen, die ihr eines Leben auf Erden übel gelebt haben, dazu bestimmt sind, die Ewigkeit in immerwährender Qual zu verbringen.

Wir bitten das moderne sensitive Gemüt um Entschuldigung, das sich mit wohl begründetem Abscheu von den exoterisch religiösen Beschreibungen, die die Torturen und Quälereien der mutmaßlich "Verdammten" wiedergeben, abwendet. Dennoch möchte es lehrreich und interessant sein, die folgenden wenigen Zitate von dem zu geben, was zwölf oder noch mehr Jahrhunderte hindurch die orthodoxe Anschauung über die Art der Peinigungen jener war, deren übles Tun während des Erdenlebens sie zu ewiger Verdammnis in "endlosem Feuer" gebracht hat. Die folgenden drei Zitate sind typisch für derartige Ansichten, sie wurden aus der Lektüre des Verfassers ausgewählt.

Das erste gibt die Ansicht eines sehr orthodoxen englischen baptistischen Geistlichen wieder, des berühmten Spurgeon:

> "Wenn du stirbst, dann wird allein deine Seele gepeinigt werden; das wird Hölle für sie sein. Aber am Tage des Gerichtes wird sich dein Körper mit deiner Seele vereinigen und du wirst zwei Höllen erleben. Deine Seele wird Blutstropfen schwitzen und dein Körper von Todesangst durchdrungen sein. In wildem Feuer, dem gleich, das wir auf Erden haben, wird sich dein Körper befinden, asbestähnlich, ewig unverzehrt; alle deine Adern werden Wege sein, auf denen die Füße der Pein einhergehen; jeder Nerv wird eine Saite sein, auf welcher der Teufel für ewig seine diabolische Weise der unaussprechlichen Höllenklage spielt."

Das folgende stammt von einem Verfasser, dessen Namen der Schreiber dieses Buches unglücklicherweise im Augenblick verlegt hat:

> "Die Welt wird wahrscheinlich in einen großen See oder eine flüssige Kugel von Feuer verwandelt werden, darein die Schlechten versenkt werden und auf der immer ein Sturm herrschen wird, in dem sie hin und her gestoßen werden und Tag und Nacht keine Ruhe haben ... Ihre Häupter, ihre Augen, ihre Zungen, ihre Hände, ihre Füße, ihre Lenden und ihre Lebensorgane werden für immer voll von glühendem, schmelzendem Feuer sein, das wütend genug ist, selbst Felsen und Elemente zu schmelzen. Auch werden sie stets mit dem lebhaftesten und lebendigsten Gefühl zur Empfindung der Qualen erfüllt sein, nicht für eine Minute, nicht für einen Tag oder ein oder zwei Zeitalter, auch nicht für zehntausend Millionen Zeitalter, eins nach dem anderen, sondern für immer und ewig."

Das folgende schließlich ist aus einem römisch-katholischen Buch für Kinder, das von dem ehrwürdigen Vater Furniss verfaßt ist:

> "Der vierte Kerker ist der siedende Kessel. Horcht, da ist ein Ton, wie der eines siedenden Kessels. Das Blut siedet in dem verbrühten Gehirn jenes Knaben; das Gehirn siedet in seinem Kopfe und wirft Blasen; das Mark siedet in seinen Knochen. Der fünfte Kerker ist der rotglühende Ofen, in dem ein kleines Kind ist. Hört, wie es schreit, um herauszukommen; seht, wie es sich in dem Feuer dreht und windet; es stößt mit dem Kopf gegen das Dach des Ofens; es stampft mit den Füßen auf den Boden des Ofens."

Man vergleiche die angeführten abergläubischen Alpdruckgeschichten - denn das sind sie wirklich, wenngleich sie von ernsten Männern herrühren - mit der von allen großen archaischen philosophischen und religiösen Systemen vertretenen Lehre über die nicht substantielle Natur aller manifestierten Existenzen des einzig Wirklichen, der göttlichen Grundlage und des göttlichen Hintergrundes des kosmischen Lebens. Und diese Tatsache der Nichtstofflichkeit zeigt selbst ein so später Schriftsteller wie Shakespeare in folgender Stelle aus "Der Sturm", 4. Aufz., 1. Auftr.:

> "... Diese unsere Spieler,
> wie ich Euch sagte, waren Geister und
> sind aufgelöst in Luft, in dünne Luft.
> Wie dieses Scheines lock'rer Bau, so werden

die wolkenhohen Türme, die Paläste,
die hehren Tempel, selbst der große Ball,
ja, was daran nur teilhat, untergeh'n
und, wie dies leere Schaugepräng' erblaßt,
spurlos verschwinden. Wir sind solchen Stoff's
wie des der Träume, und dies kleine Leben
umfaßt einen Schlaf ..."

(Nach der Übersetzung
von A. W. Schlegel)

Doch während der dunklen Zeitalter und eines bestimmten Teiles der frühesten "modernen" Periode, als diese Idee noch populär war, hatte auch das abendländische Christentum lange Zeit hindurch ziemlich vage und primitive Vorstellungen davon, daß "Hölle" nur ein generalisierender Ausdruck sei, was auch tatsächlich zutrifft, und daß es verschiedene Höllen gebe, die den unterschiedlichen Arten und Graden der mit verschiedenen Schattierungen des Übeltums durchtränkten menschlichen Seelen mehr oder weniger angemessen und angepaßt seien. Selbst noch zur Zeit des großen Dante, der im dreizehnten und vierzehnten Jahrhundert lebte und schrieb, waren solche Ideen mehr oder weniger vorherrschend und wurden allgemein angenommen, wie Dante selbst in seinem Meisterwerk "La Divina Commedia" ("Die göttliche Komödie") zeigt.

Gleichermaßen scheinen während derselben Perioden der christlichen Ära weitverbreitete Anschauungen und sogar Lehren bestanden zu haben, die besagen, daß auch "Himmel" nur ein verallgemeinernder Ausdruck sei, der in Wirklichkeit verschiedene Sphären oder Reiche der Glückseligkeit oder Wonne bezeichnet, in denen menschliche Seelen, die auf Erden ein gutes Leben geführt haben, in sorgfältig abgestuften Abteilungen ihre entsprechenden nachtodlichen Wohnungen finden. Auch hierfür gibt es Beispiele in Dantes großem Werk.

Andererseits scheinen die abendländische Religion

in ihrer nachmittelalterlichen Periode und auch der Mohammedanismus - letzterer in seinen orthodoxeren Formen - die einzigen zwei großen Religionssysteme zu sein, welche die Existenz nur eines allgemeinen Himmels lehren und verkünden, daß diejenigen, die auf Erden ein mehr oder weniger tugendhaftes und edles Leben führen und sich hohem Denken mehr oder weniger weihen, nach dem Tode endlose Ewigkeit in irgendeiner Art unbeschreibbarer Glückseligkeit verbringen werden, nichtsdestoweniger aber anscheinend jene völlig vergessend, die in der Hölle die Schmerzen ewiger Qual erleiden ("Lukas", XVI, 19-26).

Wenn wir den Ansichten vieler früher Kirchenväter, zum Beispiel denen Tertullians, Glauben schenken, so wird die "Glückseligkeit" der "Heiligen" durch den Anblick der unaussprechlichen Qualen der "Verdammten" tatsächlich noch gesteigert! (Tertullian, "De spectaculis", Abs. 30) Wie kann es unter derartigen Umständen für eine wahrhaft mitleidsvolle Seele einen "Himmel" geben, wenn Bewußtsein und Kenntnis des furchtbaren Schicksals ihrer unglücklichen Kameraden die eigene vermeintliche Glückseligkeit begleiten? In solchen Fällen muß doch das volle Wissen um die anderen und vielleicht sogar der Anblick derer, die ewige Qualen leiden, vorhanden sein. Diese monströse Lehre ist eine Lüge, denn sie ist purer Aberglaube. Was ist Aberglaube? Aberglaube ist das, was einer ursprünglichen Wahrheit "hinzugefügt" wurde, wodurch letztere entstellt ist. Dies kann durch ein einfaches Beispiel erläutert werden.

In einem Buch ist eine großartige Lehre enthalten, und wir können die Lehre sowie den in ihr enthaltenen edlen Geist oder diejenigen, die sie verkündet haben, verehren. Artet die Verehrung jedoch in eine der vielen Formen von Furcht oder blinder Leichtgläubigkeit aus, weil wir uns einbilden - wenn wir dieses Buch, versehentlich oder durch Zufall, schlecht behandeln oder mißhandeln -, eine geheime Kraft gehe von ihm aus, die Unheil bringt oder die uns den Gefahren ewiger Qual aussetzen würde, leiden wir unter einem Aberglauben, der auf blinder Leichtgläubigkeit und leerer Furcht beruht. Ihm fehlt der Instinkt für die Natur göttlichen Mitleids oder göttlicher Barmherzigkeit; und als Konsequenz daraus verschwindet die ursprüngliche und eigentliche Ehrfurcht vor edlem Denken.

Das lateinische Wort superstitio (Aberglaube) bedeutete in seinem ursprünglichen Sinn etwas, das einer Sache angeführt oder hinzugefügt wurde. Es bedeutet durchaus nicht Aberglauben, an eine Wahrheit zu glauben, einerlei wie fremd sie im ersten Augenblick erscheinen mag - und viele Wahrheiten sind in der Tat sehr seltsam. Die Annalen europäischer religiöser, philosophischer und wissenschaftlicher Geschichte sind voll von Beispielen, in denen eine natürliche Tatsache oder eine philosophische und religiöse Wahrheit zuerst als "Aberglaube" bezeichnet und später stillschweigend als eine Tatsache der Natur akzeptiert wurde.

Alle großen Religionen, besonders die archaischen Ursprungs - Brahmanismus; Buddhismus; die Lehren des großen chinesischen Weisen Laotse; die besten philosophischen Lehren der griechischen und römischen Kultur; die ursprüngliche Religion der germanischen Völker Nordeuropas und sogar viele der altersgrauen Lehren sogenannter barbarischer und wilder Völker, die durchaus keine jungen Rassen sind, sondern in Wirklichkeit degenerierte Nachkommen einst mächtiger Ahnen, die in Zeiten hoher Kulturen lebten und von denen alle Spuren von der Erde verschwunden sind -, sie alle haben oder hatten erhabene Lehren, die allein auf der Entdeckung und dem Verständnis einiger der verborgensten Mysterien der Natur basierten. Es ist notwendig und außerdem auch vernünftig, diese Mysterien zu verstehen, bevor wir uns erlauben, das zu kritisieren, was wir nicht verstehen. Dies ist eine selbstverständliche Regel, die von allen gerecht denkenden und verständigen Menschen befolgt wird - oder befolgt werden sollte! Es ist in erster Linie Dummheit, dann zu kritisieren, wie es so oft geschieht, wenn die ursprünglichen Elemente nicht verstanden werden. Wir stolzen und hochmütigen selbstzufriedenen Okzidentalen sind in diesem Sinne zu lange unwissend gewesen, und die Strömungen im Flusse neuen Wissens und neu entdeckter Tatsachen wenden sich jetzt zu unserer Beschämung und verwirrenden Bestürzung stark gegen uns.

Der Brahmanismus zum Beispiel enthält in seinen Lehren bezüglich der nachtodlichen Erlebnisse der menschlichen "Seele", wie im Abendland allgemein gesagt wird, viele Lehren, die den Wahrheiten der Esoterischen Philosophie sehr stark ähneln, wenn nicht sogar identisch mit ihnen sind. In dieser Beziehung kann von dem Buddhismus, einer anderen großen Weltreligion, dasselbe gesagt werden. Diese Religion ist übrigens gegenwärtig vielleicht am wenigsten von den ursprünglichen Ideen ihres großen Gründers abgewichen. Was in bezug auf Brahmanismus und Buddhismus gesagt wurde, gilt auch für den Taoismus und den Konfuzianismus. Das gleiche kann ohne Ausnahme in bezug auf alle archaischen Religionssysteme und philosophischen Systeme der Vergangenheit gesagt werden, wo auch immer sich ihre Überbleibsel oder heutigen Relikte auf dem Erdball befinden mögen.

Einige Lehren dieser alten Religionen oder Philosophien, die den jeweiligen Zeitabschnitten des Mohammedanismus und des Christentums um viele Zeitalter vorausgingen, sind so, wie wir sie heute finden, mehr oder weniger degeneriert. Und bei dieser inneren Entartung wurden sie zudem als individuelle Systeme von abendländischen Gelehrten gröblich mißverstanden und daher verheerend falsch interpretiert. Dennoch sind alle diese archaischen Religionen und Philosophien im allgemeinen ihrer ursprünglichen Quelle treu.

Jesus, der syrische Weise und Avatâra, lehrte zumindest seinem unmittelbaren Jüngerkreis dieselben grundlegenden Wahrheiten der Natur, die auch in anderen großen Systemen zu finden sind. Da er einer der großen Seher oder Weisen war, die von Zeit zu Zeit als Avatâras auf Erden erscheinen, mußte er zuerst durch Einweihung und dann vermittels der direkten und innigen Verbindung mit der ihn inspirierenden Göttlichkeit lernen. Hierauf gab er so viel von der Lehre dieser Alten Weisheit weiter, wie er verständlich machen konnte. Diese Lehre wurde verschiedentlich als Esoterische Philosophie oder Esoterische Tradition bezeichnet oder bei anderen Namen genannt. Sie ist Millionen Jahre hindurch auf der ganzen Erde und zu allen Zeitaltern immer dieselbe gewesen, denn ihr System ging gleich allen früheren Systemen ursprünglich aus der großen Bruderschaft der zuvor erwähnten Seher und Weisen hervor.

Das Christentum hat sich jedoch in seinen Lehren - und hier wird hauptsächlich auf die Lehren Bezug genommen, die Himmel und Hölle betreffen - sehr weit von dem ursprünglichen spirituellen und intellektuellen Denken seines großen Gründers, Jesus Christus, entfernt, und zwar aus dem Grunde, weil nach der Zeit des großen Weisen Jesus tieferstehende und weniger taugliche Männer Ausleger und Verkünder seiner Lehren wurden, Männer, die nicht von der Alten Weisheit belehrt und geführt wurden. Während zweifellos viele von ihnen durchaus aufrichtig waren, so waren doch einige unter ihnen in dem Sinne intellektuell unaufrichtig, daß sie versuchten, das als universale Wahrheiten der Natur zu verkünden, was mehr oder weniger flüchtige Ideen ihres eigenen Denkvermögens waren - mißverstandene und falsch ausgelegte Hinweise und Gedankenblitze, die sie von der Großen Quelle empfangen hatten. So, kurz umrissen, geschah es, daß die ursprünglichen Lehren Jesu, des Avatâra, entweder verlorengingen oder von der Form abwichen, in der er sie verkündet hatte.

II

Damit bei dem Leser nicht ein Mißverständnis aufkommt in bezug darauf, was die Esoterische Tradition, die Esoterische Philosophie, hinsichtlich jenes Teiles ihrer Lehren zu sagen hat, der "Himmel" und "Höllen" behandelt, muß mit Nachdruck darauf hingewiesen werden, daß die Esoterische Philosophie, der heutige Vertreter der archaischen Weisheit der Götter für die Welt, die von allen großen Weltreligionen und Weltphilosophien vertretenen populären und exoterischen Ideen über "Himmel" und "Höllen" als völlig unzulänglich und ungenügend zurückweist. Dies trifft mit besonderem Nachdruck auf die Aussagen der beiden letzten und daher jüngsten großen Religionen hinsichtlich "Himmel" und "Hölle" zu. Dies besagt jedoch nicht, daß die Esoterische Philosophie sie als völlig unfundiert, unbegründet oder aller inneren und esoterischen Bedeutung bar ablehnt. Das exakte Gegenteil ist der Fall. Die exoterischen Veröffentlichungen und sehr stark ausgeschmückten falschen Interpretationen gründen sich jedoch - so sagt die Esoterische Philosophie - nicht auf die Tatsachen der Natur; sie sind Mißverständnisse des esoterischen Stromes der geheimen Lehren.

Die Esoterische Philosophie hat ein sehr weites und mannigfaltiges Schema von Sphären der Glückseligkeit einerseits und der Reinigung andererseits, das, wenn richtig verstanden, auch den fanatischsten Exoteriker befriedigen würde. Die Lehren der Esoterischen Philosophie zeigen deutlich, daß die verschiedenen Sphären durchaus nicht und in keinem Sinne nur die Wohnungen oder Welten toter Menschen oder ihrer "Seelen" sind, sondern daß sie vielmehr, genaugenommen und der Wahrheit entsprechend, tatsächliche und integrale und daher komponente Teile der Struktur der universalen Natur selbst sind. Der Leser wird sich erinnern, sofern er die vorausgegangenen Kapitel sorgfältig gelesen hat, daß die universale Natur oder der universale Kosmos ein vollständiger und sehr differenzierter Organismus ist. Als Beispiel sei unser eigenes Heimatuniversum, die Galaxie, herangezogen, alles das, was die ungeheuer große, weitumspannende Zone der Milchstraße umschließt. Außerdem befindet sich diese Struktur der universalen Natur überall und wird von einer alles beherrschenden hierarchischen Intelligenz kosmischer Größe durchdrungen, inspiriert und geleitet von einer hierarchischen Intelligenz, die eine unter einer Unzahl gleichartiger anderer ist, welche die Räume des grenzenlosen Raumes erfüllen. Der größte Teil der universalen Natur besteht somit aus unzählbaren ineinandergreifenden und miteinander verwobenen Hierarchien, welche die ungeheuren Reiche des Unsichtbaren bilden, sie sogar *sind*. Sie umfassen somit alle Bereiche der kosmischen Struktur - vom Übergöttlichen durch alle Zwischenstadien hindurch bis herab zu unserer eigenen physischen Sphäre, die nur die Schale oder äußere Haut von allem ist. Die bei weitem wichtigsten Teile des Kosmos sind jene ungeheuren Reiche, Welten oder Sphären, die von uns nicht gesehen und wahrgenommen werden können. Daher sind es diese unsichtbaren Welten, die in ihren jeweiligen verschiedenen Hierarchien und deren Bewohnern jene Sphären des Aufenthalts und der karmischen Konsequenzen umfassen, die auch von der Esoterischen Philosophie als "Himmel" und "Höllen" bezeichnet werden.

Aus dem Vorausgehenden ist sogleich ersichtlich, daß weder "Himmel" noch "Höllen", wenn so als integrale Reiche der Natur verstanden, Lokalitäten sind, die von einem kosmischen Schöpfer "gebildet" wurden. Sie sind vielmehr tatsächlich Teile und Glieder von Leben und Substanz der unsichtbaren, unbegreifbaren und übergöttlichen Göttlichkeit, deren alldurchdringendes Leben, deren Intelligenz, Wille und Substanz das Universum nicht nur erfüllen, sondern es tatsächlich sind. Diesen letzteren Gedanken hatte der Christ Paulus im Sinn, der selbst ein Eingeweihter in zumindest einigen der niederen Grade der alten Mysterien war, wenn er verkündete: "In Ihm leben und weben und sind wir" (Ap. Gesch., 17, 28), womit er den griechischen Dichter Aratos (drittes Jahrhundert "v. Chr.") zitiert.

Welch einen gewaltig veränderten Blickpunkt gibt uns dieses kosmische Bild! Anstatt die unglücklichen, hilflosen Geschöpfe eines unerforschlichen "Schöpfers" zu sein, der uns mit dem Quantum an Intelligenz und Willen "schuf", das wir nun einmal haben, um entweder in einen törichten Himmel der Glückseligkeit einzugehen oder in einer Hölle der Verdammten ewige Qual zu leiden - beides Alpträume mönchischer Einbildungskraft -, sehen wir vor uns eine Vision buchstäblich unzählbarer Sphären, Welten, Reiche, die das unendliche kosmische Leben bilden und von derselben Substanz sind wie dieses Leben selbst. Somit sind sie die wunderbaren Häuser oder Wohnungen der Erfahrungen, durch welche die wandernden Monaden ständig evolvieren und revolvieren.

So betrachtet die majestätische archaische Weisheitsreligion der Götter diese Abteilungen oder Welten des Universums also als Häuser der Erfahrungen. Sie verkündet einen ständigen Fortschritt jedes Individuums unter den unzählbaren evolvierenden Heerscharen von Wesen wärend des gesamten kosmischen Manvantaras. In dem glänzenden Licht dieser wunderbaren Lehre erkennt man daher die "Himmel" als jene spirituellen Erfahrungsreiche, durch die alle Monaden zu irgendeiner Zeit auf ihren zeitalterlangen Wanderungen hindurchgehen sollen, ja hindurchgehen müssen, und in denen sie in jenen Perioden verbleiben, die mit dem erreichten oder gewonnenen karmischen Verdienst in Einklang stehen. Die sogenannten "Höllen" sind jene Sphären oder Reiche der Reinigung, in die alle Monaden während gewisser Perioden ihrer zeitalterlangen Wanderungen gehen müssen, um die stoffbeladenen und somit schwer belasteten Seelen reinzuwaschen, damit sie sich, einmal gereinigt, auf dem aufsteigenden Bogen kosmischer Erfahrung wieder erheben können.

Auf diese unzählbaren Welten oder Häuser kosmischer Erfahrung spielt der große Avatâra Jesus in seiner wohlbekannten und so gröblich mißverstandenen Erklärung an: "In meines Vaters Hause sind viele Wohnungen" (Joh. 14, 2).

Indem die Esoterische Philosophie die technischen Ausdrücke des alten Brahmanismus übernimmt, weil sie passend und ausdrucksvoll sind, gruppiert sie diese unzählbaren hierarchischen Welten oder Reiche der kosmischen Struktur unter die Ausdrücke Lokas und Talas. Wenn die esoterische philosophische Lehre bezüglich dieser Lokas und Talas einmal richtig verstanden ist, wird sich für den Leser ein blendendes Licht über die innere Bedeutung der archaischen Wahrheiten ergießen, die über lange Zeitalter hinweg durch falsches Verstehen und falsche Interpretation zu den exoterischen theologischen Begriffen von "Himmeln" und "Höllen" geworden sind.

Folgendes aus einem früheren Werk des Verfassers gibt den Umriß der Lehre bezüglich der Lokas und Talas:

"TALA (Sanskrit). Ein Wort, das in den metaphysischen Systemen Indiens häufig sowohl als Gegensatz zu als auch in Verbindung mit Loka (s. d.) angewandt wird. Während die allgemeine Bedeutung von Loka 'Platz' oder vielmehr 'Welt' ist, ist die allgemeine Bedeutung von Tala 'niedere Welt'. Jeder Loka hat als Gegen- oder Ergänzungspol seinen dazugehörigen Tala. Wo ein Loka ist, ist auch ein ihm exakt entsprechender Tala, und tatsächlich ist der Tala der niedere Pol seines entsprechenden Lokas. Lokas und Talas können deshalb in einer Hinsicht als die spirituellen und die materiellen Aspekte oder Substanzprinzipien der verschiedenen Welten angesehen werden, die das kosmische Universum bilden und es in Wirklichkeit sind. Es ist unmöglich, einen Tala von seinem entsprechenden Loka zu trennen - wie es ebenfalls nicht möglich wäre, die beiden Pole der Elektrizität voneinander zu trennen.

Die Zahl der Talas wird in den exoterischen Philosophien von Hindustan im allgemeinen mit sieben angegeben, wonach es sieben Lokas und sieben Talas gibt, doch besteht kein Zweifel darüber, daß diese Zahl variiert. Wenn von einem Loka als von dem spirituellen Pol gesprochen werden kann, so kann er ebenfalls das 'Prinzip' irgendeiner Welt genannt werden. Dementsprechend kann der Tala als der negative oder niedere Pol angesehen werden, als das 'Element' seines entsprechenden Lokas oder Prinzips. Infolgedessen können die Lokas einer Hierarchie die 'Prinzipien' dieser Hierarchie genannt werden und die Talas die 'Elemente', die substantiellen oder materiellen Aspekte oder Erscheinungsformen der Hierarchie. Es sollte zugleich auch beachtet werden, daß alle sieben Lokas wie alle sieben Talas ununterbrochen und unentwirrbar ineinander übergehen und miteinander arbeiten und daß die Lokas und Talas in ihrem gemeinsamen Zusammenwirken das Universum mit seinen verschiedenen untergeordneten Hierarchien bilden, die uns umgeben. Die höheren Lokas mit den höheren Talas sind die Kräfte oder Energien und die substantiellen Teile der spirituellen und ätherischen Welten. Die niederen Lokas bilden mit ihren zugehörigen Talas die Kräfte oder Energien und substantiellen Teile der physischen Welt, die uns umgibt. Die dazwischenliegenden Lokas mit ihren entsprechenden Talas bilden die betreffenden Energien und substantiellen Teile der Zwischen- oder ätherischen Reiche.

Mit kurzen Worten kann daher von einem Tala als der stofflichen Erscheinungsform der Welt gesprochen werden, in der er vorherrscht, ebenso wie ein Loka als die spirituelle Erscheinungsform der Welt angesehen werden kann, in der dieser vorherrscht. Jeder Loka - dies sollte stets im Gedächtnis behalten werden - besteht nur in Verbindung mit seinem entsprechenden Tala auf derselben Ebene und kann von diesem nicht getrennt werden.

Als eine wichtige Schlußfolgerung aus den vorausgegangenen Darlegungen ist sorgfältig zu beachten, daß des Menschen innere Konstitution als ein Individuum von der höchsten bis zur niedersten Stufe eine Hierarchie eigener Art bildet. Aus diesem Grunde ist der Mensch selbst eine untergeordnete Hierarchie, eine zusammengesetzte Wesenheit, die aufs engste aus miteinander arbeitenden und untereinander vermischten Lokas und Talas besteht. In dieser untergeordneten Hierarchie, Mensch genannt, leben und entwickeln sich auf der untersten Stufe ihrer langen evolutionären Pilgerreise gewaltige Armeen, Scharen und Gruppen von lebenden Wesenheiten, Monaden, die der leichteren Faßlichkeit und Kürze des Ausdrucks wegen in die allgemeine Klasse der 'Lebensatome' eingereiht werden können."

Übersetzung aus: "Occult Glossary", S. 173ff.:

Das vorausgegangene Zitat enthält nicht nur den Grundgedanken der echten okkulten Bedeutung der ursprünglichen brahmanischen Lehre in bezug auf die Lokas und Talas, sondern auch die der Esoterischen Tradition. Der Leser wird dringend ersucht, den darin kurz dargelegten Grundgedanken mit einiger Sorgfalt zu studieren, da er in unmittelbarer Beziehung zu dem Thema dieses Kapitels steht (vgl. auch "Occult Glossary", engl. Ausgabe, unter der Überschrift "Heaven and Hell").

Aus obigem kann ersehen werden, daß in Wirklichkeit Sinn und Bedeutung dieser weit ausgedehnten inneren Welten und Reiche, die exoterische Frömmigkeit und religiöser Fanatismus fälschlich in Sphären der Glückseligkeit einerseits und in Sphären der Reinigung und Qual für verstorbene Menschen andererseits verwandelt haben, weder das eine noch das andere sind, sondern daß sie tätsächlich die strukturellen und komponenten Teile des Universums selbst sind. Dieser Punkt ist sehr wichtig und von einer so weitreichenden philosophischen und religiösen Bedeutung, daß es schwierig ist, ihn mit genügendem Nachdruck zu betonen. So sollten wir all den verschimmelten Aberglauben in Verbindung mit diesen gänzlich exoterischen und daher entstellten und falschen Ideen von unserer Vorstellungswelt abwaschen.

Es ist jedoch vollkommen richtig, daß die spirituellen Welten - ganz allgemein gesprochen - Reiche, Häuser, Wohnungen oder Globen der Glückseligkeit sind, im Gegensatz zu den grob materiellen Sphären, den materiebeladenen oder in Materie versunkenen Welten, Reichen, Häusern oder Globen, wie zum Beispiel unserem eigenen Planeten Terra sowie den anderen Planeten und Sphären des Sonnensystems, die auf demselben kosmischen Plan existieren wie unser Globus Erde. Der Grund hierfür liegt darin, daß in den spirituellen Welten alle Dinge von spirituellem Charakter sind; sie sind unvergleichlich ätherischer, lichter und eben durch ihre Natur dem spirituellen Herzen des Universums näher. Hingegen haben alle materiellen Welten, Sphären, Pläne oder Globen eine größere Distanz zu dem spirituellen Herzen des Seins - um in der Sprache der Mystiker aller Länder zu reden -, sie befinden sich in größerer Entfernung von ihm.

Durch alle diese verschiedenen Welten, seien sie nun spirituell oder materiell oder von dazwischenliegendem Charakter, wandern die Monaden hindurch, gehen und kommen auf ihren wunderbaren zyklischen Reisen und gewinnen dabei Erfahrung und das Gefühl des Einsseins mit dem Universum als einem Organismus oder einer gänzlich von Leben und Intelligenz durchpulsten organischen Wesenheit. Während des Verlaufs dieser Pilgerfahrten, der großen und wundervollen Abenteuer, weben die Monaden ihre Schicksalsgewebe, so daß sich diese Gewebe - die in Wirklichkeit die individuellen Monaden selbst sind - nicht nur durch die fast unzählbaren Welten, sichtbare und unsichtbare, erstrecken, sondern faktisch mit der Substanz und dem Gewebe eben dieser strukturellen Welten verwoben sind.

Nichtsdestoweniger sollte sich der Leser ebenfalls daran erinnern, daß ausgleichende Belohnungen und vergeltende Strafen auch eine sehr reale Existenz haben. Jedem nachdenklichen Menschen sollte klar sein, daß sich alle Wesen und Wesenheiten nicht nur für wohlgelebte Leben ausgleichender Glückseligkeit erfreuen, weil Seligkeit mit ihrem eigenen Charakter, ihrer eigenen Natur übereinstimmt und ihr entspricht, sondern nach derselben Regel logischer und universaler Symmetrie gleichermaßen in Sphären der Reinigung oder strafender Erfahrung eingehen müssen, wenn sie das zuletzt gelebte Leben mit materieller Befleckung und leidenschaftlicher Bindung so sehr beschwert hat, daß sie unfähig sind, sich in die spirituellen und ätherischen Sphären zu "erheben"; dort wären sie nicht am richtigen Platz, und sie können in diese einfach nicht eingehen, *weil ihre psycho-magnetische Natur sie nicht dorthin zieht.*

Gerade hier, in diesen letzten schräg gedruckten Worten, liegt der Schlüssel zu dem Geheimnis, warum gewisse exkarnierte "Seelen" in ihre devachanische Ruhe eingehen, in der sie sich aufgrund der Drangsale des Erdenlebens unaussprechlicher ausgleichender Glückseligkeit erfreuen, und warum im Gegensatz dazu andere "Seelen", glücklicherweise gewöhnlich nur wenige, in niedrigere spirituelle Bedingungen hinabsinken. Diese Vorgänge beruhen auf Anziehung, im allgemeinen wie auch im besonderen, oder darauf, wie Individuen ihre jeweiligen passenden und geeigneten Wohnplätze in genau den Umgebungen, Zuständen und Bedingungen finden, für die ihre innere Entfaltung sie geeignet macht.

III

Auch wenn die Esoterische Philosophie aus Gründen der Zweckmäßigkeit die Welten spiritueller Glückseligkeit nach dem Tode unter dem einzigen tibetischen Ausdruck Devachan zusammenfaßt, so ist *Devachan* dennoch nicht eine Lokalität oder ein "Ort", sondern ein Zustand, eine Bedingung - oder, noch genauer gesagt, Zustände oder Bedingungen, die durch den gesamten Bereich von niedrigeren oder quasi-materiellen devachanischen Zuständen durch alle Zwischengrade aufwärts bis hin zu den Reichen relativ reinen Geistes führen, in denen sich die höchsten oder ätherischsten devachanischen Bedingungen oder Zustände befinden. Ähnlich gibt es in der anderen Richtung Bedingungen, Grade oder Zustände, die den "Seelen", in denen während des gerade beendeten Erdenlebens die materielle Anziehung vorherrschend gewesen ist, genau angemessen sind und geeignete Wohnungen für sie bilden. Derart "sündenbeladene" und befleckte "Seelen" neigen daher natürlich unvermeidlich zu diesen mehr materiellen und weniger ärherischen Sphären hin.

Die niedrigeren Teile dieser letzten Zustände oder Bedingungen bilden insgesamt das, was Avîchi genannt wird - ein verallgemeinernder Ausdruck für die verschiedenen Stufen dieser Zustände und Bedingungen, in denen sich Seelen der entsprechenden Art befinden. Es muß also sorgfältig beachtet werden, daß weder das Devachan in all seinen Graden noch das Kâma-loka oder die Zwischenreiche, noch das darunterstehende Avîchi Orte oder Lokalitäten sind, sondern jedes ist eine Reihe von Zuständen oder Bedingungen, in die Wesenheiten aufgrund der im soeben beendeten Erdenleben entstandenen Ursachen hineingezogen werden. Natürlich ist vollkommen richtig, daß es keinen Zustand oder keine Bedingung für eine Wesenheit oder ein Wesen außerhalb einer Lokalität, eines Ortes, geben kann. Das ist offensichtlich, aber weder das Devachan in all seinen Abstufungen noch das Kâma-loka in all seinen Abstufungen, noch das Avîchi in all seinen Abstufungen ist an sich ein Ort: es sind vielmehr Zustände oder Bedingungen, die normalerweise von exkarnierten Wesen nach dem Tode erlebt werden - dies bezieht sich hier auf exkarnierte menschliche Seelen. Diese Zustände entsprechen dem "Himmel", dem "Fegefeuer" und der "Hölle".

So gibt es also höhere Zustände oder Bedingungen, die unter dem allgemeinen Ausdruck Devachan gruppiert werden; dann Zwischenzustände oder -bedingungen unter dem verallgemeinernden Ausdruck Kâma-loka und schließlich die niedrigeren nachtodlichen Zustände oder Bedingungen unter dem verallgemeinernden Ausdruck Avîchi. Diese Zustände oder Bedingungen dürfen natürlich nicht als in sich hermetisch abgeschlossene Sphären betrachtet oder gedacht werden. Jede der drei Gruppen von Zuständen oder Bedingungen verschmilzt mit den nächstangrenzenden, geht in unmerklichen Graden in sie über. Wir müssen die devachanischen Zustände also so betrachten, als rangierten sie von den höchsten oder quasi-spirituellen durch viele Zwischenstufen, -zustände oder -bedingungen hindurch bis hinab zum niedrigsten oder quasi-ätherischen des Devachan, die unmerklich in die höheren Zustände des Kâma-loka übergehen. Die kâma-lokischen Zustände ihrerseits gehen von den ätherischeren abwärts durch die Zwischenstufen zu den gröberen und materielleren der kâma-lokischen Reihe, wo sie unmerklich mit den höheren oder weniger materiellen der Avîchi-Bedingungen verschmelzen oder in sie übergehen. Diese reichen ihrerseits abwärts in ständig zunehmende Materialität, bis die niedrigste Avîchi-Bedingung erreicht ist, die nicht weit von dem entfernt ist, was in der Literatur der Esoterischen Philosophie als das Reich "absoluter Materie" beschrieben wird, was die gröbste materielle Substanz bedeutet, die unsere gesamte kosmische Hierarchie enthält.

Wie aus dem Text hervorgeht, ist also die einzige "Hölle",

die der Schüler der Esoterischen Philosophie anerkennt, die vom Bewußtsein erlebte Stufenfolge von Bedingungen oder Zuständen, die sich um den Ausdruck Avîchi gruppieren. Auch muß beachtet werden, daß - gerade weil das Avîchi eine bestimmte Serie oder Reihe von Bewußtseinszuständen ist, die von Wesenheiten erlebt werden - es sogar für Menschen im Erdenleben, vor dem Tode, Avîchis geben kann und daß es sie auch tatsächlich gibt.

Was im vorigen Abschnitt über Avîchi gesagt wurde, bezieht sich in verallgemeinernder Weise auf das Avîchi in seiner schlimmsten und intensivsten Form, nämlich dann, wenn es sich um fast "absolute Materie" und die darin lebenden, sehr unglücklichen Wesen handelt.

Doch dies ist nicht alles: Höher als das Devachan in der einen Richtung und niedriger als Avîchi in der anderen Richtung gibt es noch andere Welten, Pläne oder Sphären im endlosen kosmischen Kontinuum. In jeder Richtung gibt es zudem ein Grenzgebiet, eine Trennungsline, bevor das strukturelle Gerüst auf der rechten Seite in die kosmische Hierarchie oberhalb unserer eigenen und auf der linken Seite in die kosmische Hierarchie unterhalb der unsrigen übergeht. Hier aber betreten wir verbotenes Gelände oder streifen zumindest seinen Anfang; deshalb spricht der Verfasser notgedrungen mit großer Zurückhaltung und starkem Zögern. Dennoch mag so viel gesagt werden: Über dem Devachan, höher als seine höchsten Bedingungen oder Zustände und ohne breite Grenze oder Trennungslinie, beginnen die ständig ansteigenden und unbeschreibbaren Stufen oder Reihen spiritueller Bedingungen oder Zustände des Seins, die sich um die allgemeine Bezeichnung Nirvâna gruppieren. Nach der anderen Richtung, unterhalb des niedrigsten Avîchi und ohne breite oder weitausgedehnte Trennungslinie, liegen jene gewissen Grade absoluter Materie, die das gefürchtete und furchtbare Schicksal derer sind, die in der Esoterischen Philosophie technisch "verlorene Seelen" genannt werden. Hier werden diese unglücklichen "verlorenen" Wesenheiten in die sie zusammensetzenden Lebensatome aufgelöst und "in dem großen Laboratorium der Natur zermahlen." Diese letzte und niedrigste Stufe des Seins in unserer Hierarchie ist die "Achte Sphäre", wie sie von der Esoterischen Philosophie bezeichnet wird, oder anders ausgedrückt, der "Planet des Todes."

In einem Brief, den Meister K.H. im Spätherbst des Jahres 1882 an einen seiner beiden Laienschüler, A.P. Sinnett, schrieb, bezieht er sich auf diese Sache mit folgenden ernsten und warnenden Worten:

> "Schlecht, hoffnungslos schlecht muß das Ego sein, das von seinem fünften Prinzip nicht ein kleines Scherflein zu bringen hat und vernichtet werden muß, um in der Achten Sphäre zu verschwinden. Ein winziges Scherflein, vom persönlichen Ego gesammelt, genügt, es von dem düsteren Geschick zu erretten. Nicht aber nach Vollendung des großen Zyklus: da gibt es entweder ein langes Nirvâna der Glückseligkeit (obgleich es nach euren groben Auffassungen unbewußt sein mag), dem ein Leben als ein Dhyân-Chohan für ein ganzes Manvantara folgt, oder aber es gibt "Avîchi-Nirvâna", ein Manvantara des Elends und des Schreckens als ein ... Sie dürfen das Wort weder hören, noch darf ich es aussprechen oder schreiben. "Jene" aber haben nichts zu tun mit den Sterblichen, die durch die sieben Sphären hindurchgehen. Das kollektive Karma eines zukünftigen Planetengeistets ist ebenso lieblich, wie das kollektive Karma eines ... schrecklich ist. Genug. Ich habe schon zuviel gesagt."
>
> "The Mahâtma Letters to A.P. Sinnett"
> (engl. Ausg. von A.T. Barker, S. 171)

In dem soeben gegebenen Zitat wird die sorgfältige Aufmerksamkeit des Lesers auf den Ausdruck "Avîchi-Nirvâna" gelenkt. In diesen beiden Worten liegt eines der schrecklichen Geheimnisse oder Mysterien der Natur, die der Schüler zu verstehen in der Lage ist, wenn er intuitiv genug ist oder den Segen der Einweihung empfangen hat. Hier mag nochmals darauf hingewiesen werden, daß sowohl Avîchi als auch Nirvâna Bewußtseinszustände oder -bedingungen eines Wesens sind, das diese Zustände oder Bedingungen erlebt oder sich in ihnen befindet. So schließt das Wort Nirvâna alle mystischen Verwicklungen in sich, und in gewissen Fällen oder Vorkommnissen ist der Ausdruck Avîchi in dem Maße anwendbar, wie er - was glücklicherweise außerordentlich selten vorkommt - den oberen oder spirituellen Bewußtseinspol zu bezeichnen hat. Es ist hier von bestimmten, außerordentlich seltenen Arten von Wesen die Rede, deren Bewußtsein sowohl spirituell als auch boshaft ist und die infolgedessen ihren einzig angemessenen Aufenthaltsraum unter einer Bedingung oder in einem Zustand finden, der zugleich Avîchi und ein Nirvâna in Avîchi ist; und diese Bedingungen oder Zustände währen ein ganzes Manvantara hindurch. Doch selbst dies ist nicht eine "Hölle" in der christlichen Bedeutung des Wortes, in Wirklichkeit handelt es sich hier um etwas noch Grauenvolleres und Schrecklicheres.

Kein exoterischer Himmel, der jemals der fruchtbarsten Imagination eines mönchischen Einsiedlers entsprungen ist, kann der unaussprechlichen Glückseligkeit gleichkommen, in die wahrhaft spirituelle exkarnierte Seelen eingehen, weil sie diese ausgleichende Seligkeit im letzten Leben verdient haben, und auch deshalb, weil ihre relativ hohe spirituelle Entfaltung von Charakter und inneren Kräften sie dazu berechtigt. Im Gegensatz dazu hat mönchische Einbildungskraft nie jemals über die Vorstellung der "Qualen" hinausgereicht, die physischem Empfinden mehr oder weniger entsprechen, gleich ob dieses an einem ätherischen Körper empfunden wird oder an einem "asbestartigen", wie ihn die christliche Theologie einst so gern predigte. Daher ist keine exoterische "Hölle" auch im entferntesten eine Annäherung an die Bewußtseinszustände, die von jenen glücklicherweise außerordentlich seltenen Wesen oder Wesenheiten durchgemacht werden, die in die Achte Sphäre versinken. Diese letzteren werden nicht "gequält", auch nicht von grotesken Teufeln mit oder ohne Huf, sie erleiden vielmehr Zeitalter hindurch eine Bewußtseinsangst, welche die genaue, bis ins kleinste abgestufte karmische Vergeltung für Ursachen ist, die diese Wesen oder Wesenheiten selbst in die Waagschale karmischer Vergeltung warfen, während sie sich in der Sphäre der Verursachung befanden.

So wird von der Esoterischen Philosophie, der Esoterischen Tradition, eine scharfe und klare Unterscheidung zwischen Tatsache und Phantasie gemacht, zwischen den exoterischen "Himmeln" und "Höllen" einerseits, die zum großen Teil imaginär und mit Sicherheit keine Orte oder Lokalitäten sind, und den tatsächlichen Zuständen oder Bedingungen ausgleichender Glückseligkeit und strafender karmischer Wiedervergeltung andererseits. In den hierarchischen Welten, Plänen, Sphären oder Globen befinden sich diese verschiedenen Bewußtseinszustände oder -bedingungen der betreffenden pilgernden Monaden, und zwar nach dem Tode sowie vor der Geburt auf Erden. Unser eigener Globus Erde ist tatsächlich, technisch gesprochen, eine "Hölle", um das populäre Wort zu gebrauchen, wenn man sie unter dem Gesichtspunkt der unnachgiebigen Logik und Metaphysik der Esoterischen Philosophie betrachtet. Dies ist aus dem Grunde so, weil unsere Erde eine Sphäre von relativ dichter Materie ist und die Bedingungen und Bewußtseinszustände der sie bevölkernden Wesen relativ stark mit dem magischen Gewebe Mâyâs, dem Gewebe der Illusion, verwoben sind. Eben aus diesem Grunde spricht H. P. Blavatsky in "Die Stimme der Stille" von den "Menschen von Myalba" - Myalba, ein tibetischer Ausdruck, der in der Esoterischen Philosophie des nördlichen Buddhismus für eine der Höllen gebraucht wird; Myalba aber ist unsere Erde.

Für menschliche Wesen während der Periode ihrer manvantarischen Existenz auf oder in den verschiedenen Globen der Planetenkette, von der unser Globus

Erde der vierte und materiellste ist, sind es eben diese Globen unserer Erdenkette, welche die "Orte" oder "Lokalitäten" liefern, in denen unsere menschliche Hierarchie sowohl ihre "Himmel" als auch ihre "Höllen" findet, das heißt ihre Orte vergeltender Gerechtigkeit, entweder durch ausgleichende Glückseligkeit im Devachan oder durch vergeltende Strafe im niedrigeren Kâma-loka und im Avîchi. Die Lebens- und Existenzbedingungen auf den höheren Globen unserer Erdenkette sind außerordentlich schön und beglückend im Vergleich zu den stark illusorischen und oft schrecklichen Bedingungen, in die das menschliche Bewußtsein hier auf Erden verwickelt ist. Um dies noch einmal besonders hervorzuheben, wiederholt der Verfasser die Darlegung, daß für die sich wiederverkörpernde menschliche Seele devachanische Glückseligkeit und strafende Wiedervergeltung in den Zuständen und Bedingungen zu finden sind, welche die verschiedenen Globen der Planetenkette unserer eigenen Erde liefern. Es muß sorgfältig beachtet werden, daß sich die letztere Angabe auf die "menschliche Seele" bezieht. Was das nachtodliche Schicksal der spirituellen Seele eines Menschen ist, gehört einer anderen wunderbaren Geschichte an, die an anderer Stelle in diesem Werk berührt wird. Es kann aber nicht viel über sie gesagt werden, weil die Lehren von ausgesprochen esoterischem Charakter sind und in einem veröffentlichten Werk nicht gegeben werden können.

IV

Bevor dieser Teil des Studiums verlassen wird, ist es ratsam, noch kurz auf das Thema der Lokas und Talas*) Bezug zu nehmen, um die Gedanken abzurun-

---

*) Die Natur der Lokas und Talas wird in dem Werk des

den. Sieben ineinandergreifende Lokas und Talas sind tatsächlich die hierarchischen Bedingungen oder Zustände aller hier zuvor schon erwähnten Welten, Sphären, Pläne, Wohnräume oder Häuser. Mit anderen Worten: diese verschiedenen Welten usw. basieren auf Substanzen oder Stoffen, die in diesen besonderen Phasen der Substanzhaftigkeit oder Ätherhaftigkeit existieren, die durch die verschiedenen Namen der Lokas und Talas geschildert werden. Allgemein gesprochen sind Lokas die spirituellen und weniger illusorischen Bedingungen oder Zustände in einer jeden solchen Welt oder Sphäre, auf einem jeden Globus, während Talas jene besonderen Zustände oder Bedingungen sind, denen Substanzen und Stoffe gröberen und materielleren Charakters angemessen sind. Dennoch sind die Lokas und Talas untrennbar. Jeder Loka hat seinen untrennbaren und korrespondierenden Zwillingstala, und zwar die ganze Reihe hindurch: der höchste Loka hat als seinen niederen Pol oder sein "alter ego" den spirituellsten oder ätherischsten der Talas, und so geht es die ganze Stufenleiter hinunter, bis das Niedrigste oder am wenigsten Spirituelle eines jeden Paares erreicht ist.

Da sich nun, wie früher schon mehrmals erklärt, die Struktur der Natur durchaus wiederholt, so wiederholt jede untergeordnete Hierarchie, jede Welt in ihrem Strukturgefüge, getreulich das, was die höheren Hierarchien und Welten sind und enthalten, so daß jede untergeordnete Hierarchie oder Welt ihrerseits aus ihrer eigenen Reihe von Lokas und Talas besteht, aufgebaut ist und sie tatsächlich ist, wobei jede mit jeder anderen in der soeben beschriebenen Weise genau

---

Verfassers "Grundlagen der Esoterischen Philosophie" sehr eingehend beschrieben. Der Leser wird hierauf verwiesen.

übereinstimmt.

Im "Padma-Purâna" sind die Lokas und Talas in der nachfolgenden Weise aufgeführt. Sie werden in zwei Reihen unter den Namen gegeben, die, wie es scheint, einer jeden Reihe am häufigsten beigelegt werden, obgleich gesagt werden muß, daß die Namen der Talas als bloße Namen in den in verschiedenen Schriften gegebenen Listen variieren: *)

LOKAS		TALAS
1. Satya-loka	. . . .	1. Atala
2. Tapar-loka	. . . .	2. Vitala
3. Janar-loka	. . . .	3. Sutala
4. Mahar-loka	. . . .	4. Talâtala
5. Swar-loka	. . . .	5. Mahâtala
6. Bhuvar-loka	. . . .	6. Rasâtala
7. Bhûr-loka	. . . .	7. Pâtâla

Diese Talas sind, wie schon gesagt wurde, nicht "Höllen", sie sind *Bedingungen* oder Zustände. Weit davon entfernt, daß diese *Bedingungen* wirkliche Höllen oder aber in einem anderen Sinne "Himmel" seien, wird von einem der großen Weisen, Nârada, eine bizarre Geschichte erzählt, die eine tiefe Wahrheit in

---

*) Die Talas, so wie sie im obigen Text wiedergegeben werden, können in dieser Ordnung im "Padma-Purâna", desgleichen im "Bhâgavata-" und im "Skanda-Purâna" gefunden werden. Im "Vishnu-Purâna", Buch II, Kap. V, weichen die Namen von denen in den drei erwähnten "Purânas" stark ab, obwohl sie auch sieben an der Zahl sind.

Der Schüler sollte sich klarmachen, daß es nicht die Talas und ihre verschiedenen Attribute oder Qualitäten sind, die variieren, es sind vielmehr die ihnen gegebenen Namen, die variieren.

sich birgt. Es wird von ihm gesagt, er habe einst "diese Regionen" besucht und bei seiner Rückkehr auf die Erde einen "enthusiastischen Bericht" über sie gegeben, der besagte, daß sie in einiger Hinsicht mit mehr Wonnen angefüllt seien als der Himmel Indras und daß sie Überfluß hätten an Köstlichkeiten und Sinnesfreuden aller Art. Diese bizarre Geschichte zeigt deutlich, daß die Talas und ihre korrespondierenden Lokas nur jeweils die materiellen Sphären oder quasiätherischen Sphären sind, die den kosmischen Raum erfüllen, wohingegen die höchsten Lokas und Talas natürlich rein spirituell sind. Während die ersteren oder materiellen den Rûpa- oder "geformten" Welten angehören, sind die letzteren oder spirituellen die Arûpa- oder die "nicht geformten" Sphären.

Die Esoterische Philosophie - hierin stimmt sie mit den Vorstellungen ihrer vielen philosophischen und religiösen "Kinder" in bezug auf dasselbe Thema überein - betrachtet alle hierarchischen Lokas und Talas als unentwirrbar miteinander verbunden und von manvantarischer "Ewigkeit" her untereinander verwoben, in keinem Fall aber als "geschaffen". Sie werden weder als das Produkt des Zufalls in irgendeinem Sinne dieses törichten Wortes angesehen, noch als begrenzt in manvantarischer Form oder manvantarischem Raum - außer insofern, als sie, was nachdrücklichst hervorgehoben wird, in verschiedenen Universen oder zusammengesetzten hierarchischen kosmischen Körpern angehäuft oder angesammelt sind. Sie sind nicht getrennt oder voneinander abgesondert, sondern während des gesamten kosmischen Manvantaras miteinander verwoben und in die sie umgebende Unendlichkeit eingeschlossen. Diese Unendlichkeit ist weder "Leere" oder "leerer Raum", noch ist sie bar an Leben und Intelligenz - alle derartigen Vorstellungen laufen den Lehren der Esoterischen Philosophie zuwider -, denn jedes zusammengesetzte Universum ist eines von einer zahllosen, ja unendlichen Heerschar von Universen, die das unbegrenzte universale All zusammensetzen.

Es könnte nötig erscheinen, hier darauf hinzuweisen, daß die obige Stelle sowie andere ähnliche Stellen in dem vorliegenden Werk aufgrund ihres ausgesprochen pantheistischen Charakters und ihrer pantheistischen Bedeutung nicht dahingehend mißverstanden oder mißinterpretiert werden dürfen, als bedeuteten sie "Pantheismus", so wie dieses Wort im modernen abendländischen philosophischen Denken normalerweise verstanden wird. Stellen wie die obige, an denen sehr deutlich auf die allumfassende Unendlichkeit oder das alles in sich schließende und alles durchdringende GÖTTLICHE angespielt wird, bedeuten nicht, daß das Göttliche nur das Aggregat manifestierter Universen sei und daß es nicht transzendent darin und darüber sei.

Die Esoterische Philosophie ist in Typ und Charakter ausgesprochen und grundlegend pantheistisch. Sie ist dies in dem ihr eigenen Sinne und gemäß der ihr eigenen Interpretation. Diese besagt nicht nur, daß das Göttliche, kosmisch gesprochen, alles durchdringt und in alles eindringt, und zwar die gesamte kosmische Dauer hindurch, sondern daß es außerdem alle manifestierten Aggregate von Universen übertrifft und ihnen folglich überlegen ist, da es die unaussprechliche Quelle, der Ursprung aller Wesen, Wesenheiten sowie Dinge und somit das letzte Ziel ist, zu dem sie alle zurückkehren werden.

Der Gedanke ist, wenn auch von geringerer und mikrokosmischer Art, sehr gut von Krishna in der berühmten philosophischen Abhandlung der Hindus, der "Bhagavad-Gîta", wiedergegeben, wo diese Manifestation des kosmischen Logos von der Göttlichkeit, von der er ein avatârisches Beispiel ist, im wesentlichen mit folgenden Worten spricht: "Ich errichte dieses ganze Universum mit einem einzigen Teil von mir, ohne meine selbständige Existenz dadurch aufzugeben." (Kap. X, Vers 42, S. 54, deutsche Ausgabe W. Q. Judge)

Die pantheistische Bedeutung ist daher nicht, daß jeder Stock und jeder Stein "Gott" sei, was eine lächerliche Entstellung der esoterischen Bedeutung ist, sondern daß sich nichts im grenzenlosen Raum und in der endlosen Dauer wesentlich von dem ewig Göttlichen unterscheidet und daß dieses ewig Göttliche sowohl das Geringste des Geringen als auch das Größte des

Großen umfaßt, seine essentielle Quelle ist und sie dennoch alle überragt. Der Schüler mit wahrhaft philosophischem Sinn und dem Verständnis für zumindest einfache metaphysische Subtilitäten wird die tiefe Bedeutung der hier gemachten Unterscheidungen verstehen, die einfach genug sind, aber vielleicht gerade ihrer Einfachheit wegen häufig der Aufmerksamkeit entgehen und sich der Beachtung entziehen.

Ferner entstehen - und dieser Gedanke ist von allergrößter Wichtigkeit - diese vielen Hierarchien von Lokas und Talas oder, was dasselbe besagt, von Welten, Plänen usw., wie gelehrt wird, durch einen Prozeß emanationeller Evolution, welcher kurz so beschrieben werden kann, daß die höchsten die höheren und die höheren die geringeren entfalten und die geringeren ihrerseits nach genau denselben Verfahrensweisen die niedrigsten entfalten, bis auf diese Weise ein typisches Universum, oder besser, eine typische universale Hierarchie emanationell für das kosmische Manvantara ins Sein hervorevolviert ist, ein Manvantara, in welchem dann jenes Universum auf diese Weise seinen Selbstausdruck findet. Die beiden Ausdrücke "höchsten" und "niedrigsten" im vorhergehenden Satz sind, wie man sieht, also keine absoluten Superlative, sondern sind nur im Hinblick auf die in Frage stehende Hierarchie und somit auf jede der zahllosen Mengen solcher universaler, kosmischer Hierarchien anwendbar.

Dieser Prozeß ist identisch mit dem, der von praktisch allen größeren philosophischen und religiösen Systemen auf Erden verkündet und gelehrt wird, und er ist ein fundamentaler Teil der Lehre der großen Religionen und Philosophien der indischen Halbinsel, Chinas, Babylons, Persiens, Ägyptens und mindestens mehrerer der großen philosophischen Schulen Alt-Griechenlands und Roms, zum Beispiel der der Stoiker und selbst der platonischen und neuplatonischen, der pythagoreischen und neupythagoreischen Systeme. Alle diese verschiedenen Systeme, in welchem Teil der Welt und wann auch immer sie blühten, waren, wie zuvor schon gesagt, "Kinder" der einst universal verbreitet gewesenen Weisheitsreligion des Altertums, welche wir die Esoterische Philosophie oder die Esoterische Tradition nennen.

Es scheint notwendig, hier noch einmal zu sagen, was in diesem Werk früher schon gesagt wurde, nämlich, daß die Esoterische Philosophie auch dem Charakter nach strikt evolutionistisch ist, wenn es sich um Ursprung, entfaltendes Wachstum, Verlauf und Schicksal des Kosmos und alles dessen, was darinnen ist, handelt. Trotzdem sollte das Wort "Evolution" niemals dahingehend mißverstanden werden oder mißinterpretiert werden, als bedeute es "Evolutionismus", so wie das Wort in moderner europäischer Wissenschaft angewandt wird. "Evolutionismus" dieser Art ist wenig mehr als materialistischer Transformismus, und diesen lehnt die Esoterische Philosophie nachdrücklich und uneingeschränkt ab. Sie ist der Zuversicht, daß die Zeit und das sich in den Annalen moderner Wissenschaft anhäufende fortschreitende Wissen beweisen werden, daß die Evolution, so wie sie von der Esoterischen Philosophie gelehrt wird, die einzig mögliche und völlig befriedigende Erklärung der Entstehung, der Existenz und des Schicksals aller Dinge ist.

Der Schüler der Esoterischen Philosophie ist ebensosehr ein Emanationist wie ein Evolutionist, wenn nicht noch mehr, und zwar ist dies so sehr der Fall, daß er in dieser Beziehung am besten als ein emanationeller Evolutionist beschrieben werden könnte. Die darwinistische oder quasi-darwinistische oder die neodarwinistische Lehre von der "Epigenesis" oder dem vermeintlichen Eindringen von Neuheiten - biologischen und anderen - in den evolutionären Prozeß ist ebenfalls dem Geist der esoterischen Lehre entgegengesetzt. Ein solches Eindringen von Neuheiten, von absoluten Einflüssen, Attributen oder Qualitäten, bei denen niemand weiß, wie oder woher sie kommen, und auch niemand sagen kann, wie oder woher sie in den evolutionären Prozeß eintreten, wird von Grund auf als zufällig und daher als eine regellose Aktion betrachtet, auch aus dem Grunde, weil es eine neue Phase der alten materialistischen Hypothese ist. Der evolutionäre Prozeß besteht fraglos im Entfalten - und zwar in fortschreitendem Maße und fortschreitender Reihenfolge - von "neuen" Attributen und Qualitäten in dem Leben eines Organismus oder einer organischen Wesenheit. Dabei spielt es keine Rolle, ob es sich um ein Universum oder um einen Bewohner eines Universums handelt, um einen Gott, einen Halbgott oder einen "Dämon", um einen Menschen, ein Tier oder eine Pflanze, um ein Mineral, ein Elemental oder sonst etwas. "Neue" Erscheinungen sind jedoch nur in dem Sinne "neu", daß sie da in Erscheinung treten, wo sie zuvor nicht wahrnehmbar waren. In allen Fällen aber gehen sie aus der evolvierenden Wesenheit selbst hervor, und zwar als relativ notwendige Produkte der emanationellen Ausdrucksformen der spirituellen und quasi-spirituellen Kräfte und Substanzen, welche die kausalen oder antreibenden oder intelligent geleiteten unsichtbaren Teile einer solchen evolvierenden Wesenheit sind. Einfacher ausgedrückt, sind daher solche Neuerscheinungen nur Ausdrucksformen dessen, was schon latent oder unausgedrückt in der Konstitution oder in der Substanz der evolvierenden Wesenheit liegt, und treten dann auf, wenn die Zeit für das Erscheinen reif ist und wenn der Drang zu innerem Selbstausdruck sie auf diese Weise hervorbringt.

Wird dies richtig verstanden, ist zu erkennen, daß die verschiedenen "Himmel" und "Höllen" der "Alten" und auch der weniger alten religiösen Systeme in Wirklichkeit populäre Formen sind, um auszudrücken, daß das Universum aus Sphären, Welten oder Globen des Geistes und aus Sphären, Welten oder Globen von mehr oder weniger dichter Materie zusammengesetzt ist. Und da die alten Religionen und Philosophien selbst in den Tagen ihrer Degeneration als restliche Erinnerungen aus ihrer ursprünglich esoterischen Lehre noch die vage Erkenntnis von der Tatsache hatten, daß es für exkarnierte menschliche Wesen Zustände oder Bedingungen der Glückseligkeit sowie Zustände oder Bedingungen strafender Vergeltung gibt - die zum Beispiel als Devachan und Avîchi schon beschrieben wurden -, sind diese Zustände oder Bedingungen zeitalterlang mit der umfangreichen und fundamentalen Tatsache der hierarchischen Struktur der spirituellen und materiellen Welten, Pläne, Sphären und Globen vermischt worden. Beim Studium dieses Themas muß daher klar unterschieden werden zwischen den Zuständen oder Bedingungen der Wesen, die in diesen Welten usw. und durch diese Welten pilgern, sowie zwischen diesen Welten, Plänen und Sphären selbst.

V

Während der letzten fünfzehn oder sechzehn Jahrhunderte sind von Zeit zu Zeit seltsame Ideen aufgekommen, die eine Zeitlang in abendländischen Ländern in bezug auf die Natur des einen allgemein akzeptierten Himmels, von dem man annahm, er sei von immerwährender Dauer, und in bezug auf die Hölle, von der ebenfalls angenommen wurde, sie dauere durch immerwährende Zeit hindurch fort, vorherrschend waren. So hatte man zum Beispiel vor ca. zweihundert Jahren mehr oder weniger die Vorstellung, daß, bevor das Universum - vom "allmächtigen Gott" - durch den göttlichen Befehl geschaffen wurde, außer diesem unendlichen Gott nichts existiert hätte. "Er" war nicht Materie, "Er" war ein Geist. Niemand wußte genau, was ein Geist ist, aber die Lehre setzt voraus, daß "Gott ein Geist ist", und man dachte allgemein, der Himmel sei die Wohnung Gottes und seiner dienenden oder stummen Engel. Ja, auch die Engel waren von Gott erschaffen.

Dann wurde zu einer unbestimmten Zeit - vermutlich, nachdem Gott die Erde und alles auf ihr gemacht hatte - die "Hölle" geschaffen. Sie wurde zur Wohnung des Rebellenengels, der im Westen später Satan genannt wurde, und auch für jene Engel, die damals oder später mit ihrem Oberhaupt rebellierten und ihn bei seinem Sturz vom Himmel begleiteten. Sie gingen in diesen irgendwo im Weltenraum existierenden Behälter ein - vermutlich ein "spiritueller" Behälter oder ein Gemach der Natur -, der Hölle genannt wurde und wird. Dort wohnten der Teufel und seine Engel, und dies war gleichfalls der Bestimmungsort aller bösen Menschenseelen, die nicht in der Weise von ihrem Schicksal errettet worden waren, die die populäre Theologie lehrte.

Die Theologen jener Periode hatten bezüglich dieser Dinge tatsächlich sehr bestimmte Ideen. Diese waren zu ihrer eigenen Befriedigung zurechtgemacht worden, teilweise aus dem jüdischen und dem christlichen Testament und teilweise aus dem, was früher lebende Theologen sich ausgedacht und gelehrt hatten. Sie - oder zumindest einige von ihnen - wußten sogar genau, wann das Universum, das für sie Himmel, Hölle und Erde sowie die kristallinen Sphären war, welche die Erde umgeben und mit den himmlischen Lichtern übersät sind, die zu der Menschen Ergötzung und Erbauung von dem allmächtigen Gott dahingesetzt sind -

ja, diese alten Theologen wußten sogar, wann dies alles erschaffen war: das Jahr, den Monat, den Tag und die Stunde! Als Zeugnis diene das, was Dr. John Lightfoot, ein berühmter englischer Bibelgelehrter und Hebraist, der in der ersten Hälfte des siebzehnten Jahrhunderts lebte, über diesen Punkt herausgefunden hat. Dieser gelehrte und hochwürdige Herr hatte zu seiner eigenen vollkommenen mentalen und emotionalen Befriedigung genau Jahr, Monat, Tag und Stunde ausgerechnet, wann Gott das Universum durch seinen göttlichen Befehl schuf. Dr. Lightfoot schrieb:

> "Himmel und Erde, Mittelpunkt und Umfang, wurden zum selben Zeitpunkt gemacht, und Wolken voller Wasser und der Mensch wurden von der Dreieinigkeit am 25. Oktober 4004 v. Chr., morgens um 9 Uhr, geschaffen.

Man muß annehmen, daß die bestimmte Tageszeit, die der allmächtige Gott zur Schöpfung der Welt für geeignet ansah, als die Morgenzeit um 9 Uhr nach unserer eigenen Erdenberechnung gewählt wurde!

Wir Abendländer sind vergangene Jahrhunderte hindurch von Ideen, die aus vielen Richtungen an uns herantraten und die sich in unser Bewußtsein einnisteten, so psychologisiert worden, daß wir uns, wenn wir die Worte "Himmel" und "Höllen" oder "Himmel" und "Hölle" hören, uns selbst unbewußt, irgendeine Art Plätze oder Lokalitäten vorstellen: den oder die Himmel als "über" und die Hölle oder Höllen als "unter" der Erde existierend. Diese mögen vielleicht in irgendwelchen uns unbekannten und undefinierbaren Regionen des Raumes sein, an Orten, in denen einerseits schlechte, unverbesserliche Menschenseelen die Ewigkeit hindurch in unaussprechlicher Qual verbringen und andererseits gebesserte und "gerettete" Menschenseelen die Ewigkeit hindurch in unaussprechlicher

Glückseligkeit verbringen - "in Abrahams Schoß", um eine Form der alten Lieblingsphraseologie der abendländischen Welt anzuwenden.

Die bloße Tatsache, daß die meisten abendländischen Menschen in heutiger Zeit einen derartigen Aberglauben nicht mehr akzeptieren oder annehmen, ist an sich schon ein gutes Zeichen. Andererseits aber besteht die Tatsache, daß sie zu weit in der entgegengesetzten Richtung gegangen sind, was ein fast allgemeines Leugnen vergeltender Gerechtigkeit irgendwelcher Art in sich schließt - mit Ausnahme des unvollkommenen menschlichen Bereichs. Dies ist eindeutig ein Fehler, da es dem zuwiderläuft, was in der Natur selbst existiert. Er vergewaltigt außerdem, wie es auch die verschiedenen Formen des Aberglaubens taten, die Intuitionen des menschlichen Geistes und die moralischen Instinkte des menschlichen Herzens sowie auch das Empfinden und die Begriffe des gesunden Menschenverstandes, die dem menschlichen Intellekt innewohnen. Denn der sehende und verstehende Mensch bemerkt allenthalben entsprechende Wirkungen, die, je nachdem wie der Fall liegen mag, schneller oder langsamer auf Ursachen folgen, die aktiviert worden sind. Wiedervergeltung ist nichts anderes als das minutiös gerechte und unbeirrbar exakte Auswirken von Ursachen, daß heißt von Kräften oder Energien, die einmal in Bewegung gesetzt sind. Wenn die auf diese Weise wirkenden Energien aus moralischem Denken und damit auch aus moralischem Handeln hervorgehen, so erfolgen die entsprechenden Resultate in Einklang mit ihnen. Sind sie aber aus üblem und engherzigem Denken und Handeln hervorgegangen, dann folgen die entsprechenden Resultate mit dem gleichen und unausweichlichen Drang auf den Handelnden - und zwar früher oder später, in diesem oder in einem späteren Leben auf

Erden. Die Konsequenzen sind außerdem aber auch einerseits der devachanische Zustand und andererseits in den schlimmsten Fällen Avîchi.

Die ältesten bekannten Religionen und auch andere, die zwar jünger, aber dennoch älteren Ursprungs sind, sprechen nicht von nur einem "Himmel". Der "Himmel" sind viele in den Lehren dieser alten Religionen - gewöhnlich werden neun gezählt, manchmal sieben, es werden aber auch andere Zahlen erwähnt. Das gleiche trifft für jene Zustände strafender Vergeltung zu, die ebenfalls von den alten Religionen anerkannt werden. Diese Zustände oder Bedingungen "toter Leute" - nach menschlichen Begriffen - haben die Abendländer als die "Höllen" jener alten Systeme übersetzt. Sie vergaßen dabei, daß wir heutzutage den Worten "Himmel" und "Höllen" - da wir die ursprünglichen Bedeutungen dieser alten Religionen oder deren vollen Sinn nicht verstehen - die im Abendland populären und daher uns wohlbekannten abendländischen Bedeutungen beilegen.

Zudem wurden im Altertum - wie auch heute noch - die "Himmel" und "Höllen" dieser älteren und ältesten Religionen und Philosophien in allen Fällen als Zustände oder Bedingungen von zeitweiligem Charakter, als Orte zeitweiliger Glückseligkeit oder zeitweiliger Läuterung, betrachtet. Und jene, die nach damaliger Ansicht in diesen "Himmeln" oder "Höllen" leben, verbleiben dort für eine Zeit, deren Länge von der ursprünglichen Energie der kausalen Gedanken und Handlungen derjenigen abhängt, die sich entweder in dem einen oder in dem anderen Zustand befinden.

Außerdem wurden die "Himmel" und "Höllen" - die ihrem Wesen nach zeitweilige Wohnplätze waren - in keinem Fall als Sitze oder Lokalitäten betrachtet, in denen sich exkarnierte Seelen aufgrund eines göttlichen Mandats befanden, an dem sie selbst nur als hilflose, "nicht wählende" Opfer teilhatten und somit einerseits eine richterliche Belohnung für gutes Leben auf Erden ernteten oder andererseits eine richterliche Strafe für ein übles Leben in der letzten Inkarnation auf Erden erlitten. Keine außenstehende Gottheit hat einerseits zu dem exkarnierten Ego gesagt: "Seele, du hast während deines Aufenthalts auf Erden ein gutes, spirituelles und hochherziges Leben gelebt. Komm herauf in den Himmel, ruhe in Frieden und ewig währender Glückseligkeit!", oder andererseits: "Seele, du hast während deines Aufenthalts auf Erden ein Leben absichtlicher Entwürdigung und perverser Sünde gelebt. Geh hinab zur Hölle und lebe dort in ewiger Qual!" Derartige gemutmaßte Mandate einer außerkosmischen Gottheit sind bloße Träume uninitiierter Gemüter mit theologischer Neigung. Sie erkannten zwar, obwohl in falscher Weise, die tatsächliche Existenz von Zuständen der Glückseligkeit und die der strafenden Reinigung an, mißverstanden aber diese Intuitionen oder interpretierten sie falsch. So sind die verschiedenen Formen der exoterischen Lehren über "Himmel" und "Höllen" entstellt, und sie gehören den verschiedenen formalen und großenteils von Menschen erfundenen Theologien der verschiedenen Systeme an.

In den archaischen Religionen wurden die exkarnierten "Seelen" in allen Fällen so betrachtet, als hätten sie aufgrund von Verdienst oder Unverdienst - wofür sie selbst im letzten Erdenleben verantwortlich waren - die Himmel einerseits oder die Höllen andererseits erlangt. So erhielten sie die in dem genauen Verhältnis stehende vergeltende Gerechtigkeit für das, was sie im Erdenleben gedacht, gefühlt und getan hatten.

Wie schon gesagt wurde, waren die "Himmel" bei den alten Völkern nicht Orte ewiger Seligkeit und die "Höllen" nicht Orte ewiger Qual. In beiden Fällen betraten die Wesen sie für eine Weile als eine notwendige Stufe auf der wunderbaren nachtodlichen Reise der "Seele", wie sie im Abendland volkstümlich genannt wird. Unser Leben auf Erden, so lehrten jene weisen alten Philosophen, ist nur eine zeitweilige oder zyklische Stufe. Ihrer Ansicht nach ist es wie das Einkehren in einem Gasthaus für einen Tag und eine Nacht, wie die Dichter so oft gesungen haben. Aus den unsichtbaren Welten kommen wir auf diese Erde; wir leben hier für eine kleine Weile und schreiten dann fort zu anderen Stufen in den unsichtbaren Sphären und verfolgen die Bahnen unserer Wanderungen, die alle ein Teil der wunderbaren Abenteuer des Lebens sind.

Da die "Himmel" und "Höllen" als nur vorübergehend betrachtet wurden, waren sie ebenfalls dazu bestimmt, zu vergehen und zu verschwinden, wenn das Universum, in dem sie enthalten sind, seinen Lauf evolutionärer Manifestation vollendet hat und alle Dinge wieder in die Substanz des Göttlichen eintreten, aus dem sie sich von Anbeginn der Dinge an emanationell hervorevolviert haben.

"So steigen in dem größeren Prozeß der Welt die primären Ursachen hinab in die Elemente und die Elemente in Körper; dann werden die Körper wieder in Elemente aufgelöst und die Elemente in die primären Ursachen." - Erigena, "The Division of Nature" (Die Teilung der Natur) 866, 696 B (ins Engl. übersetzt von Bett, S. 85: "Johannes Scotus Erigena").

So kann sogar in den Schriften eines mittelalterlichen neuplatonischen, christlichen Theologiephilosophen ein deutliches Echo der archaischen Weisheitsreligion und ihrer Lehren von der fortlaufenden Evolution oder Entfaltung des Universums und seinem schließlichen Zurückkehren zu seiner ursprünglichen göttlichen Quelle gefunden werden.

Doch muß man sich erinnern, daß Erigenas Werk im dreizehnten Jahrhundert von der offiziellen Kirche in aller Form verdammt und auf den Index gesetzt wurde, obgleich es das ganze mittelalterliche christliche Denken für mehr als zwei Jahrhunderte beherrscht hatte.

Die Esoterische Philosophie lehrt viel von dem oben Gesagten, wie zum Beispiel, daß die Erde weder der einzige Wohnort denkender und fühlender Wesen sei, noch der einzige Maßstab, nach dem denkende Wesen in religiösen und philosopischen Spekulationen versuchen sollten, das Universum einzuordnen oder abzuschätzen. Sie ist sozusagen nur ein kosmisches "Gasthaus" auf einer Reise, die endlose Zeit hindurch fortdauert, ein Ereignis in einem immerwährenden Abenteuer - "immerwährend", das heißt so lange, wie die Manifestationsperiode des Universums, in dem wir gegenwärtig leben, in seinem gegenwärtigen Zyklus oder seiner Periode manvantarischer Manifestation währt.

Wenn die Manifestationsperiode des Universums ihr Ende erreicht hat, dann tritt auch das Universum (geradeso wie ein Mensch, wenn der Tod den physischen Körper übermannt) in seine Periode der Ruhe und erholsamen Rast ein, bis seine Zeit kommt, einen neuen Zyklus emanationeller Evolution in der Manifestation zu beginnen, wenn alles in ihm und alles von ihm aufs neue wieder erscheint, aber auf einem etwas höheren Plan, in etwas höheren Welten, auf etwas höheren Stufen des Selbstausdruckes oder des Lebens. Somit bewegt sich das Universum auf seiner neuen Bahn einem höheren Ziel zu als dem vorausgehenden. Höher aus dem Grunde, weil das Universum selbst emanationell höher entwickelt oder mehr "ausgewachsen" ist. So wurden die "Himmel" und "Höllen" zu Recht als nur zeitweilige und vorübergehende Wohnorte oder Häuser betrachtet, wie sie von den archaischen Religionen und Philosophien dargestellt sind, als Wohnorte, die in und mit dem Universum, zu dem sie gehören, schließlich in Über-Geist oder Göttlichkeit übergehen oder "sich auflösen" und damit wieder in die Substanz von Brahmâ eingehen - wie die Hindus es zweifellos ausdrücken würden -, um dort zu ruhen, bis Brahman das Universum und alles von ihm und in ihm wieder ausatmet.

KAPITEL VI

HIMMEL UND HÖLLEN - II

Der Schüler der Esoterischen Philosophie, der Esoterischen Tradition, lernt sehr bald, die Angaben über 'Himmel' und 'Höllen', die in den verschiedenen großen Weltliteraturen sowie in den Volkssagen oder mythologischen Geschichten alter Völker - zivilisierter, barbarischer oder wilder - zu finden sind, nicht wörtlich oder im oberflächlichen Sinn zu nehmen. Im allgemeinen kann vielleicht gesagt werden, daß alle Behauptungen oder Anspielungen dieser Art, wo immer sie gefunden werden, einige Grundlagen in natürlichen Tatsachen haben. In nahezu allen Fällen aber haben Zeit und menschliche Einbildungskraft ihr Werk der Entartung und folglich des Mißverstehens an den ursprünglichen Wahrheiten und Wirklichkeiten verrichtet, die den verschiedenen Völkern der Erde direkt von den großen Weisen der Vergangenheit überliefert worden sind.

Einige der Ideen, welche die verschiedenen Völker in Verbindung mit den 'Himmeln' und den 'Höllen' haben, sind häufig sehr bizarr. Die Guaycurus, Indianer im nördlichen Südamerika, verlegten ihren Himmel in den Mond; und zum Mond gingen ihre großen Heroen und Weisen nach dem Tode für eine Zeitlang, bis sie wieder zur Erde zurückkehrten. Die Saliva-Indianer, die auch im nördlichen Südamerika beheimatet sind, meinten, der Himmel wäre ein Ort, wo es überhaupt keine Moskitos gäbe!

Andere, zivilisiertere Völker hatten ebenfalls ihre eigenen kuriosen Ideen. Mehr als ein Volk hat zum Beispiel seine Hölle in die Sonne verlegt, die - wie in der Phantasie einiger englischer Schriftsteller nicht sehr alten Datums skizziert - eine recht beliebte Lokalität für die 'Hölle' war. Das ist zweifellos auf die damals neuen astronomischen Ideen zurückzuführen, die besagen, daß die Sonne eine in heftigem Feuer befindliche Sphäre sei. Andere versetzten ihre 'Hölle' in den Mond, wie zum Beispiel der ungebildete südamerikanische Wilde. Es kam auch vor, daß in der Vorstellung gewisser Leute der 'Himmel' in die Sonne versetzt wurde; im allgemeinen wurde er jedoch in einen unbekannten Teil des Lichthimmels verlegt.

Überdies sind nicht alle 'Höllen' in Legende und Erzählung Orte oder Lokalitäten des Leidens, der Pein oder der Qual; einige von ihnen werden sogar als Orte des Vergnügens oder relativer Schönheit beschrieben, so wie es unsere Erde für uns ist. Die 'Hölle' - oder die 'Höllen' - ist manchmal in den Mittelpunkt unserer Erde verlegt worden. Dies wurde in mittelalterlichen europäischen Zeiten allgemein gelehrt, und es gehörte auch zu Dantes literarischem Thema, das er in seiner *Divina Commedia* skizzierte. Dante übernahm diese Vorstellung von einer sehr oft mißverstandenen alten griechischen und auch lateinischen Lehre, denn die Römer hatten in alten Zeiten von den Griechen sehr viel von religiösem und philosophischem Inhalt ebenso wie auch Rechtswissenschaft und Gesetze entlehnt. Wenn Dante, wie man sagen kann, von dem geographischen Charakter seines *Inferno* schreibt, teilt er dieses in neun Stufen oder vielmehr in neun Grade von ständig zunehmender schrecklicher Qual ein. Diese 'Höllenkreise' verlegt er etwa um den Mittelpunkt der Erde. Oberhalb seines *Inferno* beschreibt er die sieben Stufen des Fegefeuers (Purgatoriums), die zusammen mit dem Vorfegefeuer und dem irdischen Paradies, das auf die höchsten der sogenannten purgatorischen Regionen folgt, weitere neun Stufen oder Mittelsphären, oder wenn man so will, höhere Höllen ergeben. Dann kommen, noch ätherischer und noch weiter von seinen "infernalen" Regionen entfernt, die neun Sphären oder Welten des 'Himmels'. Gekrönt werden diese von dem Lichthimmel (Empyreum), wo Gott und seine dienstbaren Engel mit der zahlreichen Gesellschaft der Gesegneten wohnen. Dieses hierarchische System, das die Höllen, die Regionen des Fegefeuers und die Regionen des Himmels umfaßt, beruht ebenfalls auf alten, aber oft mißverstandenen griechischen Lehren, die aus der neuplatonischen Schule hauptsächlich durch die Schriften des Pseudo-Dionysius Areopagitus in die christliche theologische Spekulation eingedrungen sind.

In Homers *Ilias*, die in mystischer Weise das darstellt, was die Bibel der Griechen genannt werden könnte, und auf die diese sich hinsichtlich der wahren Bedeutung ihrer mythologischen Lehren bezogen - ebenso wie die Christen sich bezüglich der richtigen Bedeutung christlicher theologischer Lehren auf das Alte und das Neue Testament berufen -, finden wir vier grundlegende Stufen der kosmischen Hierarchie: den Olymp oder Himmel, die Erde, den Hades oder die Unterwelt, die oft im Mittelpunkt der Erde angenommen wird, und den düsteren Tartarus, die niedrigste Stufe von allen (weitere Informationen hierzu in den "Grundlagen der Esoterischen Philosophie", Kap. XV). Nach dieser Mythologie wird von dem Tartarus angenommen, er sei die Region, in die jene Titanen gestürzt wurden, die gegen Zeus, den Vater der Götter und Menschen, rebelliert hatten und die nun, an Ketten gebunden, eingekerkert sind, bis sie in künftigen Zeiten erlöst und befreit werden. Der Tartarus stellt in dieser Mythologie offenbar die Elementalwelten dar, in denen die titanischen Kräfte der sich entfaltenden Natur in den strengen Banden des 'Gesetzes' gehalten werden, wie dies im Westen volkstümlich ausgedrückt wird. Freigelassen richten diese schrecklichen Naturkräfte Zerstörung auf Erden an. So verstanden denn auch die griechischen Mythenschreiber die geheime Bedeutung dieses Teiles ihrer Mythologie, und daher sagten sie in bezug auf die eingekerkerten Titanen, sie riefen durch ihre Bewegungen im Tartarus die Erdbeben, die Sturmfluten und andere Phänomene hervor, welche die Natur zeigt, wenn ihre schrecklichen Kräfte zeitweilig freigelassen und entfesselt zu sein scheinen.

I

Auf die 'Himmelswelten' oder die 'Höllenwelten' beziehen sich viele Stellen in den alten Literaturen, die von den 'Pfaden' zu den 'Göttern' oder zu den 'Dämonen' handeln; denn natürlich werden in den Literaturen, in welchen die Lehren oder Lehrsätze dieser alten Religionen und Philosophien enthalten sind, Ausdrücke oder Redensarten benutzt, die populär waren, als diese Literaturen zusammengestellt wurden. Selbst ihre großen Verfasser hatten den Mangel an spirituellen Fähigkeiten und die intellektuellen Vorurteile der Völker, unter denen sie auftraten, in Betracht zu ziehen; mit anderen Worten, sie mußten eine vertraute Sprache sprechen, um verstanden zu werden.

Auf folgende Weise wird dies im "Mahâbhârata" ausgedrückt:

> "Zwei Pfade sind bekannt: einer führt zu den Göttern, und einer führt zu den Vätern."
>
> XII, Sloka 525

Und ebenfalls in demselben Werk findet sich auch folgendes:

> "Die Sonne soll das Tor zu den Pfaden sein, die

zu den Göttern führen; und der Mond soll das Tor zu den Pfaden sein, die zu den Vätern führen."

XIII, Sloka 1082

In diesen beiden Zitaten sind die Ausdrücke 'Götter' und 'Väter' technische Bezeichnungen, sie gehören der Religion des alten Hindustan an. 'Väter' bedeutet das, was die Christen mehr oder weniger klar 'abgeschiedene Geister' genannt haben. 'Götter' hingegen bezieht sich auf das, was die Griechen und Römer meinten, wenn sie von göttlichen Wesen sprachen, von denen viele 'vollkommen gewordene Menschen' waren - mit anderen Worten, göttliche Wesen, die schon vor langer Zeit durch das menschliche Stadium hindurchgegangen sind und nun Göttlichkeit erlangt haben, das heißt, mit ihrem eigenen inneren Gott eins geworden sind.

So sind die höheren Welten oder die 'Himmelswelten' die Regionen der Götter, während die niedrigeren oder materiellen Welten die Domänen oder Regionen der sogenannten 'Dämonen' sind - mit anderen Worten, der Wesenheiten, deren Karma oder Schicksal sie in Sphären und Pläne geführt hat, die sogar noch grobmaterieller sind als unsere Erde, wie auf vorangehenden Seiten dieses Werkes dargelegt wurde.

Die alten Mysterien, die griechischen zum Beispiel, enthielten natürlich Lehren, die mit dem oben Skizzierten identisch sind. Das ganze Bemühen bei den antiken Einweihungsriten und -zeremonien im archaischen Griechenland bestand darin, das menschliche Bewußtsein zur Erkenntnis seines untrennbaren Einsseins mit der 'universalen Natur' und seiner essentiellen Verwandtschaft mit den Göttern zu bringen.

"Zweck und Ziel aller Initiationen", sagte Sallust, der neuplatonische Philosoph, "ist, den Menschen in bewußte Erkenntnis seiner untrennbaren Einheit mit der Ordnung des Universums und mit den Göttern zu bringen" ("Von Göttern und Welten", Kap. IV); und Proklos, ein anderer berühmter neuplatonischer Philosoph etwas späteren Datums, sagt praktisch dasselbe; er schreibt im wesentlichen:

> "Wer weiß nicht, daß die Mysterien und alle Einweihungen als einziges Ziel das Abwenden unserer Seelen vom materiellen und sterblichen Leben haben, um uns mit den Göttern zu vereinigen und die Dunkelheit in den Seelen zu zerstreuen, indem sie dort das göttliche Licht der Wahrheit verbreiten?"
>
> Kommentar zu Platos "Timaios"

Diese alten griechischen Lehren und Einweihungsmethoden waren im wesentlichen mit den Lehren, die im Fernen Osten gelehrt, und den Systemen, die dort angewandt wurden, identisch - und zwar notwendigerweise, denn ursprünglich sind alle von der Weisheitsreligion des längst vergangenen Altertums hergeleitet worden. Die Ausdrucksweise differierte natürlich in den verschiedenen Ländern, aber die Wurzelgedanken waren universal dieselben. Der Pfad zu den 'Göttern' einerseits und der Pfad zu den 'Vätern' andererseits, von denen der Hindu spricht, sind nur eine Art, die Aktivitäten der evolvierenden und revolvierenden menschlichen Seelen in Worte zu fassen, wobei einerseits auf den Pfad gelenkt wird, der zu den Göttern oder den höheren Sphären führt, und andererseits auf den Pfad, der zu den niederen Reichen führt. Diese Pfade sind mit den 'Zirkulationen des Universums', von denen andere Teile dieses Werkes handeln, identisch.

Der Kernpunkt unseres Gedankenganges erinnert stark an eine schöne Passage, die der berühmte neuplatonische Philosoph Plotin, den seine Zeitgenossen *Theiotatos* nannten, was der 'Göttlichste' bedeutet, hinterlassen hat. Inhalt und Gedanken, wenn nicht sogar die Worte, die in dem folgenden Auszug gegeben werden, stammen von dem großen Neuplatoniker selbst:

> "Den abscheidenden Seelen eröffnen sich ungeheuer große und sehr verschiedenartige Regionen. Das göttliche Gesetz ist nicht zu umgehen, und es ist unmöglich, daß ein Mensch jemals der Qual und Angst entgeht, deren Ursache üble Taten sind ... Die befleckte Seele wird, gewissermaßen sich selbst unbewußt, ihrem Verhängnis entgegengetrieben, stets angespornt von den inhärenten Impulsen vergangenen üblen Tuns. So geht es fort, bis die Seele, die auf diese Weise kontinuierlich erschöpft und ermattet wird, ihren angemessenen Platz findet und den Bestimmungsort erreicht, den sie wissend nie gesucht hat, der ihr aber durch die Zügellosigkeit ihres eigenen Wollens zuteil wird. Auf diese Weise bereitet die Natur die Länge und Intensität der Pein vor, regelt ebenfalls die Beendigung der Strafen und gibt der Seele die Fähigkeit, sich von den Orten des Leidens, die sie gegebenenfalls erreicht, wieder zu erheben. Dies geschieht durch die göttliche Harmonie, die den universellen Plan durchdringt. Seelen, die zu Körpern hingezogen werden, werden zur Strafe dahin gezogen, während edlere Seelen, die reiner sind und geringe, wenn überhaupt eine Anziehung zum Körperlichen haben, sich aufgrund dieser Tatsache außerhalb der Anziehungskraft der materiellen Sphären befinden. Und dort, wo sich die göttliche Essenz befindet, das Göttliche des Göttlichen und die Wahrheit selbst, dorthin gelangt eine solche befreite Seele.
>
> "Enneaden", 'Über die Seele', IV, iii, 24

Diese Worte halten sich auffallend getreu - zumindest im Kern des zugrundeliegenden Denkens - an die essentielle und tatsächlich verborgene Bedeutung der

Lehren der Esoterischen Tradition, die von den verschiedenen Welten und Sphären usw. handeln, welche Gegenstand des vorliegenden Kapitels sind. Die Aufmerksamkeit des Lesers wird in diesem Auszug Plotins auf die vielen einzelnen Gedanken gelenkt, die nicht übersehen werden sollten.

Es ist außerordentlich erfreulich, die Art und Weise zu beobachten, in der neuplatonisches Denken, das in vielem wirklich das Beste der Lehren Platos darstellt, in den Gemütern moderner mystischer und auch metaphysischer Denker wieder zur Geltung kommt. Diese 'Wiederkehr' trifft auf keine geringe Anzahl von Schwierigkeiten, was auf die unglücklichen, ja törichten Vorurteile gegen antikes mystisches Denken zurückzuführen ist, Vorurteile, die mangelhafter religiöser und wissenschaftlicher Erziehung und Bildung entspringen. Nichtsdestoweniger gibt es heute mutige und nachdenkliche Menschen, die nicht zögern, das anzuerkennen, was sie der Antike in spiritueller und intellektueller Hinsicht schulden und was sie allem Anschein nach im besonderen Plotin schulden, einem ihrer letzten Vertreter zur Zeit des römischen Kaiserreichs. So schreibt der berühmte englische Kleriker und Philosoph Dean Inge über Plotin wie folgt:

> "Kein anderer geistiger Führer kommt Plotin an Kraft, Einsicht und tiefer spiritueller Durchdringung der Dinge auch nur nahe. Ich habe mich in seine Schriften versenkt und versucht, sie nicht nur zu verstehen, wie man irgendein anderes intellektuelles System verstehen mag, sondern sie als Führer zu rechtem Leben und rechtem Denken anzunehmen ... er besteht darauf, daß allein spirituelle Güter wirklich sind; er setzt das, was Weltgeltung hat, ebenso vollständig außer Kraft, wie die Evangelien selbst es tun ... ich habe fast dreißig Jahre mit ihm gelebt und ihn im Wohlergehen und auch in der Not nicht vergeblich gesucht."

II

Es erübrigt sich, noch mehr Zeit auf bloße Beschreibungen der verschiedenen 'Höllen' und 'Himmel', wie sie in den einzelnen religiösen und philosophischen Systemen der Vergangenheit gegeben worden sind, zu verwenden. Beschreibungen können unter der entsprechenden Rubrik in jedem umfangreicheren Lexikon gefunden werden. Der Zweck dieses Kapitels ist nicht eine nur beschreibende oder sonstige Auseinandersetzung mit den Einzelheiten der exoterischen Theorien in bezug auf die 'Himmel' und 'Höllen'. Der Schüler der Esoterischen Philosophie gebraucht die Worte 'Himmel' und 'Höllen' nicht, es sei denn in einem rein figürlichen oder historisch-literarischen Sinne.

Die Grundidee hinter oder in dem Thema der 'Himmel' und 'Höllen' kann etwa folgendermaßen ausgedrückt werden: Das Universum, das vollständig von Wesenheiten auf allen evolutionären Stufen seiner hierarchischen Struktur erfüllt ist, existiert auf vielen kosmischen Plänen. Es enthält, mit anderen Worten gesagt, Unmengen von Welten und Sphären, deren jede de facto ganz von Leben (Singular) erfüllt ist oder, gleichermaßen exakt gesagt, ganz mit Leben (Plural) vollgefüllt ist, die der moderne Wissenschaftler, der nicht von der Alten Weisheit unterrichtet und geleitet ist, 'Energie' oder seltener Kraft nennt bzw. Energien oder Kräfte.

Wie in diesem Werk schon oft gesagt wurde, bestehen keine absoluten Grenzen oder Trennungslinien zwischen Welt und Welt oder Sphäre und Sphäre. In der universalen Natur gibt es nichts 'Absolutes' irgendwelcher Art und daher auch kein Ende der Welt, keinen äußersten Anfang und kein äußerstes Ende der einander durchdringenden und ineinander verwobenen Abteilungen des Kosmos. Relative und tatsächlich wichtige Anfänge und Enden existieren natürlich; aber sie beziehen sich auf die erwähnten kosmischen Abteilungen und stehen daher in Beziehung zu den evolvierenden und revolvierenden Wesenheiten, die diese

Kreuzungspunkte oder -stationen als 'Anfänge' oder 'Enden' wahrnehmen. Das ist der Grund, warum wir natürlicherweise nicht imstande sind - das ganze Universum hindert uns daran -, irgendeine Wesenheit, wie zum Beispiel einen Globus, eine Sphäre, eine Welt, eine Hierarchie oder sonst etwas, von dem All loszulösen.

Leibniz (1646-1716), der große deutsch-slawische Philosoph und Mathematiker von weitreichendem Einfluß, der als Zeitgenosse des großen Isaac Newton die Philosophie und den Mechanismus der Differentialrechnung vervollkommnete, vertritt fast genau die gleiche Ansicht von einer organischen Natur als einem lebenden Organismus, der sich in untereinander in Beziehung stehenden und ineinander verwobenen Hierarchien manifestiert und somit ein endloses Kontinuum des Seins bildet. Er drückt dies in den folgenden Worten aus, die als Beispiel für seine diesbezügliche Lehre ausgewählt wurden:

> "All die natürlichen Abteilungen (oder Klassen) der Welt zeigen eine einzige Verkettung von Wesen, in der all die verschiedenen Klassen (Ordnungen) lebender Kreaturen, gleich den vielen Gliedern einer Kette, so vollkommen ineinander verflochten sind, daß es unmöglich ist - weder aufgrund von Phantasie noch aufgrund von Beobachtungen - zu sagen, wo irgendeines beginnt oder endet."

Und ferner, und zwar in ähnlichem Sinne:

> "Alles in der Natur schreitet stufenweise (gradweise) fort, und dieses Gesetz des Vorwärtsschreitens, das auf jedes Individuum Anwendung findet, bildet einen Teil meiner Theorie der ununterbrochenen Aufeinanderfolge (Kontinuität)."

Das Universum ist also ein zusammengesetzter Organismus, der sozusagen an dem einen Pol aus kosmischem Geist und an dem anderen Pol aus konkret gewordenem oder kristallisiertem Geist, den wir Stoff nennen, gebildet ist sowie aus allen Zwischengraden oder -stufen zwischen diesen beiden. Der höchste der Pläne, Welten oder Hierarchien liefert den Kern für den ursprünglichen archaischen Gedanken, der hinter den Lehren hinsichtlich der 'Himmel' steckt, derer in den alten Weltreligionen und Weltphilosophien gewöhnlich sieben, neun oder zehn oder gar zwölf gezählt wurden. Entsprechend waren die sogenannten 'Höllen' jene Sphären oder Welten von dichterem oder gröberem Stoff, doch gleicherweise voller Leben (Singular) und daher voll von Leben (Plural); und sie waren ebenso wie die Welten des Geistes die Theater oder Bühnen für das Spiel und das Zusammenspiel der Kräfte und Substanzen, aus denen sie zusammengesetzt sind. Diese inneren und unsichtbaren Welten sind es, welche die Natur in ihrer vielräumigen Konstitution enthält und die wirklich und tatsächlich die Struktur der Natur selbst bilden, und es sind die 'Sphären', durch welche die menschliche Wesenheit und in gleicher Weise auch Wesenheiten auf anderen Planeten - selbstbewußte Wesen, die den Menschen entsprechen - nach dem Tode hindurchgehen und dabei die Richtung nach 'oben' oder 'unten' einschlagen, weil sie der Bahn der kausalen Wirkungen folgen, die sie während des letzten Lebens oder der letzten Verkörperung verursacht haben. Wir Menschen leben hier auf diesem unserem physischen Globus. Hier verbringen wir unsere physische Existenz. Dann stirbt unser physischer Körper zu seiner Zeit. Sofort verschwindet der beste Teil des Menschen von dieser Sphäre - er ist jedoch nicht vernichtet, das bedeutet es nicht, sondern er verschwindet von dieser physischen Sphäre, weil das Instrument, das Vehikel oder der Körper, der ihn hier hielt und dazu befähigte, auf diesem stofflichen Plan wirksam zu sein, von der Konstitution abgetrennt ist und schließlich in die ihn zusammensetzenden chemischen Elemente zersetzt wird. Es ist etwa so, als würde ein telegraphisches Instrument zerbrechen: die Botschaften vom anderen Ende können nicht mehr durchkommen, das Empfangsgerät ist zerstört.

Der Körper stirbt dann natürlich; denn der Körper ist eine in hohem Grade zusammengesetzte und halb fühlende Wesenheit und in Wirklichkeit nur ein vitalisiertes und in gewissem Sinne mechanisch konstruiertes Instrument. Das Bündel unsichtbarer Kräfte aber, das ihn beseelt und das gewöhnlich 'Leben' genannt wird, hat seine eigenen wunderbaren Bestimmungswege und muß daher seinen eigenen Pfad verfolgen, und es beginnt seine erstaunlichen Wanderungen durch die Sphären. Da es in seinem innersten Wesen reiner Geist ist, so ist dieses innerste Wesen nicht ein Kompositum in dem Sinne, wie es ein Körper ist.

Beim Tode wird der physische Körper wie ein altes, abgetragenes Gewand beiseite gelegt. Hier ist nicht von Tod durch einen Unglücksfall im Erwachsenenalter oder durch Selbstmord die Rede, denn dabei bringt - auch wenn im Laufe der Zeit dieselbe allgemeine Regel Anwendung findet - das Zerreißen der goldenen Lebensschnur eine Zwischenreihe von Zuständen mit sich, die für sich selbst behandelt werden müssen. Auch der vital-astrale Körper, der ein wenig ätherischer ist als der physische Körper, wird beim Tode fallengelassen. Er zerfällt oder löst sich auf, verschwindet zu seiner Zeit und bleibt normalerweise nur wenig länger bestehen als der physische Leichnam. Aber der feinste Teil des gewesenen Menschen, das heißt der Glanz seines spirituellen Teiles und die Größe der intellektuellen Essenz, die er ist, dieses ganze Bündel feinerer Substanzen verläßt, nachdem sich der Tod des Körpers eingestellt hat, das physische Vehikel in dem Augenblick, in dem die sogenannte 'goldene Lebensschnur' reißt. Es ist frei geworden, und gradweise geht es nun wieder in die spirituelle Monade ein, die der spirituelle Kern oder das spirituelle Herz, die spirituell-intellektuelle Essenz des auf Erden gewesenen menschlichen Wesen ist. Dieser edelste Teil des essentiellen Menschen verbleibt im Schoße der Monade, in und auf den höheren Plänen des inneren und unsichtbaren Kosmos im Frieden und in der unaussprechlichen Glückseligkeit des devachanischen Zustandes, bis aufs neue die Zeit kommt, in der die Natur ihn wieder zu einem neuen Wiedererscheinen auf Erden durch Reinkarnation bringt.

Aber was geschieht mit jenem anderen Teil der menschlichen Konstitution? Der Mensch ist ja, wie schon oft gesagt wurde, eine zusammengesetzte Wesenheit, zusammengesetzt aus Himmel und Erde, aus Geist und Materie. Was wird aus jenem Zwischenteil, der die menschliche Seele genannt wird, aus dem Teil, der rein menschliche Liebe, rein menschliche Neigungen, aber auch Haßgefühle, Zuneigungen und Abneigungen und die gewöhnlichen psychischen, mentalen und emotionalen Phänomene des durchschnittlichen Menschen manifestiert? Was wird aus diesem?

Wenn nach dem Zurückziehen des höheren Teiles des Menschen der Tod eintritt, versinkt die menschliche Zwischennatur sozusagen sofort in Schlaf, und während einer Periode von kürzerer oder längerer Dauer verbleibt sie in einem traumlosen Schlaf. Weil nun der höhere Teil der Zwischennatur oder menschlichen Seele ein reflektierter Strahl von dem monadischen Geist ist, der jetzt an seine eigene Stätte gegegangen ist und der edelste Teil des gewesenen Menschen ist, so wird folglich dieser Strahl im Laufe der Zeit immer stärker zu seiner Quelle zurückgezogen, zum Geist, der ihn ausgesandt hatte, und vereinigt sich schließlich wieder mit ihm. Diesen Strahl des Geistes nennt der Schüler der Esoterischen Philosophie das reinkarnierende Ego; und seiner nachtodlichen Vereinigung mit seinem Geist folgend, tritt es in seine devachanische Periode ein. Devachan ist ein aus dem Tibetischen übernommenes Wort. Es bedeutet den Zustand oder die Bedingung unbeschreiblicher Glückseligkeit, erholsamer Ruhe und beglückender Bilderschau, an der sich die Zwischennatur erfreut, bis die Zeit für die nächste Inkarnation auf Erden kommt.

Aber bevor diese Vereinigung mit dem Geist stattfindet, was deshalb geschieht, weil dieser höhere Teil der Zwischennatur ein *Strahl* des Geistes und nicht der Geist selbst ist, und weil dieser Strahl rein menschliche Elemente in sich hat, anstatt rein göttlich oder gottähnlich wie sein Elter, der monadische Geist, zu sein, bedarf die Seele der Läuterung oder Reinigung von diesen niederen oder nur menschlichen Attributen, bevor sie in die uneingeschränkte und reine devachanische Glückseligkeit eingehen kann, in die offensichtlich kein lediglich menschliches Element, das Unvollkommenheit in sich schließt, Eingang finden kann.

Wie aber wird das Ego geläutert oder gereinigt? Es steigt durch die Sphären aufwärts, das heißt durch andere Welten der inneren und unsichtbaren Teile der Natur. Wenn das vergangene Leben auf Erden edel und gut gewesen ist, dann sind die Sphären, zu denen das exkarnierte Ego hingezogen wird, die sehr ätherischen Sphären, also Orte, an denen es relatives Glück, relativen Frieden und relative Seligkeit erfährt. In diesen ätherischen Reichen tritt es in den devachanischen Zustand ein. Aber bevor es das kann, muß es unbedingt durch die verschiedenen Stufen des Kâma-loka hindurch, wo es auf einer jeden der ansteigenden Stufen oder Grade bei seinem Aufstieg zum devachanischen Zustand jene besonderen unvollkommenen menschlichen Attribute abwirft oder von ihnen geläutert wird, die diesen jeweiligen kâma-lokischen Graden beim 'Aufstieg' entsprechen. Nachdem es durch die verschiedenen aufsteigenden Stufen des Kâma-loka hindurchgegangen ist, was das exkarnierte Ego im Falle eines guten Menschen schnell vollbringt, versinkt es in den Bewußtseinszustand, welcher der niedrigste in der Reihe der devachanischen Grade ist, und findet seinen geeigneten Ruhepunkt oder die Stufe längster devachanischer Dauer in dem besonderen devachanischen Zustand oder Grad, der ihm karmisch zukommt.

Hierin also liegt die richtige Bedeutung des ursprünglichen Gedankens, aus dem die spätere Lehre von dem 'Himmel', wie sie beschrieben ist, hervorging. In einer jeden dieser Sphären oder Welten verbleibt der bessere Teil der menschlichen Seele, das exkarnierte Ego, für einige Zeit und verläßt dann diese Stufe oder diesen Grad, diese Sphäre oder diese Welt, um zu einer höheren zu gelangen. Dabei ist eine größere oder geringere Anziehungskraft die Ursache für die längere oder weniger lange Zeit, die auf jeder solchen unsichtbaren Stufe oder auf solchen Stufen der verschiedenen Welten zugebracht wird.

Schließlich erlangt das Ego, wenn auch unbewußt, die Wiedervereinigung mit seiner monadischen Essenz, der Monade oder spirituellen Seele. In ihr verbleibt es für Jahrhunderte, bis seine innewohnenden natürlichen Triebe und Neigungen es zu einem Abstieg durch dieselben Sphären zu einer neuen Inkarnation auf Erden treiben oder hinziehen.

Wenn aber im Gegenteil das Leben auf Erden schlecht gelebt worden ist, wenn Gedanken und Gemütsbewegungen des Menschen und folglich auch seine Handlungen so voller Selbstsucht und böser Begierde waren, daß er ihnen willig ihren Lauf ließ und somit ein rohes und stark materielles Leben führte, wohin führen ihn dann seine Neigungen? Die Frage beantwortet sich selbst. Ist das exkarnierte Ego unter solchen Umständen für die Sphären spiritueller Glückseligkeit und des soeben geschilderten Glücksbewußtseins geeignet?

Das ist es offenbar nicht.

Was geschieht also? Die mehr oder weniger materiellen Neigungen des Egos beginnen sofort, es zu weniger ätherischen Sphären zu ziehen oder zu lenken, zu Sphären von gröberer oder materiellerer Art als denjenigen, die es angezogen haben würden, wenn seine Neigungen und Instinkte und die sein vergangenes Leben motivierenden Kräfte von spirituellerer Art gewesen wären. Es betritt diese niedrigeren und materielleren Sphären eine nach der anderen und verbringt dort eine längere oder kürzere Zeit, je nach der Anziehungskraft, die es dorthin brachte, bis sich die ursprünglich in Bewegung gesetzten Energien ausgewirkt haben. Was auch immer nach diesem Läuterungs- oder Reinigungsprozeß übrigbleibt, wird dann gleich in Feuer geläutertem Gold bereit, seine Reise zur Wiedervereinigung mit seiner goldenen Sonne, seinem spirituellem Selbst, wieder aufzunehmen. Hier haben wir also, kurz zusammengefaßt, die hinter den später entwickelten Lehren von den sogenannten 'Höllen' liegende ursprüngliche Bedeutung; denn diese Höllen sind, wie sie mittels der alten Lehren erklärt werden, lediglich mehr oder weniger grob materielle Sphären, in die das sich wiederverkörpernde Ego durch seinen eigenen innewohnenden und bisher nicht befriedigten Hunger oder Durst nach ihnen und nach den Erfahrungen, die sie ihm ermöglichen, gezogen wird. Entsprechend sind die 'Himmel' die ätherischeren und spirituelleren Sphären oder Welten, gewisse für uns unsichtbare Bereiche kosmischen Raumes, zu denen sich das sich wiederverkörpernde Ego durch sein eigenes eingeborenes Sehnen hingezogen fühlt.

Es ist jedoch gut, hier noch einmal zu betonen, daß diese besonderen Sphären oder Welten, zu denen das sich wiederverkörpernde Ego in dem einen oder anderen Fall hingezogen wird, nachdrücklichst keine 'Himmel' oder 'Höllen' an sich sind, so wie diese Worte allgemein mißverstanden wurden. Sie sind vielmehr integrale Teile der hierarchischen Struktur des Universums, die aufgrund ihres spirituellen und ätherischen Charakters einerseits und ihres materiellen oder gar grob materiellen Charakters andererseits, durch die Struktur der Natur, den Ort und die Szenerie und Umgebung liefern, zu der das sich wiederverkörpernde, wenn auch exkarnierte Ego aufgrund seiner Vorliebe oder Neigung zu der einen oder zu der anderen Art der Existenz hingezogen wird.

'Wiederverkörperndes Ego' wird hier als ein verallgemeinernder Ausdruck gebraucht und bedeutet, was an anderen Stellen das 'wandernde Ego' oder die 'wandernde Monade' genannt worden ist. Unmittelbar nach dem Tode des physischen Körpers können wir von ihm als von dem 'exkarnierten Ego' sprechen, aber aufgrund seines hin- und herwandernden Wesens ist es ebenfalls das 'sich wiederverkörpernde Ego'.

In alten Zeiten wurde unsere Erde, technisch gesprochen, immer als eine der 'Höllen' angesehen, denn sie ist ein Globus von mehr oder weniger dichtem und grobem Stoff. Und tatsächlich, wenn ein Mensch dazu erwacht ist, die Dinge so zu sehen, wie sie sind, und wenn das mitleidige Herz all die verschiedenen Auswirkungen menschlicher Selbstsucht und Leidenschaft bemerkt und fühlt und sowohl das Elend, die Entwürdigung und das Leiden, das seelische wie auch das physische, wahrnimmt, das auf allen Seiten so offenkundig ist, als auch die furchtbaren Krankheiten, die physischen wie die seelischen, und die blutigen Kriege, in denen viele Millionen zum Krüppel werden, Qualen erleiden und sterben, und die Erdbeben, die Sturmfluten, die Zyklone und Hurrikane, welche die edelsten Werke des Menschen und die unermüdliche Arbeit seiner immer geschäftigen Hände zerstören und verwüsten: dann sind sein Herz und sein Verstand entsetzt über die einzelne sowie die allgemeine Zerstörung, das Leiden und den Verlust, und er ruft aus: Trotz all ihrer natürlichen Schönheit und Unbeirrbarkeit in bezug auf Gesetz und Evolution ist unsere Erde in Wahrheit nur allzu oft das Beispiel einer wahrhaften Hölle!

Unser Planet Erde ist jedoch keineswegs der materiellste Wohnplatz menschlicher bewußter Wesen, den das Sonnensystem enthält. Es gibt viele Planeten oder Planetenwelten innerhalb unseres Sonnensystems - die meisten von ihnen sind für uns unsichtbar -, die wesentlich dichter, gröber und roher sind als unsere Erde.

Die beiden vorhergehenden Abschnitte dürfen nicht dahingehend mißverstanden werden, als gäbe es auf unserer gemeinsamen Mutter, der Erde, keine Schönheit zu sehen und als müsse sie als die 'schlechteste aller möglichen Welten' betrachtet werden. Diese Idee wäre völlig falsch. Sie ist weder die schlechteste noch die beste aller möglichen Welten, aber ein angemessenes Beispiel für eine Welt mittleren Charakters, denn in ihrer Evolution sind Gut und Böse in den Wegen des Schicksals ziemlich gleichmäßig vermischt. Es ist tatsächlich der Mensch selbst mit seiner eigenwilligen und unvollkommenen Intelligenz, der das meiste des höllischen Elends anrichtet, das ihn umgibt; und es ist die Lehre der Esoterischen Philosophie, daß die physische Erde, ihre Produkte und Früchte viel schöner wären, als sie es sind, und daß ihre verheerenden Kräfte gelegentlicher Zerstörung weniger schrecklich wären, wenn der Mensch so im Einklang mit der Göttlichkeit in seinem eigenen Herzen leben würde, daß selbst das ihn umgebende Erdenleben dessen Einfluß fühlen und selbst entsprechend erhoben und teilweise harmonisiert werden würde.

III

In vorhergehenden Abschnitten der vorliegenden Seiten wurde hinsichtlich des strukturellen Aufbaus des Universums und - in Analogie - jedes untergeordneten Teiles desselben gesagt, daß es aus verschiedenen Lokas und Talas gebildet und zusammengesetzt ist, wobei die beiden Linien, da für immer miteinander verwoben, ständig ineinanderwirken und jeder Loka seinen entsprechenden Tala hat, mit dem er untrennbar und die Ewigkeit hindurch verbunden ist. Mit Bezug hierauf mag es für den wissensdurstigen Leser und den nachdenklichen Schüler von Interesse sein, hier eine Reihe von "Korrespondenzen" aufzuzeigen, wie sie von Mystikern und auch anderen genannt werden, "Korrespondenzen" zwischen den untrennbar miteinander verwobenen Lokas und Talas und dem, was in der quasi-esoterischen Philosophie Hindustans die hierarchische Reihe der Tattwas genannt wird.

Nun ist तत्त्व (tattwa) ein Sanskritwort, zu dem zu verschiedenen Zeiten unterschiedliche Etymologien herausgegeben worden sind, die alle, zumindest mystisch gesprochen, mehr oder weniger zutreffend sind; und eine dieser Etymologien wird hier dargeboten, weil sie vielleicht die am leichtesten verständliche ist. "Tattwa" ist in der Tat eine Wortverbindung, die aus तत् (tat) gebildet ist, einem Pronominalpartikel, das "that" bedeutet, mit der Nachsilbe त्व (twa), die ihr die Qualität eines Substantives oder Hauptwortes gibt - also entsprechend der Nachsilbe "tas" im Lateinischen wie in "unitas", "Einheit", und "veritas", "Wahrheit". So kann das Wort strenggenommen als "Dasheit" übersetzt werden, bzw. es entspricht exakt dem spätlateinischen oder mittelalterlichen scholastischen "quidditas". Somit ist die tatsächliche Bedeutung des Ausdrucks "tattwa" die der Basis von Energie-Substanz, von der im Laufe der evolutionären Entfaltung der Natur alles abgeleitet wird, und somit entspricht er mit relativ exakter Genauigkeit dem Ausdruck "Prinzip" oder "Element".

In der Beziehung, in der die Tattwas zum Kosmos oder zum Universum stehen, sind sie die kosmischen oder universalen Prinzipien oder Elemente, aus denen das Universum aufgebaut oder gebildet ist oder die es zusammensetzen, und folglich sind es die kosmischen Elemente, aus denen die universale Skala der Existenz oder vielmehr der Existenzen zusammengesetzt ist.

Hieraus ist also zu ersehen, daß die Tattwas und die entsprechenden Lokas und Talas ihrer Wurzel oder Essenz nach praktisch identisch sind, wobei diese drei verschiedenen Reihen dieselben substantiellen kosmischen und elementaren Realitäten sind, nur von verschiedenen Seiten aus betrachtet. Ebenso kann durchaus ganz richtig gesagt werden, daß die Lokas und Talas die entsprechenden Manifestationen ihrer korrespondierenden Tattwas sind, wenn die Tattwas in evolvierter oder hierarchischer Entwicklung betrachtet werden. Die Tattwas erzeugen Lokas und Talas.

Es gibt sieben kosmische Tattwas, die sich auf allen untergeordneten Stufen der kosmischen Hierarchien wiederholt reproduzieren, während diese letzteren sich im Zuge des Prozesses der Weltbildung entfalten oder evolvieren; und diese Hierarchien, als strukturell angeordnete Welten, Sphären oder Pläne betrachtet, sind tatsächlich die untrennbar vereinigten und miteinander verwobenen Lokas und Talas. Weil es nun sieben kosmische Tattwas oder kosmische Prinzip-Elemente gibt, so haben wir gleichfalls die sieben korrespondierenden und für immer ineinanderwirkenden und ineinander verwobenen hierarchischen Lokas und Talas, wobei ein jedes solches Paar von Lokas und Talas mit dem kosmischen Tattwa übereinstimmt, dem sie ursprünglich entsprangen und welches das dominierende kosmische Prinzip oder Element in ihnen ist. Die drei Reihen werden nun folgend so numeriert gegeben, daß sie miteinander übereinstimmen, und ferner in der Ordnung ihrer kosmischen Entfaltung oder Evolution:

1. Adi-tattwa	- hervorgehend	aus	dem	1. Logos
2. Anupapâdaka-tattwa	"	"	"	2. Logos
3. Akâŝa-tattwa	"	"	"	3. Logos
4. Vâyu-tattwa				
5. Taijasa-tattwa				
6. Apas-tattwa				
7. Prithivî-tattwa				

1. Satya-loka	1. Atala
2. Tapar-loka	2. Vitala
3. Janar-loka	3. Sutala
4. Mahar-loka	4. Talâtala
5. Swar-loka	5. Mahâtala
6. Bhuvar-loka	6. Rasâtala
7. Bhûr-loka	7. Pâtâla

Ein außerordentlich wichtiger Punkt für das richtige Verständnis der Art und Weise, in der sich die kosmischen Tattwas entfalten, das heißt evolvieren, und dadurch die von den entsprechenden Lokas und Talas gebildeten Hierarchien hervorbringen, ist folgender: Wenn wir mit dem ersten oder Adi-tattwa beginnen, so emaniert das zweite oder Anupapâdaka-tattwa aus diesem oder fließt aus ihm hervor, und obgleich es das zweite in der Reihe ist, behält es einen gewissen Teil des ersten Tattwas in seiner eigenen Substanz und in seinem eigenen Aggregat von Kräften zurück. Aus dem zweiten Tattwa emaniert, entfaltet sich oder evolviert in fortlaufender Ordnung das dritte Tattwa, das nicht nur sein eigenes Swabhâva, seine eigenen charakteristischen Kräfte und Substanzen, sondern ebenfalls seinen Teil von seinem Elter, dem zweiten kosmischen Tattwa, und ebenso von seinem großväterlichen kosmischen Tattwa enthält. Auf ähnliche Weise wird dann das vierte kosmische Tattwa vom dritten kosmischen Tattwa emaniert oder entfaltet, und obgleich es als Dominanten seine eigenen swabhâvischen Kräfte und Substanzen enthält, manifestiert es dennoch, weil es sie enthält, ebenfalls Teile von seinem Vater, seinem Großvater und seinem Urgroßvater; und so geht es hinab bis zum siebenten und letzten. Es könnte noch hinzugefügt werden, daß, wenn dieser Lauf hierarchischer Emanation oder Evolution einmal vollendet ist, das so emanierte und evolvierte oder entfaltete Universum zeitalterlang in der Fülle seiner unbegreiflich großen Tätigkeiten existiert. Wenn dann die Zeit des kosmischen Pralayas oder der Periode kosmischer Ruhe herannaht, kehrt sich der ganze Prozeß, der sich bei der Entfaltung des Universums vollzog, in das entgegengesetzte Verfahren des Sicheinfaltens oder Involvierens um, beginnend mit dem untersten, so daß das siebente oder niedrigste in das nächsthöhere Tattwa, das auf diese Weise das niedrigste zu sich herauf einsammelt, zuerst hinweg-'gestrahlt' wird. Der Prozeß wiederholt sich dann mit dem nächstfolgenden höheren kosmischen Tattwa, in welches die 'Samen' oder schlummernden 'Keime' des bereits eingefalteten kosmischen Tattwas eingehen. So geht der gesamte Prozeß des Einfaltens weiter, bis all die niedrigeren Tattwas - ein jedes in das nächsthöhere hineingefaltet oder involviert - in das höchste oder das den Anfang machende kosmische Tattwa hinaufgezogen oder zurückgezogen sind. Das Manvantara des Universums ist dann beendet, und es folgt die lange Periode kosmischer Ruhe, bis die Zeit für das nachfolgende kosmische Manvantara kommt und alles aufs neue emaniert, evolviert oder entfaltet wird, genau wie es zuvor geschah, aber nun auf einer etwas höheren Kette von Plänen des größeren, umfassenderen Universums.

Das Obige war ebenfalls die Lehre der Stoiker des alten Griechenlands und Roms und war insoweit ein getreuer Widerhall - wenn auch kein sehr weitführender - der geheimen Lehre der Esoterischen Philosophie, der Esoterischen Tradition. Dieselbe Lehre ist ebenfalls an gewissen Stellen der jüdisch-christlichen Bibel zu finden, wo auf das kosmische Drama der Auflösung des Universums Bezug genommen wird. Zum Beispiel:

> "Und wird alles Heer des Himmels verfaulen, und der Himmel wird zusammengerollt werden wie ein Buch ..."
>
> Jesaja 34, 4

Oder auch:

> "Und der Himmel entwich wie ein zusammengerollt Buch; ..."
>
> Offenbarung des Johannes 6, 14

IV

Es gibt eine andere Lehre der Alten Weisheit, eine sehr wunderbare, sehr geheimnisvolle, die in die verborgensten und geheimsten Teile der Esoterischen Philosophie hineinreicht und die schwer zu verstehen ist, wenn nicht zuvor die Elemente oder die Grundlagen der Mysterienlehren studiert wurden. Die Lehre, auf die hier Bezug genommen wird, ist die von Nirvâna, und möglicherweise gibt es in den großen Religionsphilosophien des Orients, welche diese Lehre in ihre Systeme einschließen, keine Lehre, die so vollkommen mißverstanden und folglich so gänzlich falsch ausgelegt worden ist. Das Nirvâna ist kein 'Himmel'; es ist keine kosmische Sphäre; es ist keine kosmische Welt; es ist kein kosmischer Plan: es ist voll und ganz eine Bedingung, ein Zustand des Bewußtseins, das Nirvâna erlebt. Es ist der Bewußtseinszustand der spirituellen Seele, der eintritt, wenn alles Gefühl der begrenzenden Persönlichkeit oder selbst der unvollkommenen egoischen Individualität gänzlich gewichen ist, wenn es vollständig verschwunden ist, so daß nichts übrigbleibt als das freie Bewußtsein des spirituellen essentiellen Selbstes, welches die unteilbare und unbeschreibliche 'Essenz' des Menschen ist - seine göttlich-spirituelle Individualität; es ist reines monadisches Bewußtsein.

Es ist, wie es ausgedrückt werden könnte, eine Verbindung der göttlichen Natur im Menschen mit der evolvierenden spirituellen Seele, so daß die spirituelle Seele mit ihrem inneren Gott identisch ist und eins mit ihm wird. Ihr Bewußtsein wird dann kosmisch in den - hierarchisch gesprochen - unbegrenzten Reichweiten jener besonderen kosmischen Hierarchie.

Ein für abendländische Gemüter so schwer verständliches Problem ist das der Identität oder Nicht-Identität des individuellen Geistes - sagen wir eines Menschen - mit dem kosmischen Geist und der Verwandtschaft, die er zu diesem hat, wenn der individuelle Geist als Monade betrachtet wird. In bezug auf dieses Problem sollte der Leser sorgfältig beachten, daß die Esoterische Tradition tatsächlich die Identität aller 'Seelen' mit der Überseele oder aller Monaden mit der kosmischen Monade lehrt. Tatsächlich bedeutet diese Identität jedoch nicht den Verlust der Individualität irgendeiner jener untergeordneten 'Seelen' oder Monaden. Gerade der Name 'Monade' bedeutet Einheit, das heißt eine einheitliche Individualität, die das gesamte kosmische Manvantara, die gesamte kosmische Weltperiode hindurch fortbesteht. Die schönen Worte, in die Sir Edwin Arnold in seiner "Light of Asia" ("Die Leuchte Asiens") die alte buddhistische Lehre kleidet - "Der Tropfen Tau rinnt in ein Meer von Licht" -, geben, wenn recht verstanden, die richtige Idee wieder. Dem abendländischen Gemüt mag es scheinen, daß der ins Meer rinnende Tautropfen eine gänzliche Auslöschung seiner Individualität oder seines individuellen Seins erleidet, und zwar aus dem Grunde, weil es gewohnt ist, in Ausdrücken der Mechanik und der materiellen Substanz zu denken. Tatsächlich bedeutet des "Tautropfens" oder der Monade "Rinnen in ein Meer von Licht", daß sie in das kosmische Unermeßliche versinkt, um auf diese Weise ihre eigene innerste kosmische Reichweite oder Sphäre praktisch unbegrenzten Bewußtseins wiederzuerreichen, wobei sie unterdessen - gewissermaßen in Form eines Samenkorns für die Zukunft - ihre eigene monadische Individualität beibehält. Zur rechten und geeigneten Zeit, wenn sie wieder zur Manifestation kommt, wird sie das als eine Wiedererscheinung oder Wiedergeburt der monadischen Individualität tun, die sie früher war, zuzüglich aller aufgespeicherten Erweckungen des Bewußtseins, "Erfahrung" genannt, die sie während ihrer früheren evolvierenden, das heißt entfaltenden Wanderungen eingesammelt hat.

Bei Plotin ist die folgende interessante Auslegung desselben Gedankens zu finden, was die spirituelle Kraft des Geistes und der Intuition des großen griechischen Neuplatonikers beweist - dieses treuen, wenn auch etwas schwachen Echos des archaischen Ostens. Plotin spricht von der Wiedervereinigung des Individuums mit dem kosmischen Göttlichen:

> "Irdischer Dinge wird es sich dann nicht mehr erinnern, und zwar aus dem Grunde, weil das Gedächtnis, das ein Wandern der Gedanken von Sache zu Sache bedeutet, dort außer Kraft gesetzt ist und es folglich dort in der spirituellen Welt ein solches

beschränktes Gedächtnis nicht geben kann. Ja, es wird dort nicht einmal eine Erinnerung des Individuums als Individuum geben, das heißt keinen Gedanken, bei dem das individuelle Selbst Betrachter ist, denn das bedeutet Beschränkung ... Wenn der Geist in der spirituellen Welt ist, so tritt er notwendigerweise für diese Zeit in das vollständige Einssein mit dem Geist der Göttlichkeit ein, und zwar aufgrund eben der Tatsache seiner Verbindung mit ihm, denn diese Verbindung bewirkt die Aufhebung aller Bewußtseinsintervalle, die Funktionen und Tätigkeiten des Gedächtnisses genannt werden. Der individuelle Geist wird in vollständigen harmonischen Gleichklang mit dem Göttlicher gebracht, und er wird in in dieser Übereinstimmung zeitweilig eins mit dem Göttlichen - jedoch durchaus nicht zu seiner eigenen Vernichtung, denn die beiden sind essentiell eins; und dennoch, weil sie zwei sind, bleiben sie auch zwei."

"Enneaden",
'Über das Problem der Seele', IV, iv, 1, 2

Damit die Worte Plotins nicht zu eng ausgelegt werden, wenn sie hier mit anderen Lehren der Esoterischen Philosophie in Zusammenhang gebracht werden, sollte darauf hingewiesen werden, daß, wenn auch alles, was Plotin im obigen Auszug bemerkt, vollkommen wahr und in Übereinstimmung mit den Lehren der Esoterischen Tradition ist, nichtsdestoweniger Plotin - bei all seiner bemerkenswerten spirituellen und intellektuellen Fähigkeit des Verstehens und des Erfassens eines Themas - ein Echo der Alten Weisheit war und notwendigerweise zu den Menschen seiner Zeit in einer philosophischen Sprache redete, die sie verstehen konnten. Dies besagt: Wenn das individuelle menschliche Wesen, um in obigen Worten zu sprechen, "vollständigen harmonischen Gleichklang mit dem Göttlichen" erreicht, so bedeutet das nicht, daß es gänzlich über die Sphäre seiner eigenen Konstitution hinausschreitet und in ein außerhalb liegendes Bewußtsein eintritt, das sich in keiner Weise von seinem eigenen Höchsten unterscheidet, außer vielleicht im Sinne einer umfassenderen und tieferen Intensität. Der wahre Sinn ist vielmehr der, daß sein eigenes 'Höchstes' in der Essenz schon mit dem Göttlichen identisch ist, es seit Ewigkeit ist und in Ewigkeit sein wird. Die bedeutsame Tragweite dieses Gedankens besteht darin, daß der höchste Teil des Menschen schon dem Zustand nach nirvânisch ist. Es ist der Dhyâni-Buddha in ihm.

Dieser Punkt ist von äußerster Wichtigkeit, denn er unterstreicht sehr deutlich die untrennbare Einheit des fundamentalen oder höchsten Bewußtseins des Menschen mit dem Bewußtsein des Universums - oder dem Göttlichen. Andererseits sind die niedrigeren Teile der zusammengesetzten, komplexen Konstitution des Menschen, wie man klar genug erkennen kann, in die Stofflichkeit 'hinabgesunken'; und genau dies ist der Grund, weshalb der Mensch mit materiellen Welten Kontakt haben und in ihnen leben kann, in ihnen und durch sie Erfahrungen machen und so von ihnen lernen kann. Er ist in seinen niedrigsten Teilen ein komponenter und integraler Bestandteil dieser materiellen Welten, wie er in seinen höchsten Teilen dem Göttlichen angehört. Seine höchsten Teile fallen unter die Bezeichnung 'der innere Gott' oder die göttlich-spirituelle Monade; seine niederen oder materiellsten Teile dagegen fallen unter den verallgemeinernden Ausdruck 'die Persönlichkeit', ein Wort, das von dem lateinischen *persona* abgeleitet ist und eine Maske bedeutet, durch die der Akteur - der wirkliche Mensch - arbeitet und sich zum Ausdruck bringt. Die dazwischenliegenden Teile der Konstitution des Menschen bilden

den 'höheren Menschen' oder die menschliche Monade. So bedeutet also die Persönlichkeit die menschliche Maske, in der wir uns ausdrücken. Sie besteht aus einem Gewebe von Denken und Fühlen, das von unseren Wünschen und Begierden, unseren Gefühlsbewegungen und Alltagsgedanken gewoben worden ist. Diese Persönlichkeit baut somit ein Schicksalsgewebe um sich herum auf, wie in früheren Kapiteln beschrieben wurde. Wenn daher die Persönlichkeit vollständig überwunden ist, oder mit anderen Worten, wenn sich das fundamentale Bewußtsein des Menschen über dieses konkretisierte Gewebe aus Illusion erhebt, durch den mittleren Teil der menschlichen Konstitution hindurchgeht und über ihn hinausgeht, dann erreicht es den Zustand reinen spirituellen monadischen Bewußtseins, und dieser Zustand ist das Nirvâna. In ihm ist alle Persönlichkeit in reine spirituelle Individualität aufgegangen, in der das Bewußtsein relativ universal wird - das heißt universal in der gesamten kosmischen Hierarchie, in der die Monade lebt, webt und ihr Dasein hat - und daher fundamentale Ursachen wahrnimmt, kennenlernt und mit ihnen umgeht. Dieser Zustand, diese Beschaffenheit, schließt daher reines, unverfälschtes Wissen, unaussprechliche Weisheit, ungetrübte Glückseligkeit und somit unaussprechlichen Frieden in sich - Bewußtseinszustände, von denen der normale Mensch keine Vorstellung hat. Denn aufgrund der vernunftgemäßen Natur seines gewöhnlichen Bewußtseins betrachtet er sie als verschiedene Bewußtseinsarten anstatt als - was sie tatsächlich sind - Aspekte oder Facetten seines eigenen spirituellen Bewußtseins, welches das 'Kleinod' oder 'Juwel' ist, auf das in der bekannten tibetischen Anrufung angespielt wird: "Om mani padme hum", was in wörtlicher Übersetzung bedeutet: "Wahrlich, das Juwel im Lotos!", wobei hier der "Lotos" die menschliche Konstitution bedeutet, in der das spirituelle 'Kleinod' ruht, lebt oder sich befindet.

So wird im Nirvâna die monadische Essenz des menschlichen Wesens praktisch mit der kosmischen oder universalen Überseele unseres Kosmos in Einheit verbunden.

In bezug auf den Teil des Menschen, der in der Esoterischen Philosophie als die in Stofflichkeit versunkene Persönlichkeit bezeichnet wird, sagt Plotin wiederum sehr wahr:

> "Auch ist die Seele des Menschen nicht gänzlich in das Reich der Materie versunken, da sich etwas von ihr unaufhörlich und für immer in der spirituellen Welt befindet, obwohl jener Teil unserer Seele, der in die Bereiche der Sinne versunken ist, hier teilweise beherrscht wird und sich davon berauscht findet, wodurch er blind wird für das, was sein eigener höherer Teil in Kontemplation des Göttlichen innehat."
>
> "Enneaden", 'Das Niedersteigen der Seele in die Verkörperung', IV, viii, 8

Der große griechische Neuplatoniker macht in diesen wenigen Zeilen die richtige Unterscheidung zwischen dem 'höheren' Teil des Menschen, von dem er sagt, "er befindet sich unaufhörlich und für immer in der spirituellen Welt", und jenem Teil unserer Seele, "der in die Bereiche der Sinne versunken ist". Damit gibt er auch hier wieder ein getreues Echo der Lehre der archaischen Weisheitsreligion in deren aufschlußreicher Erklärung der Natur des Nirvâna einerseits und der gewöhnlichen menschlichen charakteristischen Eigenschaften, wie wir sie kennen, andererseits.

So ist des Menschen göttliches Bewußtsein für immer dem Charakter nach nirvânisch; und in dieser wunderbaren Tatsache liegt der Schlüssel zu dem esoterischen Mysterium, das mit der Erlangung der Buddhaschaft durch die Bodhisattvas und nichtsdestoweniger der Fortexistenz des Buddha im menschlichen Leben als ein vollständiger und vollkommener Mensch verbunden ist.

Ein anderer Punkt von Wichtigkeit: Der Unterschied zwischen der Glückseligkeit, der Weisheit und dem Frieden, welche der Nirvânî erfährt, und der Glückseligkeit, dem Frieden und der verhältnismäßigen Ruhe, die der Devachanî erfährt, ist dieser: Der Nirvânî ist vollständig und gänzlich *selbst*-bewußt, während sich der Devachanî in einem Zustand befindet, der mit gewöhnlichen Worten schwer zu beschreiben ist, der aber im Vergleich zu der spirituellen Wirklichkeit des Nirvâna tatsächlich ein Zustand höchst glückseligen Träumens ist. Der Ausdruck 'Träumen' ist etwas ungenau, auch vermittelt er tatsächlich nicht den Gedanken, daß es im Zustand des Devachanî an selbstbewußter Wahrnehmung seiner eigenen Glückseligkeit mehr oder weniger fehlt, sondern lediglich, daß der devachanische Zustand, so 'spirituell' er auch sein mag, im Vergleich zu dem nirvânischen hinlänglich illusorisch ist.

Wie aus dem soeben Gesagten klar hervorgehen sollte, ist Nirvâna ein Zustand, der von Menschen mit ausgezeichneter und außergewöhnlicher spiritueller Kraft und Entwicklung, sogar während sie im Fleisch sind, erreicht werden kann. Buddha ist ein Beispiel dafür, und alle menschlichen oder Mânushya-Buddhas sind es ebenfalls. Sankarâchârya, ein großer avatârischer Weiser Indiens, ist ein anderes Beispiel für jemanden, der schon während des Erdenlebens Nirvâna erreicht hat. Selbst Menschen von geringerer spiritueller Fähigkeit als die beiden soeben genannten können Nirvâna in verhältnismäßig geringerem Grade erleben. Offenbar ist daher ein solcher Zustand höchster spiritueller Erhabenheit in jeder Hinsicht sowohl dem Grad evolvierten Bewußtseins als auch der erhabenen Qualität erleuchteter Spiritualität nach dem höchsten und edelsten spirituellen Zustand weit überlegen, den irgendein Wesen selbst im höchsten der 'Himmel' erlebt.

Sozusagen in der entgegengesetzten Richtung des Nirvâna liegt das Avîchi, das dessen niederen Pol bildet und das volkstümlich, aber unpassend 'Hölle' genannt wird. Es wird jedoch - zumindest im bildlichen Sinne - exakt beschrieben, wenn es der niedere Pol des Nirvâna genannt wird. Gewisse Zustände oder Beschaffenheiten von Wesen im Avîchi wurden aufgrund einer sie begleitenden 'Spiritualität von Bosheit' passend und richtig Nirvâna-Avîchi genannt. Dennoch gibt es einen Punkt, der in diesem Zusammenhang im Auge behalten werden muß: Avîchi ist sowohl ein Zustand als auch eine Welt oder Sphäre, was Nirvâna nicht ist, denn Nirvâna ist nur ein Zustand oder eine Beschaffenheit. Weil aber Nirvâna der Bewußtseinszustand bestimmter Wesen ist und diese Wesen einen Platz im abstrakten Raum oder eine Örtlichkeit haben müssen, sind oder existieren die Nirvânîs in den spirituellen Reichen.

Wenn ein Mensch sehr böse, und zwar bewußt böse, durch eine lange Reihe von Leben hindurchgegangen ist, und zwar mit fortwährend zunehmendem 'Versunkensein' der Seele in materielle Dinge, so führt dies zur Vergröberung und Materialisierung des Bewußtseins dieses Menschen. Das endgültige Resultat der ungeheuren materiellen Anziehungen oder Impulse, die auf diese Weise in das Gewebe seines Bewußtseins eingebaut werden, besteht darin, daß ein solches Wesen in das Avîchi hineingezogen wird oder hineinsinkt; es ist sogar für einen Menschen von dem eben beschriebenen Charakter durchaus möglich, diesen Avîchi-Zustand schon während des Lebens im Körper auf Erden zu erleben.

Wenn das Bewußtsein der materiellen Persönlichkeit des Erdenmenschen so sehr betont, so grobmateriell und stark wird, wenn sich fast aller Sinn, alle Intuition für das Göttliche sowohl aus seinem Herzen als auch aus seinem Gemüt zurückgezogen hat und der Mensch infolgedessen ein verkörperter Ausdruck schierer Selbstsucht wird, wenn in dem intellektuellen Gewebe seines Seins nicht einmal ein Funke des göttlichen Feuers noch bewußt vibriert, dann befindet sich dieser unglückliche Mensch, obgleich er vielleicht noch auf Erden lebt, schon im Avîchi-Zustand.

Werden ferner die abwärtsführenden Impulse des Menschen, der sich schon in einem Avîchi-Bewußtseinszustand befindet, stetig stärker, so daß selbst das letzte schwache Verbindungsglied mit seiner monadischen Sonne zerreißt, dann geht er zu seiner entsprechenden Zeit selbst über die Grenze des Avîchi hinaus und tritt in die verhängnisvolle karmische Strömung ein, die ihn schnell einer endgültigen und unwiederbringlichen Auflösung seiner psychischen Zusammensetzung entgegenträgt. In einem solchen Fall vergeht die elende Wesenheit und ist 'verloren'. Die Partikel seiner auf diese Weise aufgelösten psychischen Natur werden dann in Blitzesschnelle hinabgezogen und vereinigen sich mit den Element-Atomen jener besonderen Mutterquelle elementarer Materie, zu der sein Swabhâva ihn hingezogen hat. In bezug auf diese Fälle wird in der Esoterischen Philosophie von 'verlorenen Seelen' gesprochen. Solche Beispiele 'verlorener Seelen' sind glücklicherweise an dem einen Pol so selten, wie die Fälle des Erlangens Nirvânas an dem anderen oder göttlich-spirituellen Pol menschlichen Bewußtseins selten sind. Im letzteren Fall wird der Mensch zu einem inkarnierten Gott auf Erden, einem Nirvânî; im ersteren aber geht das Wesen auch aus dem Avîchi-Zustand hinaus, es geht in elementaren Stoff über, wo das, was von seiner psychischen Konstitution noch übriggeblieben ist, in seine es zusammensetzenden Lebensatome zerstreut wird, die dort in den elementaren alchimistischen Laboratorien der Natur immer wieder zermahlen werden.

Das Avîchi selbst befindet sich tatsächlich an den unteren Grenzen 'absoluter' Materie, das heißt elementarer Materie. Es steht vielleicht von allem, was die Natur bereitstellt, dem mittelalterlichen Gedanken einer 'Hölle' am nächsten. Aber trotz alledem ist es nicht eine richterliche Strafe, die einer unglücklichen, unseligen und hilflosen Seele von einer unumschränkt herrschenden Gottheit zugemessen wird, denn die unglückliche Wesenheit, die diesen 'Pfad zur Linken' wählt, der oft der 'lunare Pfad' genannt wird, tut dies ursprünglich aus gänzlich eigenem Willen und handelt dabei nach den Impulsen ihres relativ freien Willens. Sie erreicht ihr furchtbares Schicksal als die unbeirrbar gerechte Folge karmischer Ursachen, die durch üble Gedanken, durch niedrige und selbstsüchtige Begierden, durch ungemäßigte und ungezügelte Leidenschaften und Triebe von materiell üblem Charakter veranlaßt und aktiviert worden sind.

Doch selbst ein derart unglückliches Wesen hat noch eine Chance, ja sogar viele Chancen, seinem furchtbaren Schicksal zu entgehen, bevor es endgültige Auflösung erlangt. Es wird zu Recht gesagt, daß selbst ein einziger reiner, die Seele erfüllender Gedanke, wenn rechtzeitig empfunden, das hinabsteigende Wesen von den karmischen Folgen üblen Lebens während vieler Lebenszeiten retten wird; denn tatsächlich würde das Vorhandensein eines Gedankens dieser Art in sich schließen, daß das Bindeglied mit seinem eigenen inneren Gott noch nicht endgültig zerrissen ist. Während ferner wahrheitsgemäß gesagt werden kann, daß die Wesenheit, die den Pfad ins Avîchi hinabsteigt und vielleicht noch darüber hinausgeht, keinen Schmerz im üblichen Sinne und keine ihr durch äußere Kräfte auferlegten seltsamen oder schrecklichen Qualen empfindet - die zum Beispiel von der 'Hölle' der abendländischen Religion angenommen werden -, so ist nichtsdestoweniger doch immer das Gefühl einer unaufhörlich und stetig fortschreitenden

Verringerung des spirituellen und intellektuellen Bewußtseins vorhanden, verbunden mit der brennenden Intensität konzentrierter übler Impulse, die allen Strebens, Liebens und Hoffens beraubt sind. Hierdurch wird, wie gesagt wird, das auslöschende Bewußtsein eines solchen unglücklichen Wesens mit einem Leiden heimgesucht, das kaum mit gewöhnlichen Worten beschrieben werden kann. Es kann in der Tat gesagt werden, daß es eine der schrecklichsten Erfahrungen ist, die sich menschliche Phantasie vorstellen kann, denn es ist eine mehr oder weniger bewußte Erkenntnis - so "verlöschend" sie auch sein mag - von dem Zurückziehen des spirituellen Lichtes und Lebens sowie die wachsende Erkenntnis der nahe bevorstehenden Auflösung allen selbstbewußten Lebens vorhanden. Man kann sich wohl denken, daß die grotesken Qualen der angeblichen Erdenhöllen in nichts der psychischen, mentalen und emotionalen Marter gleichkommen, welche die Erkenntnis dieser Tatsache dem schwächer werdenden und auslöschenden Bewußtsein bringen muß. Auch theatralische Qualen einer mittelalterlichen 'Hölle' könnten der Herzens- und Gemütsqual nicht gleichkommen, die eine solche Wesenheit bei der Erkenntnis erleben muß, daß ihr Zustand durch ihren eigenen abartigen Willen und ihre dementsprechenden Handlungen zuwege gebracht worden ist. Schreitet eine solche Wesenheit dann vom Schlimmeren zum Schlimmsten fort, kehrt sie zu dem Mutterquell der materiellen Natur zurück, aus dem ihre Lebensatome ursprünglich hervorgingen, etwa wie ein Regentropfen in einer Flamme vergeht.

Die Monade, deren Verbindungsglieder mit der unglücklichen, sich auflösenden Wesenheit schon lange vor diesem Ereignis zerrissen sind, beginnt in einem solchen Fall sofort, eine neue psycho-spirituelle Emanation aus sich selbst zu evolvieren, ein neues zukünftiges menschliches Ego, das als ein 'Gottesfunke' erscheint und seine lange evolutionäre Reise durch Zeit und Raum von seiner Ursprungsmonade aus beginnt und dazu bestimmt ist, zu seiner Zeit auf seinen Wanderungen wieder zu der Ursprungsmonade zurückzukehren. Es ist richtig, daß dieser neue emanationelle Strahl all das Beste - so wie dieses Beste sein kann - enthält, was in der Wesenheit vorhanden war, die nun dahin oder 'verloren' ist; doch das Zwischenvehikel für das Zum-Ausdruck-Bringen solcher aufgespeicherten spirituellen Erfahrung ist dahin oder 'verloren', und daher können menschliche Erfahrungen nicht gewonnen oder 'akkumuliert' werden, bevor eine andere Zwischennatur, ein anderes menschliches Ego, evolviert oder aufgebaut worden ist, um das neue Bindeglied zwischen dem monadischen Strahl und den Welten der Materialität zu bilden. So kann, was Zeit anbelangt, fast ein ganzes Manvantara verloren sein.

Dieses Schicksal, welches ein menschliches Ego trifft, das zu schwach ist, den Versuchungen und den starken Anziehungen hinab in die Materie zu widerstehen, ist tatsächlich furchtbar. Glücklicherweise aber sind 'verlorene Seelen' außerordentlich selten, so daß ihre Zahl im Vergleich zu Milliarden durchschnittlicher menschlicher Wesenheiten unbedeutend ist. Das Thema umfaßt, was offensichtlich ist, viele geheimnisvolle und sehr schwierige Lehren. Bei einem veröffentlichten Werk wie dem vorliegenden ist es daher nicht nur weise, sondern auch zweckmäßig, den Schleier über diese Lehren zu breiten und nur auf die Möglichkeit hinzudeuten, daß eine Seele durch eigene üble Wahl und durch böse Leben 'verloren'-gehen kann, und ihr endliches Schicksal in der knappen Form, wie es hier geschehen ist, kurz zu beschreiben.

Es könnte jedoch hinzugefügt werden, daß die Monade selbst, die auf diese Weise von ihrem widernatürlichen und mißratenen Vehikel befreit ist, hiervon relativ unberührt bleibt, außer in dem Sinne, daß dies schließlich ein wirklich schrecklicher Zeitverlust ist, der in einigen Fällen mehr oder weniger ein ganzes Manvantara umfassen kann. Zu der Zeit, zu der die Monade wieder und aufs neue ein wirklich geeignetes und angemessenes menschliches Vehikel aus sich heraus evolviert haben wird, durch das sie wirken und sich in den materiellen Welten zum Ausdruck bringen kann, ist das Heer evolvierender Wesenheiten, mit denen sie vorher eine Einheit gebildet hatte, nun auf der äonenlangen evolutionären Reise weit voraus. Nichtsdestoweniger ist alles karmisch bedingt, selbst das, was die Monade betrifft; doch das ist wieder "eine andere Geschichte", wie man zu sagen pflegt.

Tatsächlich könnte noch viel mehr über diese geheimnisvolle Lehre gesagt werden, die eine der geheimsten und am sorgfältigsten gehüteten der Alten Weisheit ist. Lehren, die von derartigen Dingen handeln, und besonders jene, die die verschiedenen Arten des nachtodlichen Schicksals der sich wiederverkörpernden Egos sehr ausführlich behandeln, enthalten wirklich wunderbare und auch wahre Mysterien. Sie sind aber nur aus dem Grunde 'Mysterien', weil sich die Menschen in der Regel nicht als würdig erwiesen haben, über ihren Sinn unterrichtet zu werden und darüber, wo sie nach den richtigen Lösungen suchen müssen - ja, die meisten Menschen wissen nicht einmal, daß diese faszinierenden Mysterien existieren, und dies ist vielleicht gerade gut so! Nichtsdestoweniger werden sie alle in den großen Philosophien und Religionen längst vergangener Zeiten mehr oder weniger klar angedeutet. In einigen Fällen werden sie sogar in den alten religiösen und philosophischen Literaturen offen erwähnt, wenn auch nur kurz und gewöhnlich in allegorischer Form. Es wird jedoch ein Schlüssel benötigt, der die Tür zu diesen Lehren öffnet, und diesen Schlüssel hält allein die Esoterische Tradition bereit.

V

Überall in der Natur finden wir Beziehungen von Ursache und Wirkung beziehungsweise Folgerichtigkeit in einer ununterbrochenen Kette der Verursachung untrennbar aneinandergeknüpft. Jede Kraft oder Energie ist eine Folgen erzeugende Ursache. Da sie eine ursächliche Aktivität ist, produziert sie folgerichtige Früchte, die ihre Wirkungen sind. Diese Früchte oder Wirkungen sind ihrerseits ebenfalls Energie und werden daher sofort zu neuen Ursachen, die wiederum andere folgerichtige Wirkungen oder Früchte hervorbringen, und so fort für immer - das heißt den gesamten langen, langen Lauf des kosmischen Manvantaras hindurch. So folgt auf jedes üble Leben, auf jede Reihe übler Leben eine entsprechende Vergeltung; und ebenso erhält jedes gute, strebsame Leben seinen entsprechenden ausgleichenden Lohn. Diese in beide Richtungen wirksame vergeltende Gerechtigkeit wirkt sich teils durch Folgen aus, die mit vorausgehenden Ursachen übereinstimmen, die vielleicht vor Äonen erzeugt wurden und sich in irgendeiner nachfolgenden Reinkarnation auf Erden manifestieren, teils auch durch das Auf- oder Absteigen der wandernden Monaden, also dadurch, daß die Monade bei ihren nachtodlichen Abenteuern entweder eine spirituellere Welt, einen spirituelleren Plan, oder eine materiellere Welt, einen matetielleren Plan betritt. In beiden Fällen produziert oder evolviert die Monade aus ihrem Innern alle notwendigen Fähigkeiten und Kräfte der Wahrnehmung, durch die das sich wiederverkörpernde Ego, ihr Kind, zu einer höheren oder niedrigeren Welt oder Sphäre, zu einem höheren oder niedrigeren Plan, in Beziehung tritt und zeitweilig darin lebt. Wenn sich dann in beiden Fällen die Folgen ausgewirkt haben, kehrt das Ego zu seiner Zeit zur Inkarnation auf dieser Erde für ein neues Erdenleben zurück.

Eine äußerst wichtige und bedeutungsvolle Lehre besagt in diesem Zusammenhang, daß der Mensch im Leben und in den Zuständen des nachtodlichen Daseins genau *das erhält, wonach er sich zuvor gesehnt hat*; denn seine Sehnsüchte und sein Verlangen zeigen nicht nur die Richtung an, die sein Bewußtsein nach dem Tode einschlägt, sondern sie sind ebenfalls die Energieimpulse, die die neuen Vehikel für ihn aufbauen, und die ihn befähigen, in ihnen und durch sie das Schicksal, das er für sich gestaltet hat, zu erleben. Wenn sein Gemüt während des Erdenlebens voll Streben und sein Herz voll Sehnen nach einem unbeschränkten spirituellen Bewußtsein ist, das heißt nach den Dingen des Geistes, dem göttlichen Glanz des Geistes und der Größe spirituellen Verstehens, dann wirken dieses Streben und dieses Sehnen als äußerst mächtige Anziehungskräfte, die ihn zu Sphären hinlenken, die von ähnlicher Art sind wie das, wonach er gestrebt oder sich gesehnt hat - zu den sogenannten 'Himmeln'. Verlangt oder sehnt er sich aber nach den Dingen dichter und grober Materie, wird er kraft derselben Regel und aufgrund derselben Ursachen stark von ihnen angezogen oder zu ihnen hingezogen, und er geht somit nach seinem Tode auf Erden zu ihnen. In keinem der beiden Fälle aber währt das Wohnen oder der Aufenthalt in der einen oder anderen Klasse von Welten ewig.

Die erhabene, lichtvolle Lehre von Karman, wie sie von der Esoterischen Philosophie in all ihren geheimnisvollen Reichweiten gelehrt wird, enthält die wirklichen Tatsachen und die wahren, auf der Natur selbst beruhenden Erklärungen hinsichtlich aller dieser Dinge. Gemäß dieser wunderbaren Lehre, die so tröstlich für das menschliche Herz und gleichzeitig so erleuchtend für den menschlichen Verstand ist, bekommt oder erhält der Mensch als vergeltende Belohnung oder als vergeltende Läuterung die genauen Resultate oder Wirkungen, die von den Ursachen herrühren, die er zuvor selbst aktiviert hat. Dies bedeutet ganz einfach, daß er durch die *Früchte oder Wirkungen dessen, was er zuvor gesät hat, vergeltende Gerechtigkeit empfängt*. Hat er Übles gesät, so wird er Leiden und Qual ernten, und zwar teils im nächsten oder in folgenden Leben und teils während des Verlaufs der nachtodlichen Reise oder des nachtodlichen Abenteuers der monadischen Seele, daß heißt des sich wiederverkörpernden Egos - wenn die karmischen Folgen oder die Früchte des Wirkens des sogenannten Gesetzes von Ursache und Wirkung nicht schon während desselben Erdenlebens erscheinen, in dem die kausalen Gedanken und Handlungen gehegt bzw. begangen wurden.

Der Mensch erntet wahrhaftig genau das, was er selbst gesät hat. Daher ist er der Gestalter seines eigenen Geschicks; er gestaltet seine eigene künftige Laufbahn; er ist der Wegbereiter seiner eigenen wunderbaren Wanderschaft; er ist 'der Kapitän seiner Seele'. Er selbst ist der geheimnisvolle Pfad, der, wenn das Ego der Richtung nach oben folgt, immer und immer mehr nach innen führt, hinein in die Glorien der unsichtbaren Reiche und Räume spirituellen Bewußtseins; im umgekehrten Fall macht er sich selbst zum Pfad auf seiner Reise abwärts zu den furchtbaren Regionen oder Reichen der Unterwelt.

Die Herrlichkeit unserer spirituellen Intuitionen, die Großartigkeit unseres intellektuellen Begreifens, das ausgedehnte sympathische Verstehen des besseren Teiles unserer Zwischen-, psychischen oder menschlichen Natur - alles dies kommt oder fließt aus unserem innersten Teil hervor, unserem eigenen inneren Gott. Wenn zu irgendeiner Zeit der Tod den physischen Körper übermannt, kehrt dieser ganze höhere und erhabenere Teil zu unserem Urquell, unserem innersten spirituellen Selbst zurück, aus dem wir zu Beginn dieses Manvantaras als eine Emanation oder ein Strahl ursprünglich hervorgegangen sind, nur um nach einer langen Periode der Ruhe und spirituellen Glückseligkeit wieder hervorzukommen, um die Fäden des Erdenlebens wieder aufzunehmen.

Welcher nachdenkliche Mensch mit einem mitleidsvollen Herzen und einem von dem inneren göttlichen Strahl erleuchteten Gemüt wollte wohl die Lehren der Esoterischen Philosophie, der Esoterischen Tradition, nicht lieber annehmen als die einseitigen und offensichtlich ungerechten exoterischen 'Himmel' und 'Höllen' der verschiedenen populären religiösen Systeme?! Derartige Himmel und Höllen bedeuten Lokalitäten undefinierbaren Charakters: einerseits Orte des Friedens und der Glückseligkeit, in denen die Gerechten die Ewigkeit hindurch wohnen werden, mit dem Glanz des allmächtigen Gottes in ihrer Seele und sich in dem spirituellen Gefühl badend, eins mit ihm zu sein und in seiner heiligen Gunst zu stehen; andererseits bezeichnen sie Orte oder Lokalitäten, in denen schwache und unvollkommene Seelen verdammt oder dazu verflucht sind, für eine längere oder kürzere Zeitspanne unaussprechliche und theatralische Qualen zu erdulden. Wie begrenzt und unbefriedigend sind diese beiden Anschauungen, wie wendet sich unsere Seele in instinktiver Empörung von den offenkundigen Ungerechtigkeiten ab! Was die Himmel anbelangt: Würden sich nicht dem christlichen System zufolge sogar die Engel selbst mit Abscheu von einer derart spirituellen Selbstsucht abwenden? Man denke an die Millionen und Abermillionen, die nicht einen derartigen oder irgendeinen anderen Himmel erreicht haben und sich gemäß der christlichen Theorie, der orthodoxen abendländischen Theorie, entweder in den nebelhaften und schwach erleuchteten Regionen des Fegefeuers befinden oder Schrecken und Qualen unauslöschbaren Feuers erleiden und für endlose Zeit in unaussprechlicher Qual brennen! Wie kann es in ewiger Gerechtigkeit einen ewigen Himmel für die Glückseligen geben, wenn gemäß der abstoßenden Theorie in anderen Teilen des Universums derart höllische Zustände herrschen? Man kann nur das Gefühl haben, daß der selbstisolierte Heilige in seinem heiligen Himmel in einem rechten Narrenparadies lebt - und man kommt wahrhaftig nicht umhin zu sagen, in einem Paradies mit sehr selbstsüchtigen Narren!

Es gibt tatsächlich unzählige 'Höllen' und unzählige 'Himmel', aber sie sind bloße Beschaffenheiten oder Zustände zeitweiliger spiritueller Belohnung einerseits und zeitweiliger Läuterung andererseits. Im Vergleich zur Ewigkeit sind sie jedoch nur wie flüchtige und dahinschwindende Wolkenstreifen an einem Bergeshang. Sie kommen, währen im Vergleich zur Ewigkeit nur einen Augenblick und gehen vorüber. Weit größer als jeder 'Himmel', als jede Sphäre oder jeder Loka der Seligkeit und des Glückes ist die großartige Vision endlosen Wachstums an Fähigkeiten und Kräften sowie endloser Gelegenheiten, für die Welt zu wirken - jeder buddhaähnliche oder christusähnliche Mensch weiß das.

Verlag Esoterische Philosophie GmbH

HANNOVER

Nur echt mit dem Tor! »

Im selben Verlag erschienen:

ISBN	Verfasser	Einb.	Titel
3-924849-28-5	Purucker, G. von	geb.	Grundlagen der Esoterischen Philosophie 2 Bde.
3-924849-24-2		geb.	Studien zur Esoterischen Philosophie 2 Bde.
3-924849-23-4		geb.	Goldene Regeln der Esoterik
3-924849-03-X		kart.	Die Meister und der Pfad des Okkultismus
			Esoterische Philosophie – DIE TRADITION:
3-924849-33-1		geb.	Sichtbare und unsichtbare Welten
3-924849-34-X		geb.	Der Mensch in der Unendlichkeit
3-924849-35-8		geb.	Mit der Wissenschaft hinter die Schleier der Natur
3-924849-36-6		geb.	Geburt und Wiedergeburt
3-924849-37-4		geb.	Tod – was kommt danach?
3-924849-38-2		geb.	Esoterische Lehren und Schulen
3-924849-25-0	Judge, W.Q.	geb.	Die Bhagavad-Gita
3-924849-26-9		geb.	Studien über die Bhagavad-Gita
3-924849-01-3		kart.	Das Meer der Theosophie
3-924849-32-3	Blavatsky, H.P.	geb.	Unheimliche Geschichten
3-924849-27-7	Tingley, K.	geb.	Der Pfad des Mystikers
3-924849-06-4	Amneus, N.	kart.	Regiert Zufall oder Gerechtigkeit unser Leben?
3-924849-39-0	Handbuch	kart.	Einführung in die Esoterische Philosophie
ISSN 0179-5317	Zeitschrift	brosch.	ESOTERISCHE PHILOSOPHIE – Weisheit der Zeitalter – DAS FORUM (1/4jährlich)

Weitere lieferbare Bücher:

	Blavatsky, H.P.	geb.	Die Geheimlehre ungekürzte Ausgabe, 4 Bde.
		geb.	Isis Entschleiert, 2 Bde.
		geb.	Rätselhafte Volksstämme